关务管理·企业篇

本书不想仅仅为一般报关事务提出指导，而力图从更高的管理层次和整体管理角度来理解关务；不想总结和归纳报关事务流程和指南，而力图从财务、税务、物流、法律等多个角度来阐述关务安排和影响；不想仅从一国角度来解读关务安排，而力图从全球视野和进出境双方来解读关务安排。

肖世练◎编著

中国海关出版社

图书在版编目（CIP）数据

关务管理·企业篇/肖世练编著．—北京：
中国海关出版社，2010.1
ISBN 978-7-80165-712-1

Ⅰ.①关…　Ⅱ.①肖…　Ⅲ.①海关—企业管理
Ⅳ.①F745

中国版本图书馆 CIP 数据核字（2010）第 003305 号

关务管理·企业篇
GUANWU GUANLI·QIYE PIAN

编　　著：肖世练
责任编辑：沈楚铃
出版发行：中国海关出版社
社　　址：北京市朝阳区东四环南路甲 1 号　　邮政编码：100023
网　　址：www.hgcbs.com.cn
电　　话：010—65194230（发行部）　010—65194231（编辑部）
传　　真：010—65194233（发行部）　010—65194231（编辑部）
社办书店：010—65195616（电　话）　010—65195127（传　真）
　　　　　北京市建国门内大街 6 号海关总署东配楼一层
印　　刷：北京市白帆印务有限公司　　经　　销：新华书店
开　　本：787mm×1092mm　1/16
印　　张：21.25　　字　　数：380 千字
版　　次：2010 年 1 月第 1 版
印　　次：2010 年 1 月第 1 次印刷
书　　号：ISBN 978-7-80165-712-1
定　　价：42.00 元

前言 QIAN YAN

关务，乃企业通关申报事务；关务管理，乃管理企业通关申报事务。这是对关务和关务管理的狭义理解，甚至只能称为关务执行，仅仅是关务管理的“冰山一角”，而不是关务和关务管理的全部。作为完整意义上的关务管理，还应包括：不同公司和市场战略会有什么样不同的海关安排；什么样的组织结构、交易模式和管理模式才能使关务更有效、合规地运作；不同的通关申报会对企业经营目标产生什么影响，对物流、财务、税务、资金等产生什么影响；如何管理进出口申报信息；为了使关务合规和跨境物流便利稳定，物流、财务和内部管理等应作哪些适应性的调整；如何控制申报的质量和关务风险……研究这些问题，才是研究关务和关务管理的广义内涵，也是本书的写作目的。作为企业，采取更为积极的关务管理，实施广义上的关务管理，将使关务与整个企业的管理和谐融合。

从政府管理部门的角度出发，规范企业申报和经营、有效监管进出口货物、打击违规或违法行为是海关的职责；从企业的角度出发，降低通关成本和实现便利通关是企业经营的目标。如何实现两者的结合，达到在守法中高效经营，在经营中守法，实现低风险的利润最大化，是本书的研究初衷。

笔者曾在海关从事风险管理工作多年，希冀通过规范企业进出口行为，减少海关的监管风险，同时给予守法者最大的通关便利，实现海关和企业的“双赢”；目前又在会计师事务所从事税务和海关方面咨询业务，为企业的税务和海关难题提供咨询和建议，并为企业提供不同的守法合规的有效跨境物流安排方案和企业内部关务管理方案。处在两个不同位置，惊诧于信息鸿沟给监管双方带来的巨额成本，企业实际商业运作模式与海关监管模式并不完全契合，“关企双赢”只是一个不断接近的目标，几度想撰写一些跨越双方鸿沟的文章或资料。本书尝试从企业的角度阐述跨越鸿沟的方法和途径，即如何实现“合法的高效率和低成本”的商业运作方式。

本书力图避免成为一本单纯罗列海关法规或纯理论的书，而从实务的角度来理解“有效守法”和“合法的高效率和低成本”。因此，本书不是一本初级的报关人员的教材，而是针对有多年海关事务经验、管理整个公司或者集团报关事务的中高级管理人员的读本，或者海关执法人员了解企业关务运作的资料，是一本关务管理的中高级读本。

本书不想仅仅为一般报关事务提出指导，而力图从更高的管理层次和整体管理角度来理解关务；不想总结和归纳报关事务流程和指南，而力图从财务、税务、物流、法律等多个角度来阐述关务安排和影响；不想仅从一国角度来解读关务安排，而力图从全球视野和进出境双方来解读关务安排，如从投资国和目标国、出口国和进口国两方面进行解读。

像所有事务的管理一样，关务管理也涉及计划和规划、实施和组织、监督和控制等，本书也按照关务规划、关务实施和关务控制三部分的逻辑来阐述。在关务规划部分，分别对境内外投资等重大决策、企业经营管理、日常的购销交易模式三个层面所涉的关务问题的规划提出分析框架。在关务实施和申报部分，主要对进出口申报中的归类、价格（包括特许权使用费和转移定价），以及日益复杂的加工贸易问题提出规划和管理的方法。在关务风险控制部分，力图全面阐述企业经营管理中的风险及对风险进行管理和控制的方法体系。

本书是一本关务管理方法论的书籍，提出的都是一些分析方法、分析框架和模式、管理方式方法，所涉案例也只是为助于理解上述方法。这些方法和案例是否适用于具体的企业或情形，需要具体情况具体分析。

为了让读者更好地理解文中的方案和理念，本书搜集了70个案例，有些案例来源于公开发行的杂志、网络，有些案例由笔者从事咨询工作的实例改编而成，另有少量案例是有助于理解的虚构举例。

关务管理覆盖多个领域，涉及多个政府管理部门的政策法规，各地区的具体操作也有所不同，由于笔者知识、经验的限制，仍对许多领域认识不足、理解不深，所提出的规划方法和思路或者风险控制方法可能不尽完善，仅供读者参考，不足之处，敬请读者提出批评。另外，本书的分析、观点和方法以2009年7月以前正式发布的法律、法规和实际操作为依据。

作者

2009年12月

目录 MULU

1 概　　论

1 GAILUN

1.1 关务管理的内涵

关务管理，是对通关事务、组织、信息进行管理，对通关所涉申报活动、物流、税务、财务和法律事务进行规划、协调和控制，是一个综合性的课题。关务的规划和管理，可以提升企业管理总体水平、降低交易成本和保障企业战略实施。

首先，关务管理是通关成本的管理，实现节约和减少企业税负支出，节约通关成本，在法规允许的范围内，采取和利用各种税收优惠，科学管理通关事务，实现利润最大化①。经济合作和发展组织（OECD）的一项研究表明，货物贸易涉及的繁杂的边境程序所造成的成本占总交易额的2%～15%②。进出口货物在关务方面主要有以下几种成本：税务成本，如关税、进口环节的增值税和消费税等；程序成本，如制作单证和进行申报的成本；物流成本，如在办理进出口事务中，物流停滞的仓储成本和附属成本；其他成本，如海关检查、违规处罚的成本，等等。有效的关务管理和关务筹划，可以有效地降低进出口货物的税务成本、程序成本和物流成本。

其次，关务管理是时间管理。迅捷、及时的物流供应是现代企业的

① 参见梅丹：《关务筹划与海关稽查》，中国海关出版社2007年版，第5页。

② 参见严波：《世界海关组织与WTO在贸易便利化的角色分析》，载《世界贸易组织动态与研究》2007年第7期，第16页。

竞争优势，进出口货物在通关环节的滞留一直是企业物流管理的软肋。为了保证有效的通关速度，应做好以下两方面工作：一是通过国家与国家之间、一国政府各部门之间、政府部门与商业机构之间的有效协调，提供贸易便利化的政策，减少跨境物流的障碍。联合国贸易与发展委员会估算，平均每笔海关业务涉及20～30个不同主体方、40种单证、200个数据。在中国，产品进出口涉及海陆空运输、货代、仓储、外贸、港监、检验检疫、税务、外汇、银行和海关等诸多部门①。二是在企业内部协调和沟通各个部门的活动，减少物流及其信息的滞留。例如，需要在规定的时间内向政府部门或其他商业机构提供申报数据，而这些数据和信息均来自企业内部各个部门，如财务、物流、仓库等，对加工贸易企业来说还涉及设计和计划、生产等部门，需要有效组织企业内部各个部门的信息。

最后，关务管理是风险管理，即控制进出口环节的合规性风险和其他风险。中国海关和进出口方面法规比较复杂，各种减免税政策、加工贸易方式、自由贸易区域和海关监管区域可供节省税负，但是这些特殊的通道都有一些特殊要求和程序，如没有系统的管理和规划，将会带来潜在的合规性风险。不合规的操作，将会给企业和个人带来重大的财务损失或潜在风险。因此，关务管理的另一个目的就是要将海关或者其他部门的要求转化为内部控制和规范的内部作业，保证进出口作业的合规性。

因此，完整的关务管理不仅仅是完成报关事务，而应该是在保障企业战略目标实现的前提下，在成本、时间、风险三方面进行全面规划的基础上，完成报关事务。脱离成本管理、时间管理和风险管理而讨论报关事务不是真正意义上的关务管理。

1.2 关务管理的现状和重要性

1.2.1 中国进出口企业的关务管理现状

关务管理在中国企业中仍然处于初级阶段，企业管理层对关务管理的目标只是要求完成报关申报事务，因此，关务和关务管理呈现以下几个特点：

---

① 参见严波：《世界海关组织与WTO在贸易便利化的角色分析》，载《世界贸易组织动态与研究》2007年第7期，第16页。

1. 关务人员的素质整体仍然偏低。由于企业只是把关务定位于层次较低的功能，因此，对关务人员的预期不高；在晋级和提升方面没有给予足够的重视，报关人员的职业规划和前景并不明朗，不能吸引高素质的人才；在企业分工中，关务人员远离于决策职能，不能给予关务人员更多的锻炼，更广的视野。

2. 决策和执行脱节。报关人员仅仅作为操作人员，知其然，不知其所以然，不知道为什么要这样申报，决策和管理层却对关务法规和实践理解不深。其结果是关务安排和管理效率低下，风险极高。决策人员往往不具备关务方面的法规意识，造成经营管理不能符合海关等部门的监管要求。

3. 关务与物流部门、财务部门和生产经营部门等部门脱节。关务与各部门之间脱节（如图 1—1），容易造成以下后果：海关申报资料和数据不符合政府部门的要求；物流和供应链常常中断于跨境申报；财务信息与关务信息不符，关务信息与 ERP 数据不一致；生产经营中没有海关监管意识；公司的整体战略由于关务管理不完善而无法实现。其结果是“有关务，无管理”，风险极高的关务竟无人管理，合规性风险极大。

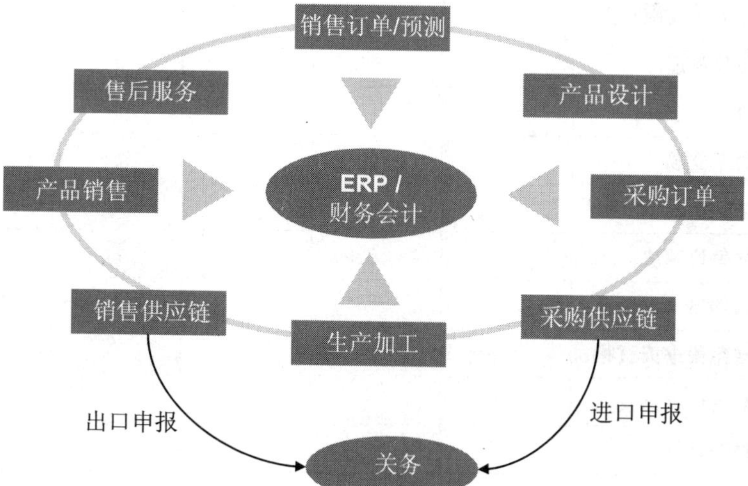

图 1—1 关务与生产经营脱节状况示意图

以上原因，往往导致企业对关务管理和关务法规“知之甚少”，甚至“无知”犯罪或违规，许多管理人员对关务管理和关务风险“无从掌握、听之任之、无以着手、无以面对”。

1.2.2 理想状态的关务管理模式

笔者认为完善关务管理模式应该满足以下几个要求：

1. 关务规划与公司决策能有效融合。关务规划应该成为战略决策和公司整体规划的重要考虑因素，由于关务直接影响进出口税务成本、物流成本和时间等，关务规划的优劣直接决定公司战略和决策的成败。

企业的许多重大战略决策，其能否成功很大程度依赖关务管理的方案和效果。比如说，某跨国公司需要提升东亚地区的市场占有率，则需要在该地区配置有竞争力的生产资源，对该地区的跨境物流进行有效安排，充分利用区域贸易协定和各国的免税政策。另外，任何一个关务管理和规划都可能影响企业战略规划、市场拓展目标、财务绩效目标、风险控制和优化作业等方面的目标的实现。表1—1是一些常见关务规划活动对公司战略的互动关系和影响。

表1—1 关务管理和规划事项对企业战略等的影响列表

公司战略 / 关务事项	战略规划	财务绩效	风险控制	优化操作	市场拓展
生产能力的跨境布局	+	+			+
加工贸易管理		+	+	+	
申报价格筹划	+	+	+	+	
关联关系交易		+	+		
企业自我关务风险评估		+	+		
与海关争议解决			+		
获得A类或AA企业	+	+			
获得减免税进口资格	+	+			
利用自有贸易区优惠	+	+			+
节税物流计划	+	+	+	+	

注："+"表示有影响。

2. 关务应该与业务部门和支持部门有效联系，成为企业价值链组成部分，能够直接为企业创造价值。关务与财务、研发、人力和后勤紧密结合，支持采购、生产、销售和客服，如图1—2所示。

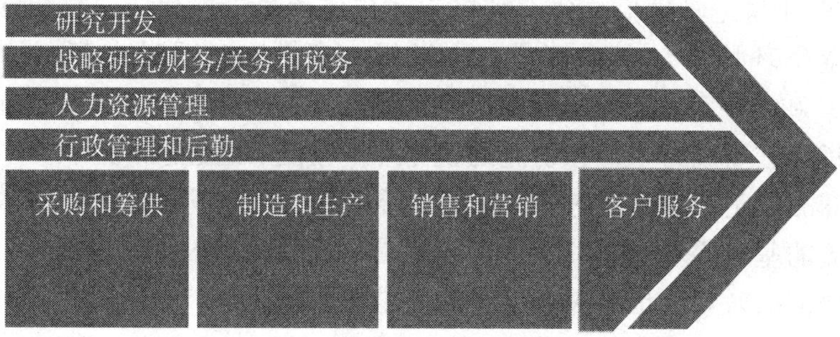

图 1—2 关务与生产经营相融合状况示意图

3. 给关务管理的职位配备高素质的人才，给予关务人员更多熟悉其他领域的机会，如物流、财务、生产等，培养“高素质、复合型”的关务管理人员。

1.3 关务管理和规划的原则和目标

理念和原则直接决定决策的方向，合法性，经济性和操作的高效性、稳定性是关务规划的基本原则和理念。

1.3.1 合法性是关务管理和规划的立足点

合法经营是企业管理的基本准则。关务规划应该以国家现行海关法规、进出口法规、税法及相关法规等为法律依据，要在熟知法律规定的前提下，对关务各个要素进行安排和规划，从中选择最优的关务规划方案。在中国法规环境复杂的条件下，合规性更是关务管理和规划的首要立足点。

1.3.2 经济性是关务管理和规划的主要目标

经济性是指在关务规划中的成本最低原则。这里的成本是指全面成本，不仅仅考虑税务成本还要考虑物流成本、操作成本等其他成本；不仅仅考虑可见的成本，还要考虑不可见成本；不仅仅考虑财务成本，还要考虑时间和政策因素；不仅仅考虑本环节综合成本，还要考虑上下游传递的成本，即整个交易链条的成本。

1.3.3 操作的高效性是关务管理和规划实施的保证

操作的高效性是指关务规划时应该能够确保稳定和快捷的物流速

度。在21世纪管理信息化、销售国际化、产品个性化、交货快速化的市场竞争环境中，全球订货、小批量、多批次、即时生产（Just-In-Time）和零库存（Zero Inventory）、概念订单理论以及集装箱运输门到门送货等已经成为生产和物流的新标准。物流的最理想状态就是“将正确的商品以正确的数量在正确的时间送到正确地点”，因此，时效性成为物流的基本要求。关务管理实际上是物流管理的一个组成部分，实现满足物流的时效性也是关务管理的要求和目的。

1.3.4 操作的稳定性是关务管理和规划的基本要求

操作的稳定性是指关务规划能够有效保证企业的物流保障，降低关务中的法律风险和其他营运风险。“意外”对于企业经营来说并不是一件好事，例如意外的申报不实致使清关延迟、许可证件申报延误致使无法完成海关报关、检验检疫手续申报错误等“意外”事件会导致物流延迟、生产中断、直接物流成本增加以及间接生产损失增加。因此，关务管理的另一个重要目的是降低关务和物流风险。

关务管理和规划的好坏直接影响到企业的经营风险、企业物流的快慢以及企业运作的成本。关务规划应有全局的观念，综合考虑成本的节省、效率和合法性。比如，一种能够节省关税或其他税费的保税关务安排，可能会被要求遵守很多海关监管规定，甚至会影响物流的有效安排，往往这样的安排可能不会比支付关税关务安排更为划算。

第一篇　关务规划

2 战略决策中的关务规划：国际视角

2 ZHANLÜE JUECE ZHONG DE GUANWU GUIHUA：GUOJI SHIJIAO

在一个全球化和国际化的时代，根据全球比较优势和国际战略布局，在世界范围内获取资源和市场，在不同的国家布局企业资源，是企业“趋利性”本能的必然结果。

根据对外投资理论，一国的人均国内生产总值（GDP）不超过2500美元时，外国对本国的投资有所增加，而本国对外国投资仅仅是少量，净对外直接投资呈负数增长；人均GDP超过2500时美元，本国对外国投资开始增长，外国对本国投资仍会大于本国对外投资，不过差距在缩小①。

改革开放30多年来，中国是吸收外资最多的发展中国家，跨国公司根据市场需要、全球资源比较优势，在中国大量设立生产基地。统计数据显示，2008年中国人均GDP已超过3000美元，已经步入对外投资快速增长时期。中国企业“走出去”，向境外投资，以获取自然资源、拓展市场、降低生产成本等，已经成为大势所趋。

资源的跨境获取和产品的跨境流动，都受到进口地和出口地的不同司法体系的海关监管，也就涉及跨境的关务安排。跨境投资决策中，关务规划的工具主要有：

---

① J. H. Dunning：International Production and the Multinational Enterprise，George Allen and Unwin Ltd. 1981，P114.

1. 投资国家选择中如何利用自由贸易协定；

2. 投资区位选择中如何利用投资国的出口加工区等特殊区域；

3. 在跨境交易安排中如何利用加工贸易、“首次销售规则”等东道国贸易促进政策等。

2.1 境外投资：利用自由贸易协定

国际贸易总是在自由贸易和贸易保护的争议和矛盾中前行。进入2000年后，自由贸易的步伐似乎停滞不前。2008年金融危机爆发后，“以邻为壑”的贸易保护政策似乎成为挽救部分国家当政者的救命稻草。中国这驾依赖境外市场的经济列车，仍在急速行驶。他的每一步发展，或多或少会被认为是在替代原有出口国和原有供应商；他的每一步前进，都会激起进口国的反弹，从而以反倾销等各种贸易壁垒限制进口。

另外，中国加入世界贸易组织（WTO）的议定书第十五条将中国有条件地定义为非市场经济国家，而且长达15年。我国正在与不同国家进行双边谈判，以确定我国的完全市场经济国家地位，截至2009年3月24日，有79个国家承认我国的完全市场经济地位，而三大主要经济体美国、欧盟和日本并未承认我国完全市场经济地位。这导致我国的出口企业在对外反倾销应诉中处于极为不利的地位，并成为我国企业败诉的主要原因。中国企业难以胜诉，客观上又进一步刺激某些WTO成员对我国的产品提起更多的反倾销申诉，同时打击了我国企业应诉的积极性，形成恶性循环。

因此，对中国的企业来说，灵活运用国际贸易规则，利用自由贸易协定进行跨境的关务规划，利用不同自由贸易协定的原产地规则进行关务规划，是保障和开发国际市场的有效工具。

2.1.1 自由贸易协定的全球发展趋势

为了消除贸易壁垒、彼此建立合作与协调的特定环境，一定区域内不同国家（地区）之间签署不同形式的区域贸易协定。依其深化程度，区域贸易协定可分为优惠性贸易安排、自由贸易区①、关税同盟、共同市场及经济同盟等形式。优惠性贸易安排是最基本层次，主要给予另一方的特定产品优惠贸易待遇；自由贸易区是在保留各自对外政策条件下相互消除关税及非关税措施；关税同盟采取共同的对外贸易政策；共同市场允许人员、资金、商品等要素的跨境自由流动；经济同盟是经济一体化的发达形式，商品、资本和劳动力在成员国之间可以自由流动，而且成员国的国内经济政策，包括货币、财政政策以及社会政策都要求相互协调。

2.1.1.1 自由贸易协定发展趋势概览

近年来，由于 WTO 多哈回合谈判进展缓慢，世界各国均将经贸政策重点转向发展自由贸易区。截至 2009 年 3 月，WTO 已接收到 421 个区域贸易协定报告②，其中 230 个协定已经实施，如果考虑已经实施但是没有报告 WTO、已经签署但未实施或现在正在洽谈的协定，2010 年实施的区域贸易协定将会达到 400 个。已经向 WTO 通报的区域贸易协定的清单详见本书附录 1。

按照参与区域经济一体化组织的成员类型分类，目前的区域经济一体化组织主要有三种类型：第一种是北北型，即成员国全部来自发达国家，是世界上出现最早的区域经济合作形式。其中比较著名的有欧洲经济联盟、美加自由贸易区、欧洲自由贸易联盟、澳新自由贸易区等。第二种是南南型，即发展中国家之间的经济一体化。根据 WTO 的统计，向该组织通报的南南型区域贸易协定占全部贸易协定的一半以上。其中比较著名的有：拉丁美洲的中美洲共同市场、安第斯条约集团、加勒比共同体、拉丁美洲一体化联盟、南方共同市场；非洲的中非关税与经济同盟、西非经济共同体、西非国家经济共同体、大湖国家经济共同体、东南非洲共同市场、马格里布联盟；亚洲的阿拉伯共同市场、东南亚国家联盟、海湾合作委员会和经济合作组织等。第三种是南北型，即成员国既有发达国家，也有发展中国家。其中比较典型的有：1994 年墨西

---

① “自由贸易区”对应的英文可以是“FREE TRADE AREA（FTA）”，指两个以上的主权国家或单独关税区通过签署协定，在 WTO 最惠国待遇基础上，相互进一步开放市场，分阶段取消绝大部分货物的关税和非关税壁垒，改善服务和投资的市场准入条件，从而形成的实现贸易和投资自由化的特定区域；也可以是“FREE TRADE ZONE（FTZ）”，指在某一国家或地区境内设立的实行优惠税收和特殊监管政策的小块特定区域。由于 FTA 和 FTZ 按字面意思均可译为“自由贸易区”，常常引起概念混淆。为避免混淆，本书根据《商务部、海关总署关于规范“自由贸易区”表述的函》（商国际函［2008］15 号），将 FTA 统称为“自由贸易区”，FTZ 统称为“自由贸易园区”。

② 参见世界贸易组织网站，http：//www. wto. org/english/tratop _ e/region _ e/region _ e. htm，2009 年 03 月 29 日访问。

哥加入的北美自由贸易区；2004 年 5 月 1 日，随着东欧 10 国的加入，欧盟也由北北型转变为南北型的区域经济一体化组织。

在已经实施的区域贸易协定中超过 95%是自由贸易协定。自由贸易协定是一种比较基本的区域贸易合作形式，一般具有以下两个方面的特征：一是在成员国内部取消贸易障碍，实现自由贸易，但没有共同对外关税；二是通常采取原产地规则。由于具体国情、发展阶段以及利益需要的不同，各经济体签订的自由贸易协定也有所不同。除包括相互取消货物贸易关税和非关税贸易壁垒以外，一般还包含知识产权保护、投资、政府采购、竞争政策、中小企业合作、服务业开放、人员移动、标准化以及金融货币等新领域的相互承诺，发展成广义的自由贸易协定。目前，自由贸易协定已成为世界区域经济一体化的最主要形式之一。世界 GDP 排名前 30 位的国家（或地区）无一例外地参与了某个自由贸易协定组织，几乎所有的 WTO 成员都隶属于一个或多个自由贸易协定组织。

2.1.1.2 中国的自由贸易协定发展趋势

截至 2009 年 6 月，中国内地分别同中国香港、中国澳门、智利、东盟、巴基斯坦、新西兰、新加坡等签署实施了八个自由贸易协定，并加入了亚太自由贸易协定。与秘鲁自由贸易协定的谈判也已经完成。正在谈判的自由贸易协定达 12 个，涉及澳大利亚、冰岛、海湾合作委员会、南部非洲关税同盟等 29 个国家和地区，涵盖我国外贸总额的 1/4。另外，正在对与韩国、日本、挪威、哥斯达黎加等国家建立自由贸易区进行可行性研究。关于中国自由贸易协定的最新进展，见本书的附录 2。

2.1.2 自由贸易协定对投资项目决策的影响

投资国与目标国的自由贸易协定以及目标国之间的自由贸易协定是影响境外投资的重要因素。投资国与目标国之间的自由贸易协定直接影响双方的货物交易、投资项目准入、税收待遇等，双边税收协议则规范双边税收安排和减少双方重复征税，而目标国与其他国家之间的自由贸易协定则会影响投资项目的市场战略和布局。前两者已经有许多著作论述，笔者将从目标国与其他国家自由贸易协定的关务安排角度评估投资项目。

2.1.2.1 评估投资区位的自由贸易协定种类和范围

在评估境外投资项目时，自由贸易所涉关务环境是个重要因素。投资者应该考虑该区域所涉自由贸易协定，了解自由贸易协定是否覆盖项目的原材料供应地区和市场地区。因此，应该搜集包括所涉自由贸易协定的种类、自由贸易协定所覆盖的国家和地区、投资项目所涉进出口商品在自由贸易协定中的优惠税率、检验检疫和技术要求等信息。

2.1.2.2 根据原产地规则确定所投资项目的生产和制造布局

原产地规则一般是自由贸易协定中的核心内容之一。由于具体国情、发展阶段以及利益需要的不同，各经济体签订的自由贸易协定也有所不同，每个协定的原产地规则各有差异。有些协定对原产地规定非常严格，以防止其他国家业者以转运或简单加工的方式搭便车，如北美自由贸易区对于原产地的规定为该协定中最重要的部分，其规定十分详细与严格。一般来说，除了主要有“完全获得或者生产”准则外，还有税则归类改变准则、从价百分比准则、制造或加工工序准则以及混合标准等（见表2—1）。不同的自由贸易协定对采取不同准则，每个准则的具体参数差异很大。

表2—1 原产地规则中常见的“实质改变标准”列表

序号	原产地标准	解释	备注
1	受惠国完全获得或生产标准	全部为用本国产的原料、零部件生产制造的产品。	不同自由贸易协定的标准大同小异。
2	受惠国税则归类改变标准	如果进口成分与其制成品在《商品名称及编码协调制度》（以下简称《协调制度》）中的品目号不同，即发生了变化，则经过了实质性改造。	例如，章改变标准、4位税目改变标准、6位税目改变标准等。
3	受惠国增值百分比标准	根据进口成分（或本国成分）占制成品价值的百分比来确定其是否经过实质性改变。	具体的百分比依据协定的不同而不同，比如中国—东盟自由贸易区是40%的增值比率，北美自由贸易区是30%的增值比率。
4	受惠国制造或加工工序标准	以产品生产过程中的某些加工阶段为最低的加工要求，非原产材料必须完成这些规定的加工工序才能获得原产地资格。	不同的产品及不同的自由贸易区所指定的制造或加工实质工序各不相同。
5	给惠国成分标准	产品中必须含有进口国一定百分比的成分。	在计算进口成分时，可计为受惠国的本国成分。
6	混合标准	两种及以上标准的混合。	例如，中国—东盟自由贸易协定中对纺织物的原产地规则采用40%的增值标准与实质加工标准，满足两者之一即可。
7	其他制定的标准	除上述标准以外的其他标准。	例如，累计标准：把一个经济区域内若干个或所有受惠国（或地区）生产加工产品所取得的增值，作为受惠国的本国成分加以累计。

注：受惠国是指投资目标国；给惠国是指市场目标国。

投资商应根据市场目标国与投资东道国之间自由贸易协定的原产地标准，安排项目的生产制造，包括在生产国的制造工序、加工程度、增值比率等，以满足协定中存在的“受惠国税则归类改变标准”、“受惠国增值百分比标准”和“受惠国制造或加工工序标准”等。

案例 1：原产地标准的改变直接影响投资决策①

欧洲委员会于 1987 年发起了一项针对原产于日本的动态随机存储器（一种集成电路）的反倾销诉讼。当时，一些日本集成电路制造商仅在欧共体内进行集成电路的组装和检测工序，而将扩散这一高科技工艺放在日本境内进行。为此，欧洲委员会于 1989 年颁布了集成电路原产地规则，其中规定：集成电路的原产地应为进行扩散工艺的所在地。依照此项原产地规则，上述在欧共体内生产的集成电路的原产地应为日本，因此应交纳反倾销税。制定上述集成电路原产地规则的目的，在于迫使外国公司在欧共体内进行扩散工艺，以确保所生产的集成电路取得欧共体原产地资格，免受针对外国产品的反倾销制裁。由此，外国公司在欧共体集成电路行业的投资飞涨。

2.1.2.3 根据自由贸易协定的有关规则确定筹供安排

在安排原材料和料件筹供和购买时，应该根据市场目标国与投资东道国的协定要求，从以下方面进行考虑：

1. 根据与投资东道国签订的自由贸易协定，在自由贸易区内部购买和筹供原材料，以减少原材料的关税成本。

2. 确定当地采购比例，以满足协定中的“受惠国增值百分比标准”，以减少成品进入目标市场国的关税成本。

3. 根据协定中“给惠国成分标准”确定是否在目标市场国购买原材料及其比例，以减少成品进入目标市场国的关税成本。

4. 在自由贸易协定中往往都有原产地累计条款，即在确定受惠国产品原产地资格时，把若干个同属于某个经济集团的受惠国或所有受惠国（地区）视为一个统一的经济区域，在这个统一的经济区域内，原产的原料、零部件和生产、加工过程中对产品的增值均可作为这个统一的经济区域内的某一个受惠国本国的原产成分而加以累计。根据原产地累

---

① 参见张祥：《原产地规则的认识与运用——一个关系我国经济发展和利益的重大问题》，载《管理世界》2000 年 4 期。

计条款，确定在同一个集团中或者该市场目标国所有的受惠国（地区）中①进行采购和筹供，以减少成品进入目标市场国的关税成本。

2.1.2.4 物流安排和运输

在利用自由贸易协定的货物贸易的优惠税率时，应该在物流和运输安排上考虑“直接运输规则”。直接运输规则是自由贸易协定中重要的条款，即要求原产于出口受惠国的产品必须直接运至进口给惠国。直接运输规则同进还是原产地规则的一个重要组成部分，虽然与产品的原产地无直接联系，但它是一个必要的技术性手段，以确保运至进口给惠国的产品就是出口受惠国发运的原产品，避免达经第三国时进行任何再加工或被换包。协定允许货物达经出口受惠国以外的第三国，不管货物是否在过境国转换运输工具或暂存货柜，但这必须是由于地理原因或运输需要，且要符合以下条件：货物一直处于该过境国海关的监控下；未在当地市场销售；未交付当地使用或消费；除装卸和为使货物保持良好状态而作的必要处理外，未在那里进行过任何再加工等。

从上面可以看出，关于利用自由贸易协定的规划，在某种程度上也是产品“原产地规划”。

2.1.3 案例剖析

案例 2：利用自由贸易协定的出口模型

墨西哥已经成为拉丁美洲签署自由贸易协定最多的国家之一，其参与了北美自由贸易区以及与其他拉丁美洲国家签订了一系列自由贸易协定。目前墨西哥已签订了十几个自由贸易协定，涉及 40 多个国家，基本上已经形成了两大系列协定：一是覆盖北美、欧盟、日本三大经济体的协定，如欧盟—墨西哥、欧洲自由贸易联盟—墨西哥、日本—墨西哥等。二是瞄准广大拉美国家的协定，如智利—墨西哥、哥斯达黎加—

---

① 原产地累计的种类，按地理概念可分为全球性累计和区域性累计；按产品增值程度分可分为全部累计和部分累计。

全球性累计是指给惠国在实施原产地累计时，把该给惠国的所有受惠国（地区）视为一个整体，产品中所含的任何一个受惠国的原料或劳务价值全部可视为出口受惠国的本国成分而加以累计。而区域性的原产地累计，则是把若干个同属于某个经济集团的受惠国视为一个整体，他们相互之间实行原产地累计。

全部累计是指其他受惠国提供的原料的价值和对产品加工的增加值，不管其加工程度如何，全部可以累计。而部分累计是指在其他受惠国提供的原料的价值和对产品加工所增的价值中，只有其他受惠国的原产原料、零部件以及使那些原料、零部件取得原产资格的劳务价值才可以累计。

墨西哥、萨尔瓦多—墨西哥、危地马拉—墨西哥、洪都拉斯—墨西哥、拉美一体化协会、墨西哥—尼加拉瓜等。

如何充分利用墨西哥的自由贸易区地位，已经成为我国出口企业愈加关注的问题。墨西哥是我国出口企业进军美洲市场的桥头堡和切入点。首先，墨西哥拥有得天独厚的地理位置，北邻美国，南接拉美，辐射北美和拉美两大市场；其次，墨西哥的生产要素相对低廉，尤其是与美国相比，墨西哥的劳动力、土地等生产要素成本较低，近年来美墨边境涌现出的一大批生产加工基地就是佐证；最后，墨西哥积极实施自由贸易区战略，强化其在美洲市场的战略地位。实际上，墨西哥也充分认识到自身在地理位置和生产成本方面的优势，通过实施自由贸易区战略，与欧美日及拉美国家建设自由贸易区，从而促进本国向欧美日市场的出口，以此拉动本国经济增长（见图 2—1）。

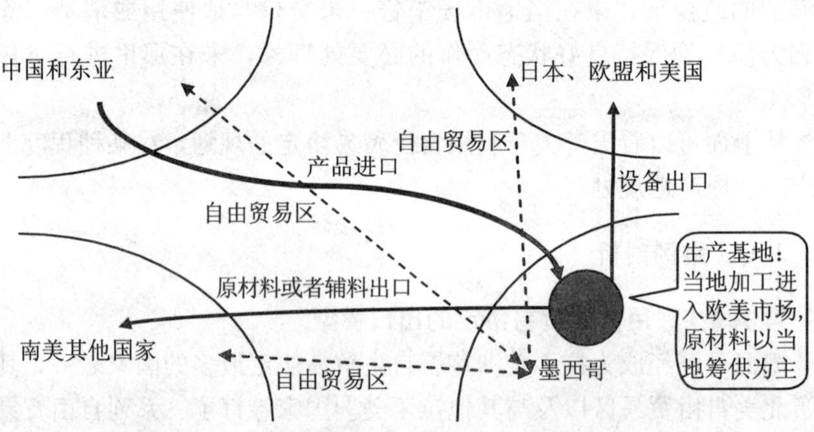

图 2—1　利用自由贸易协定的出口模型示意图

对于我国出口企业来说，墨西哥的战略地位同样不容忽视。据中国海关统计，2008 年中墨双边贸易总额达到 175.6 亿美元，比 1999 年的 9.51 亿美元增长了 18 倍。2008 年我国对墨西哥出口 138.5 亿美元，同比增长 17.9%；自墨西哥进口 37.1 亿美元，同比增长 13.8%。我国已经成为墨西哥第二大进口来源地，仅次于美国。我国出口墨西哥的产品中，有很大一部分是零部件等中间产品，经过墨西哥的当地再加工后进入美国、欧盟等市场，由此显示出墨西哥的贸易“跳板”作用。

为了避免非成员国产品利用成员国之间的低关税或免税待遇在区内转口流动，自由贸易协定在谈判过程中通常都设计了规避机制，其中最重要的即是原产地规则。简单来说，原产地规则要求，只有在成员国境内加工增值达到一定比例或者实现形态改变，才能享受低关税或免税待遇。因此，严格的原产地规则构成了我国出口企业利用墨西哥作为跳板进入美洲市场的最大障碍。

在北美自由贸易协定中，原产地规则占到了协定篇幅的1/10，对原产地的规定也已经细化到具体产品。比如，协定对纺织品专门规定了“从纱线起”和“从纤维起”的原产地规则，即从成员国生产的纱线起开始加工的纺织品和服装、从成员国生产的纤维起进行加工的人造和合成纤维成品，才可享受无配额和免税；再如，协定规定汽车必须有60％～70％的部件是在北美生产、采购、组装，然后到美国市场销售才能减免税。

另外，北美自由贸易协定原产地规则还规定，复印机的全部主要组装件及印刷线路板必须在区内生产，方能取得北美自由贸易区原产地资格，从而得以享受区内优惠关税待遇。此项复印机原产地规则意在阻止美国施乐公司的竞争对手——日本佳能公司到中国和马来西亚等低成本的国家投资设厂，迫使佳能公司在美国弗吉尼亚投资约1亿美元兴建了一座复印机生产厂。

案例3：市场进入和原材料供应模型

南美国家智利的矿藏、森林和水产资源相当丰富，尤以盛产铜闻名于世，素称“铜之王国”。目前已查明铜蕴藏量1.67亿吨，占世界铜总储藏量的28％，潜在储量2亿吨。智铜储量、产量和出口量均居世界第一位。此外，智利还是硝石、碘、锂、钼和白银生产大国，其产量占世界总产量的比例分别为100％、51％、33％、21％和10.4％。

智利森林资源丰富，盛产温带优质林木，是世界上森林分布最广和种类最多的有林地之一，也是南美第二大林产品出口国。企业可以利用当地或周边地区原材料资源丰富的特点，在智利设立工厂生产产品，并最终销售到中国或者其他发达国家。

智利同绝大部分拉美国家都签署了自由贸易协定或经济互补协定（见表2—2），此外还以协约国身份加入了南方共同市场，并准备与玻利维亚、新加坡、印度、澳大利亚、新西兰等洽签自由贸易协定。

表 2—2 智利已签署的自由贸易协定列表

协 定	实施日期
智利—加拿大	1997 年 7 月 5 日
智利—墨西哥	1999 年 10 月 1 日
智利—萨尔瓦多	2002 年 2 月 1 日
智利—哥斯达黎加	2002 年 2 月 15 日
智利—美国	2004 年 1 月 1 日
智利—韩国	2004 年 4 月 1 日
智利—欧洲自由贸易联盟	2004 年 11 月 1 日
智利—欧盟	2005 年 3 月 1 日
智利—中国	2006 年 10 月 1 日
智利—日本	2007 年 9 月 8 日
智利—巴拿马	2008 年 3 月 7 日

以下是某公司在智利的投资规划：该公司在智利投资开发铜产品，原材料取自当地和周边国家，生产设备从日本、欧洲和美国进口，产品销售到中国和东亚国家（整个物流链如图 2—2 所示）。整个供应和销售都能享受优惠的关税税率，例如“其他铜合金丝”进口到中国的最惠国税率是 7%，而进口到智利的税率是 0。

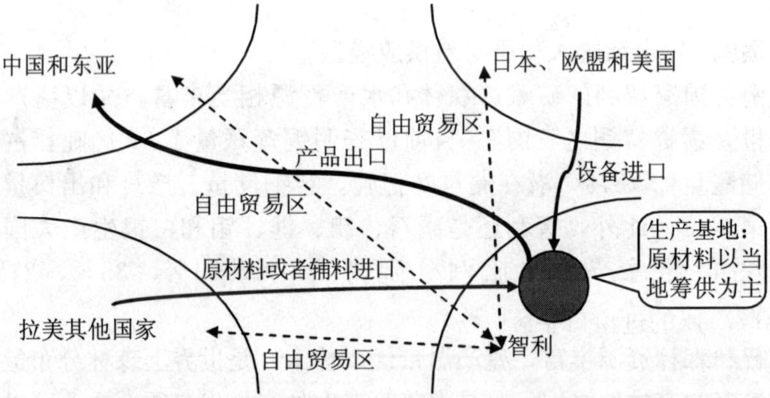

图 2—2 市场进入和原材料供应模型示意图

2.2 境外投资：利用东道国自由贸易园区

据不完全统计，目前全球已有 1200 多个自由贸易园区。其中，15 个发达国家设立了 425 个，占 35.4%；67 个发展中国家共设立 775 个，占 65.6%。近年来无论是在发达国家还是发展中国家，自由贸易园区的数量仍在持续增长。

自由贸易园区，主要有以转口贸易、进出口贸易为主的自由贸易区域和以出口加工为主的出口加工区两大类。前者如目前世界上四个主要的自由贸易园区，即阿联酋迪拜港自由港区、德国汉堡港自由港区、美国纽约港自由贸易园区、荷兰阿姆斯特丹港自由贸易园区；后者如我国台湾地区的高雄出口加工区及楠梓、台中出口加工区，菲律宾的巴丹出口加工区等15个出口加工区，马来西亚滨城及西南沿海各州37个出口加工区，韩国的马山、里里等4个出口加工区，新加坡的裕廊工业区，印度、斯里兰卡、巴基斯坦、印度尼西亚、埃及、叙利亚、毛里求斯、塞内加尔、墨西哥、哥伦比亚、巴西、多米尼加、突尼斯等都有各自特点的出口加工区，西方发达国家也竞相增设出口加工区。

不过从20世纪70年代开始，两种自由贸易园区的功能开始相互融合，自由贸易园区的功能趋向综合化。原料、零部件、半成品和成品都可在区内自由流动，企业在区内可以进行进出口贸易、转口贸易、保税仓储、商品展销、制造、拆装、改装、加标签、分类、与其他货物混合加工等商业活动。因此，目前世界上多数自由贸易园区通常都具有进出口贸易、转口贸易、仓储、加工、商品展示、金融等多种功能①。

自由贸易园区已经成为吸引国外投资的主要方式和途径。不管是发达国家还是发展中国家，大多都对吸引外资投资其鼓励产业实施一定的优惠政策，包括税收优惠（包括关务和关税方面）、融资优惠、土地优惠以及审批便利优惠。各个国家的优惠措施各有特点，但可以归纳为以下10个方面：

1. 区域内生产设备免税进口；
2. 区域内生产所需的原材料免征进口关税和增值税；
3. 简便的进出口手续；
4. 不受国内市场贸易配额和许可证管理；
5. 自由的外汇管理；
6. 区域内产品销售不征收营业税和增值税；
7. 企业或公司所得税减免或优惠；
8. 资本和利润自由汇出；
9. 外资投资保护和不实行国有化政策；

---

① 参见杨建文、陆军荣：《中国保税港区：创新与发展》，上海社会科学院出版社2008年版。

10. 其他优惠，如租金优惠、行政规费减免等。

各国自由贸易园区的另一个共同特点就是避免由于关税和复杂海关手续造成的贸易障碍，海关监管的模式可以概括为“一线放开，二线管住，区内不干预”①。“一线放开”是指境外与区内的货物可以自由地、不受海关监管地运出运入；“二线管住”是指区内和境内区外货物的运出运入，按照本国相关法规定，征收相关的税收，提交相关许可证件；“区内不干预”是指区内货物可以进行任何形式的储存、展览、组装、制造和加工，自由流动和买卖，这些活动无须经过海关批准，只需备案。

在境外投资，应该先确定自己的投资目的和战略，确定投资项目是市场导向、劳动力资源导向，还是自然资源导向。市场导向的投资主要是以进入投资东道国市场为目的，资源导向则是以利用东道国廉价的自然资源和劳动力资源为目的。再根据市场和资源供应确定投资的区位选择和相关的关务规划。以下为几种常见的导向模式：

1. 市场导向——资源当地供应。这种模式基本上是供销两头都在东道国，除非自由贸易园区等特殊区域的优势明显，比如说税收负担轻、产业集群优势，否则可以选择毗邻消费者的区域。如果设立在自由贸易园区，则要考虑境内销售和筹供的关务安排。

2. 区域市场导向——资源当地供应。这种模式的市场是以包括东道国在内的一个区域，比如南美国家、东盟市场、欧盟市场或者北美市场。这种情况下，关务上需要考虑两方面：一是东道国与区域市场是否达成自由贸易协定；二是根据外销比例确定是否利用东道国的自由贸易园区，如果出口的比例较大，可以考虑利用自由贸易园区，因为可以免除设备等的进口关税，从而减少出口的报关手续。

3. （区域）市场导向——资源全球筹供。这种投资模式的市场是以东道国或者东道国周边地区为目标，原材料和设备全球筹供。从关务和税收考虑，将生产基地设立在自由贸易园区是优先考虑，设备和原材料进口可以免除关税和进口环节税，进出口手续也相对简便，很多国家（即使外汇管制国家）对自由贸易园区的外汇限制较少。这种战略最适合在自由贸易园区内设立生产加工基地。

4. 劳动力市场导向——资源全球筹供。这种投资模式有两个目的：一是利用东道国的廉价劳动力；二是利用市场目标国对东道国的配额。

---

① 参见刘建文、魏建国、瞿继光：《中国自由贸易区建设的法律保障制度》，载《国家自然科学基金课题的研究报告》2002 年。

在这种模式下，生产基地设在自由贸易园区也是一种优先选择，因为设备和原材料可以免除关税和进口环节税，进出口手续简便，且不受东道国的许可证和配额管理。

其他模式，在此不一一列举。总体上，涉及原材料进口或者产品出口的业务，可以优先考虑使用自由贸易园区。

如果在东道国设立物流或者贸易企业，商品可以从母国进口或者全球购买，暂时储存于东道国自由贸易园区内，在自由贸易园区内进行分装、整合、贴牌和简单加工，然后再销往东道国或者周边国家。

自由贸易园区在世界各国并没有统一的政策，不同国家的自由贸易园区的功能、政策差异很大，可以开展的业务不同，申请和申报的程序不同，关税和税收政策不同，货物存放的时间也各不相同。在投资环境评估时，应全面了解投资东道国的自由贸易园区的具体要求。同一个国家为了满足经济发展的不同需求，往往设置不同功能的保税区域，其政策和程序的差异也很大。以下简单介绍几个国家的自由贸易园区政策：

1. 美国。将其境内的自由贸易园区称为外贸加工区——一个隔离的、封闭的、被管辖的、作为公共设施而运作的区域。根据美国外贸加工区法案规定，允许在进境港内或毗邻区建立特别的封闭区，并当作美国海关关税以外区域看待。载 2004 年底，美国的自由贸易园区达到 258 个，分区有 460 个。

根据美国有关法律规定，任何外国和美国国内的产品均可进入外贸加工区，进行储存、销售、展览、拆散、重新包装、批发、分类、定级、清洗、掺合外国或美国产品，组装、制造或进行其他加工。将货物运入外贸加工区必须获得该地区海关关长的批准。申报人应填第 214 表，根据商品获得特准外国产品地位或非特准外国产品地位的不同，获得不同的海关待遇。

2. 日本。设有保税地区、保税存放地区、保税工厂、保税展览会、综合保税地区等自由贸易园区。在这些地方可以相应进行外国货物的装卸、搬运、存放、加工制造、展览等。

3. 中国台湾。设有出口加工区、仓储转运专区等自由贸易园区。在出口加工区，投资企业进口自用机器设备、原料、半成品等免征进口税，产品出口免征出口税。①

4. 印度。设有自由贸易区域、出口加工区、出口导向型企业和出

① 参见余光亚：《出口加工区域经济发展》，东南大学出版社 2006 年版。

口促进工业园等。印度出口加工区的产品目标是西方市场，区内产品不能销往印度国内市场。

5. 印度尼西亚。其西部苏门答腊东海岸地区建立了新加坡—柔佛（马来西亚）—廖内（印度尼西亚）“金三角”，主要从事加工贸易，由新加坡提供资金，印度尼西亚提供廉价资源和劳动力，马来西亚提供部分市场及管理。该地区出口创汇占印度尼西亚的50%。此外，政府将邻近新加坡的巴潭辟为经济开发区，全岛享有保税特权，货物进口可免缴进口税（除非转运至印度尼西亚内地），外资公司在该岛可享有100%的股权。

6. 韩国。设有马山、益山出口加工区。区内企业享受“七免三减半”① 的所得税及其他商业税、企业税、外国投资所得税退税等优惠，享受5年全免及接下来3年5%减免的房产税、土地税和注册税等优惠，100%减免关税、特别货物税及首次取得的资本货物增值税。

7. 特立尼达和多巴哥。积极鼓励外国投资，并在全国设立了多处自由加工区，在区内设立企业，可享受以下优惠政策：货物进出口免税、企业免缴营业税、员工免交个人所得税、项目用原材料和设备进口免税等。

表2—3 世界各国设置的海关特殊监管区概况列表②

国别（地区）	出口加工区（个）	其他自由贸易园区	区内公司数量（家）
阿尔及利亚	4	—	800
埃及	—	10个自由区，42个工业园区，1个经济特区	558
加纳	4	—	144
肯尼亚	43	11个工业园区	68
纳米比亚	1	1个工业园区	65
南非	6	—	1583
苏丹	—	3个自由贸易园区，多个免税商店	46
毛里求斯	—	全岛为自由贸易园区	463

① 免除区内企业前7年的所得税，第8年至第10年减半征收。

② ILO database on export processing zones (Revised), Internaltional Labour office, Geneva, April 2007, http://www.ilo.org/public/english/dialogue/sector/themes/epz/epz-db.pdf, 2009年07月16日访问。

续表

国别（地区）	出口加工区（个）	其他自由贸易区	区内公司数量（家）
沙特阿拉伯	—	8个特殊区域	1609
阿联酋	16	—	7000
孟加拉国	5	—	252
印度	—	8个经济特区	811
巴基斯坦	22	4个产业园区	300
斯里兰卡	—	12个自由贸易园区	223
新加坡	7	35个工业园区	700
韩国	—	3个自由经济区	—
中国台湾	5	国际信息产品公司群（IIPC）	354
印度尼西亚	—	1个保税区	1149
马来西亚	13	—	3000
泰国	10	22个通用工业园区和产业促进区	1357
日本	—	2个特殊自由贸易园区（OSFTZ）	77
越南	10	8个产业区	234
阿根廷	5	1个工业园区	3202
玻利维亚	7	—	1806
巴西	1	—	450
智利	2	—	1500
秘鲁	4	—	33
阿尔巴尼亚	4	1个工业园区	143
克罗地亚	13	—	247
捷克	—	81个工业园区	3096
立陶宛	—	2个自由经济区、1个工业园区，6个科学技术园区	3150
波兰	—	14个经济特区，34个经济技术园区	649
罗马尼亚	6	—	650
俄罗斯	—	1个经济自由区	469
斯洛文尼亚	8	—	—
乌克兰	17	9个优先发展区（PDA）	—
爱尔兰	—	1个自由区	1010
意大利	4	—	—
葡萄牙	—	4个工业自由贸易园区（IFTZS）	5139
土耳其	—	20个自由贸易园区	3845
澳大利亚	—	10个贸易发展园区（TDZ）	289
新西兰	3	—	—
美国	—	256个自由贸易园区	2500

2.3 境外加工：出料加工、带料境外加工装配和境外加工贸易

中国劳动力资源极其丰富，劳动力成本在国际上一直都具有竞争力，境外资本利用中国廉价劳动力，在中国设立生产工厂增强整体竞争力，是过去和未来一段时间的资源国际布局态势。这也是中国加工贸易进出口占外贸比例居高不下的主要原因。

世界上唯一不变的是变化，一切都在动态地变化着。进入21世纪后，中国的自然资源日趋紧张，劳动力价格在逐步上涨，对劳工的保护在增加，土地成本在上涨，而出口的税收优惠在减少，国际上对中国出口的恐惧也在增加。更重要的是，中国开始对环境污染型、资源消耗型和低附加值产业和投资说“不”了。资源和能源的制约，使得中国无力继续担任世界的加工基地。中国资本利用境外的劳动力、自然资源、生产设施和市场资源，将生产和加工转移到境外也必将是一种趋势。

中国企业实施“走出去”利用境外技术、资源的战略时，在关务上要考虑如何利用中国和东道国的加工贸易政策和我国出料加工的政策。

2.3.1 出料加工——产品以中国市场为目标

出料加工（又称“外运加工”），是国际通行的一种海关便利监管方式，即企业将境内商品出口到第三国加工、修补或处理，之后在规定的时间内将加工后的商品运回境内，海关只对加工费或净增值征收关税或其他税。

由于国内技术的限制，国内企业需要将半成品运到境外加工后运回国内，在关务安排上有以下方案可供选择：

1. 一般贸易的方式，即一般贸易出口，加工或者维修后以一般贸易进口。这种贸易方式无需要海关特殊批准，但是进口时需要全额征收关税和增值税。进出境时需要按照一般贸易申请和提交相关许可证件。

2. 出境维修的方式，即按照“修理物品”的贸易方式申报出口，然后以同样方法申报进口。修理物品是指进境或出境维护修理的物品和货物，适用于一般货物维修，且不改变其物理和化学性质，或者未产生新的产品。石化生产过程中所需催化剂需运至境外加氢以增加活性，但不改变其物理或化学性质，这也属于修理物品。这种贸易方式仅限于需要修理的设备或货物，进口时按照支付境外的维修费和维修料件向海关缴纳关税和增值税。

出境维修的具体手续和流程如下：

1）纳税义务人在办理出境修理货物的出口申报手续时，应当向海关提交该货物的维修合同（或者含有保修条款的原进口合同）；

2）出境修理货物应当在海关规定的期限内复运进境；

3）在办理出境修理货物复运进境的进口申报手续时，应当向海关提交该货物的原出口报关单和维修合同（或者含有保修条款的原进口合同）、维修发票等单证。

这种方式仅适用于货物的维修工序，如果含有其他加工工序，则不能用这一种方式。

3. 出料加工的方式。如果货物是运到境外进行加工，或者改变物理或化学性质，或者有新产品形成，那么就需要运用“出料加工”的方式。下面将重点介绍出料加工的关务安排。

中国海关规定，出料加工仅限于因国内生产技术无法达到产品要求而必须运至境外进行某项工序的加工，原则上不改变原出口货物的物理形态。出料加工物流安排见图 2—3。

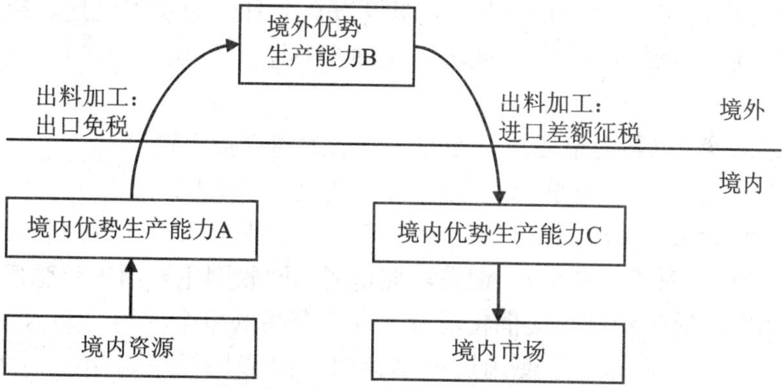

图 2—3 出料加工物流安排示意图

目前，中国海关关于出料加工的规范性文件主要有《关于加强对出料加工进出口货物管理的通知》和《海关总署、经贸部〈关于加强对出料加工进出口货物管理的通知〉的补充通知》。

出料加工项下经加工后复运进口的货物，海关以其进境到岸价格与原出境货物的相同的、类似的货物在进境时的到岸价格之间的差额作为完税价格计征进口关税和增值税。相比一般贸易进出口，进口货物中所含的国内料件将不会被重复课征关税和增值税。因此，出料加工是一种非常有效的关税筹划方式，是一种有效利用国内外资源和优势技术、工艺的方式。

出料加工在我国还不是很普遍，海关对出料加工的监管非常严格，条件和程序要求非常高，具体如下：

1）出料加工是借助境外加工技术弥补国内某项技术手段的不足。出料加工的工序仅限于因国内生产技术无法达到产品要求而必须运至境外进行某项工序的加工。

2）开展出料加工应本着“简单加工”、“有限加工”的原则。出料加工，原则上不改变原出口货物的物理形态。为便于监管，海关会对出料加工货物进行标记或取样留存。完全改变原出口货物物理形态的，如出口废钢进口钢材、出口废铝进口铝合金板材等，不属出料加工，应按一般贸易货物办理进出口手续。

3）出料加工货物如属国家禁止、限制出口或实行出口许可证管理的商品，海关凭经授权的经贸主管部门签发的批准文件和其他有关证件验放。其中如属应征出口关税的商品，海关应征收相当于出口税款的保证金。

4）出料加工货物在境外加工期限为6个月，如确需延期，须报经海关核准，但延期的最长时间不得超过3个月。

案例4：以国内市场为目标的境外加工的税费比较

A公司经营英国总公司生产的催化网（Catalyst gauze）、回收网（Catchment gauze）、金属丝、铂等产品，其制成型的原材料90%～100%为贵金属铂（白金）、钯等，催化网、回收网主要用于化肥厂、硝酸厂制酸反应炉中做反应催化场所。以上产品的单个使用周期为3～12个月不等。产品的单个使用周期结束时，白金损耗率为10%～20%，催化网的催化活性下降，生产效率降低，须进行催化网的再生。剩余的80%～90%旧白金可以进行回收翻新加工以达再生目的。英国总公司有一套世界领先水平的白金催化网再生技术，可帮助客户降低生产成本，降低白金使用量及损耗量，延长催化周期，提高硝酸生产量。A公司希望进口白金催化网使用单个周期结束后废旧白金申请出料加工贸易。

A公司可向中国海关申请“出料加工”进出境，向英国海关申请“来料加工”或者“维修物品”的方式进出境，如果申请不成功则只能以一般贸易方式进出境。我们比较一下申请成功与不成功的税务成本，不同进出口环节的税费负担见表2-4。最优的筹划方式是在两个国家的两次进口都在一定程度上获得了关税减免；其次是至少在一次进口中获得关税减免。

表 2—4 不同申报方式的税费负担比较表

项目 \ 申报方式	一般贸易（中国）；一般贸易（生产国）	出料加工（中国）；一般贸易（生产国）	一般贸易（中国）；加工贸易（生产国）	出料加工（中国）；加工贸易（生产国）
原材料（中国出口）	100	100	100	100
原材料（生产国进口，关税税率 5%）	105=100+5	105	100	100
成品（生产国出口）	125	125	120	120
成品（中国进口，关税税率 10%）	137.5=125 +12.5	127=125 + 2	132	122
税负	17.5	7	12	2

注：假设成品增值 20 单位，整个物流过程运费忽略。

2.3.2 带料境外加工装配——产品不以中国市场为目标

带料境外加工装配，是指我国企业以现有技术、设备投资和境外加工装配的形式，带动和扩大国内设备、技术、零配件、原件料出口的国际经贸合作方式。其运作模式见图 2—4。

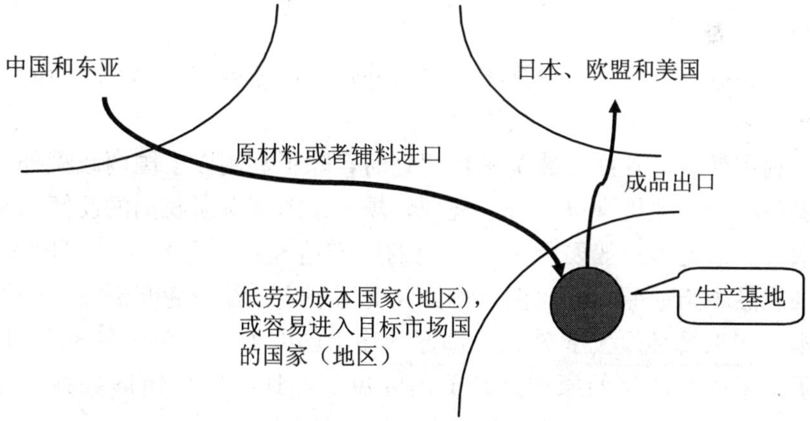

图 2—4 带料境外加工装配运行模式示意图

自 1999 年以来，为了鼓励企业"走出去"，通过境外投资带动产品出口，国家针对企业从事境外带料加工装配业务制定了一系列优惠措施，主要有：

1. 资金鼓励政策。银行对境外建厂提供人民币中长期贷款，项目可以从中央外贸发展基金、援外优惠贷款、合资合作项目基金获得扶持，投资获利后5年内所获利润可以用来充实资本金，银行对境外带料加工装配出口的设备、技术、零配件、原材料所需资金优先提供出口信贷。

2. 实行简化外汇管理手续。境外带料加工装配项目免交汇回利润保证金，适当延长境外带料加工装配项目设备、技术、零配件、原材料的出口收汇核销期限。

3. 享受出口退税政策。对企业作为实物性投资的出境设备、器具、原材料及散件，海关凭商务部批准证书和合同副本验放，实行全国统一的出口退税政策。其中，对二手设备按其提取折旧后的余额计算应退税款；对新设备和原材料按增值税专用发票所列明的进项税额计算应退税款。企业以实物投资出境的设备及零部件（包括实行扩大增值税抵扣范围政策的企业在实行扩大增值税抵扣范围政策以前购进的设备），实行出口退（免）税政策。①

4. 境外带料加工装配项下出口设备、技术、零配件、原材料，如涉及出口许可证或配额，给予优先安排。

带料境外加工贸易是典型的跨国直接投资，其核心是我国企业将成熟技术和现有设备向海外转移，从而带动国产零配件、原材料和半成品的大量出口。这也是我国出口产品规避配额限制和不公正的反倾销贸易保护措施的主要方式。

在关务规划方面，中国海关对境外带料加工装配并没有专门的监管方式，多以一般贸易的方式出口。

利用带料境外加工装配进行规划时，除了利用以上国内政策外，还需要利用原产地规则进行有效规划，规避东道国家对我国的反倾销和配额政策。东道国一般要求按照当地的原产地准则，适当安排本地采购，增加成品中当地原料的比例。例如，美国规定，给予免配额地区的纺织品本地加工量必须大于70%，即原料输出国的加工量必须在30%以下。为了便于调查产品的原产地，美国驻免配额地区大使馆商务处配备了100多位专职人员，专门负责此项工作的开展。

案例5：带料境外加工装配带动境内和境外业务两旺

S公司是从1995年开始介入箱包、服装产品带料加工出口业务的。

---

① 详见《国家税务总局关于出口货物退（免）税若干问题的通知》（国税发〔2006〕102号）。

在1996年以前，S公司在箱包、服装等产成品领域主要是组织国内货源进行出口。1996年，受美国对纺织品进出口配额限制变严等因素的影响，S公司的这部分出口业务几乎中断。为消除配额限制对公司纺织产品出口的限制，S公司开始寻求与外商合作。经过考察认证，S公司与香港B公司合作在阿联酋的迪拜自由贸易园区办起了第一家带料加工厂，采取以国内配合境外的运作方式，将加工厂生产的产品源源不断地出口到美国市场，成功避免了美国纺织品进口配额对直接从中国境内出口的限制。在带料境外加工贸易取得初步成功的同时，S公司对中东地区社会、政治、经济环境也有了初步的了解。1998年10月，S公司在约旦合格工业区（QIZ）内建厂成功，充分利用约旦的优惠政策，成为第一家利用QIZ政策，免关税、免配额出口到美国的厂家，进一步扩大了产品在美国的市场份额，极大地增强了公司的市场竞争力。

S公司带料境外加工贸易的基本运作模式是与香港B公司合作的。香港B公司通过设在美国的总部，掌握着市场的订单。S公司主要根据合作企业箱包出口订单情况，在中国内地和台湾地区采购所需原材料（在内地主要采购辅面料、拉杆、拉链等，约占向中东加工厂总出口额的70%；在台湾则采购主面料，约占总出口额的30%）；或者根据需要组织中国内地的江西、浙江等地企业将原材料加工成半成品，然后出口到阿联酋和约旦。在阿联酋和约旦的合作企业进行加工或装配后，将产品出口到美国或欧盟（主要是美国）。在整个带料境外加工装配业务中，S公司负责组织国内配套原材料的采购和半成品的加工及其出口业务，并根据需要组织国内劳务输出的种种签证等手续。香港B公司负责组织美国等地的订单，约旦和阿联酋的合资企业由合作双方根据章程按有限责任公司运作。

2.3.3 境外加工贸易——利用当地资源和区域市场

与中国一样，世界很多国家的海关都采用加工贸易的方式来吸引外商投资，发展本国经济，解决当地就业。即使像欧盟、日本等发达国家（地区）也鼓励境内企业接受境外委托，在境内进行加工制造，然后再复出口。加工贸易的一般模式都是境外提供原材料和零部件，在境内加工组装后复出口。

加工贸易政策是符合WTO规则的国际通行做法。对生产出口产品所含的进口原材料、零部件免征关税和增值税是国际规则一直就允许的。WTO《补贴与反补贴措施协定》附件2中规定：“间接税减免制度可允许免除、减免或延迟对生产出口产品所消耗的投入物征收的前阶段累积的间接税，退税制度可允许对生产出口产品所消耗的投入物征收的进口税费进行减免或退还。”只有在减免和退还金额超过对投入物实际征收的税负时，才构成出口补贴。多数国家也对用于加工出口的进口原材料、零部件或其他半成品免征关税、增值税或消费税。

各国对加工贸易在海关监管方式上、税收优惠上有所区别，一般主要有以下方式：

1. 区内圈养方式。在封闭监管区域内，如出口加工区或者贸易加工区，从事加工贸易，如美国和中国台湾。

2. 区外散养方式。加工贸易企业可以在海关监管区外，通过向海关特殊申请和履行申报、备案手续取得加工贸易资格。税收上有以下三种方式：先征后退；保税，即不征不退；提供保证金担保。

不同国家（地区）的具体方式都有差异，如欧盟实行进境加工制度，允许某些非欧盟成员国的原材料在进境时暂不纳关税和其他国内税，或者在其加工后得到的产品出口时退还已征税款，其中以原材料进境时暂不纳关税和其他国内税为主；马来西亚对进口原材料，如果是用来生产出口产品的，可以免征关税和消费税；韩国对用于出口的进口原材料，在 20 世纪 60 年代免征增值税，1975 年以后名义上是先征后退，实际上是缓征或凭银行的“购买认可书”免征。

发展加工贸易是东南亚地区推进工业化的一条重要途径，在其对外贸易中均占有较大份额。日本实施出口导向战略促进经济起飞，就是从世界各地进口大批原材料，加工制造制成品再出口；新加坡、韩国等国起初也是自然资源匮乏、资金不足，也是依靠发展出口加工业才实现经济腾飞的。这些国家虽然没有我国这样的加工贸易概念和统计，但都实行了鼓励进口再加工出口的政策措施。参照我国加工贸易统计范围，韩国加工贸易出口占总出口的比例超过 85%，菲律宾占 50%，马来西亚电子、电器产品加工贸易出口比例将近 60%。我国加工贸易所占比例在一半以上，与他们的情况基本类似。另外，日本、欧盟等以制成品出口为主的国家（地区）也都有较高比例的加工贸易。

以下是一些主要国家（地区）加工贸易政策的简介，但是各个国家关于加工贸易的政策也在不断变化，在实施投资方案时还需要全面研究东道国加工贸易的税收政策、外贸政策和海关监管手续和要求等。

1. 欧盟。《共同体海关法典》第 114 条规定可以适用进境加工制度的业务包括：工业生产，工业加工，修理和某些有助于出口生产并在生产过程中全部或部分消耗掉、不存在于补偿产品中的货物。欧盟海关应根据加工业务的实际生产数据等有关情况确定消耗定额。为方便加工企业把内销生产和出口生产结合起来，欧盟进境加工制度规定允许进行料件串换、先出后进和异地进出境等三项灵活管理措施。欧盟对进境加工采用保税和复出境退税两种管理方式。如果当事人具备适用复出境退税方式的条件，可以选择这两种管理方式中的任何一种。欧盟规定，加工获得产品需要在规定的期限内复出境，并在规定的加工获得产品复出境的期限届满后30日内向海关办理核销手续，海关根据成品的最终去向，分别采取三种不同的处理方式，即无税核销、继续保税核销、征税核销。

2. 日本。除了保税区和少数特殊商品或者特殊支付方式外，日本政府对企业从事加工贸易没有限制，而且给予享受关税优惠的待遇。日本的《关税法》规定：对外加工装配业务需要的原辅材料、零配件等的进口，在申请保税工厂获得许可以后，可以享受海关的免税优惠待遇；为对外加工装配业务进口的原料，只要符合产品复出口免税和减税规定，制造出口货物的原材料等的减税、免税或退税规定，用已课税原材料等生产的制品出口后免税或退税规定的各类货物，均给予免征关税出口，或经申请许可工厂可获得适用关税的免减、退税的待遇。

3. 墨西哥。利用毗邻美国的有利条件，从20世纪60年代就开始大力开展加工贸易，对外加工装配企业可免税进口机械、设备、原料、零件，利用当地低工资(约为美国普通劳工的1/6)进行加工装配，其产品全部出口，免征出口关税。1983年8月，墨西哥政府颁布了《客户出口工业促进和经营法》，明确把对外加工装配业务作为其吸收外资的三大部门之一。在要求对外加工装配的产品必须按合同全部出口的同时，又规定经批准可将20%的产品转为内销，条件是国内不能生产的或生产不足的。

4. 印度。对加工贸易管理的办法主要有两种：一是列名管理；二是自由贸易园区。列名管理是指进口列名的货物用于生产出口产品，或生产产品供完全出口型企业使用，免除全部关税和附加税。进口商要享受该项税收优惠，在进口货物时，应事先取得有关的许可证，在海关保税监管下进行加工，并按100%的比例或按审批局规定的百分比，在规定的时间内（或在审批局同意延长的期限内）出口产品。自由贸易园区中完全出口型企业加工列名产品进口的原料，免除全部关税和附加税。在自由贸易园区中虽然也实行列名管理，但产品种类和管理方法不同。

5. 中国台湾。主要通过设立出口加工区的方式，从事加工贸易。

6. 美国。加工贸易业务集中在海关指定的监管区域内。

7. 哥伦比亚。《巴列霍计划》规定，产品全部出口国外的企业，货物进口免征关税，免征生产和出口环节中的增值税。

2.4 转口贸易："首次销售规则"的利用

"首次销售规则"，又称"第一次销售"，是欧美各国海关普遍采用的估价方式之一，也是进出口企业普遍接受的一种常见的节税方法。多数情况下，美国海关都把进口商为待估价商品所支付的金额作为确定应税价格（成交价格）的基础。不过对于有外国制造商、中间商、中间商的美国顾客（进口商）参与的三层次（或多层次）销售，如果交易满足了一定的条件，中间商为待估价商品所支付的金额（外国制造商对中间商的售价，或出厂价），而非进口商（中间商的美国顾客）所支付的金额（中间商的转售价），可以作为海关确定商品应税价格（成交价格）的基础。也就是说，允许美国进口商在一定条件下将进口产品价格以首次或一系列交易中较早的一次为主，而不是最后一次，这就是所谓的"首次销售规则"。确定这一规则的是两个著名的判例，即"麦格菲公司诉美国案"和"日商岩井（美国）公司诉美国案"。

例如，来自中国内地的产品销售给香港经销商后，可能再次卖给拉斯维加斯的进口商，首次进口规则允许美国进口商将产品价格申报为最初的中国内地—香港交易价格。如图 2—5 所示，中国内地的贸易企业（中间商）购买产品后销售给美国/欧盟，一般申报的进口完税价格是 10000 美元，而采用首次销售规则，可以以 8000 美元作为完税价格，如果关税税率是 5%，则可以节省关税 100 美元。

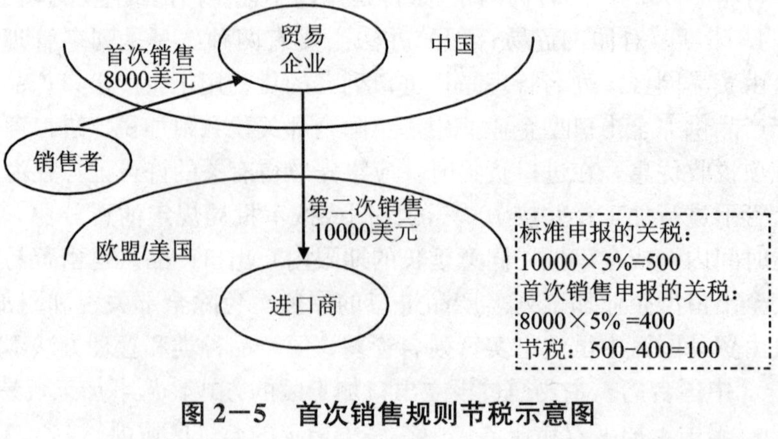

图 2—5 首次销售规则节税示意图

首次销售的法律依据如下：

1.《WTO估价协定》第1条规定，进口货物的完税价格应该是成交的价格，即销售出口到进口国的已付和应付价格。

2. 欧盟《理事会法规 No. 2913/92》第29条规定，进口货物的完税价格应该是成交的价格，即销售出口到成员国的已付和应付价格。基本上完全引用《WTO估价协定》的表述。

3. 美国《贸易协定法（1979)》规定，进口货物的完税价格应该是成交的价格，即销售出口到美国的已付和应付价格。也是基本上完全引用《WTO估价协定》的表述。

上述法规在表述上都采用“When for sold for export（当销售出口到)”的提法。

不过，美国海关在2009年1月24日的“联邦公告”上发布通知，宣布政府正在考虑废除根据首次销售规则形成的对进口商有利的估价方法。废止首次销售规则的估价方法意味着大量美国进口商未来必须基于自己付给中间商的价格为进口商品报关，中间商的利润也计入商品的应税价格。同时，还会增加相关交易的成本。

根据以上法规，首次销售应该满足以下条件：

1. 必须明确表述是出口到美国还是欧盟；

2. 必须存在两个“背对背的连续（Back to back bona fide）销售”；

3. 必须是市场公平价格；

4. 申报的价格必须是可以稽查的。

在实际操作中必须能够提供首次销售完整详细的价格，如有需要，还应由进口国海关预先审核交易结构和价格水平。因此，在向进口国海关申请以首次销售规则申报时，可能还需要提供以下资料：

1. 发票、合同和订单；

2. 运输合同；

3. 产品特征、制造和设计的特点；

4. 商标、货号、商品条码、其他特殊标志以及其他证书和特征。

而首次销售中的“转售（Bona Fide Sale)”应满足下列要求：

1. 中间商承担损失的风险；

2. 中间商拥有所有权；

3. 中间商付钱购买商品；

4. 中间商可以自由销售商品并确定价格；

5. 中间商可以自由选择购买者，而不受销售者的限制；

6. 中间商可以购买零件作为其库存。

案例 6：利用首次销售规则进行购买（进料加工）后再销售

交易流程如下（见图 2—6）：

1. 制造商接受贸易商的订单；
2. 制造商花费 5000 元购买原材料；
3. 贸易商提供协助（如图纸、技术等）收费 1000 元；
4. 制造商以 7500 元的价格销售给贸易商；
5. 贸易商再以 10000 元的价格销售给进口国（美国）分销商；
6. 产品直接运输到美国。

申报的完税价格应该是：7500 元＋1000 元＝8500 元。

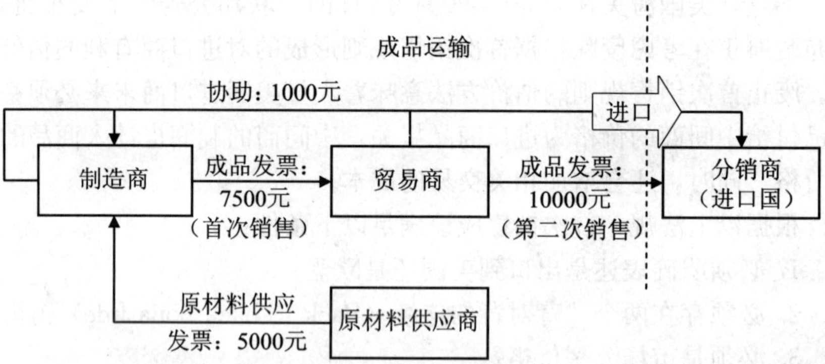

图 2—6 购买（进料加工）后再销售流程示意图

案例 7：利用首次销售规则进行委托加工（来料加工）后再销售

交易流程如下（见图 2—7）：

1. 制造商接受委托商的订单；
2. 委托商花费 5000 元购买原材料，提供给制造商加工；
3. 委托商提供协助（如图纸、技术等）收费 1000 元；
4. 加工完成后，委托商支付制造商加工费 2500 元；
5. 委托商再以 10000 元价格销售给进口国（美国）分销商；
6. 产品直接运输到美国。

申报的完税价格应该是：5000 元＋2500 元＋1000 元＝8500 元。

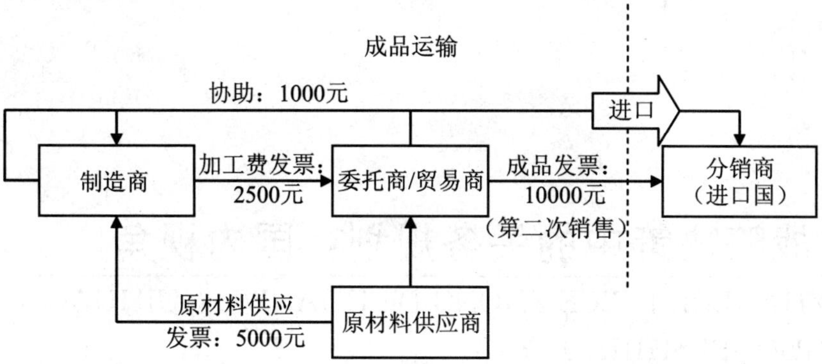

图 2—7　委托加工（来料加工）后再销售流程示意图

3 战略决策中的关务规划：国内视角

3 ZHANLÜE JUECE ZHONG DE GUANWU GUIHUA：GUONEI SHIJIAO

关税和关务的规划并非只是管理日常的报关和清关。在公司许多重大战略决策中，如企业新设、合并与分立、搬迁、改制和转型等，关税和关务都是重要的决策因素。

3.1 企业合并（分立）和搬迁的关务规划问题

3.1.1 企业合并或分立的关务规划问题

企业合并或分立，往往会涉及股东或者股权的变化、企业名称的更改、企业性质的改变。由于众多企业往往都有海关监管货物，即减免税设备、保税货物，这些货物没有缴纳海关税收，未完全办结海关手续。如果涉及分立或者合并的企业拥有以上两类货物，就需要有效的关务规划和特殊的审批。

3.1.1.1 *减免税业务资格和减免税设备的处理*

在减免税设备方面，主要是两个关键的问题：

1. 新的企业能否继续享受减免税待遇?

2. 企业合并或分立各相关方过去进口的减免税设备如何处理?

对于第一个问题，合并或分立后是否继续享有减免税优惠待遇，由海关和其他审批部门根据企业性质、从事行业、所在地区等，对新的企业重新进行审核。如果原有经过审批的鼓励类项目未关闭，其批件仍然有效，不过需要办理主体变更手续。

对于第二个问题，由承接该货物的存续或新设公司承担海关法规规定的接受海关监管的全部法定义务。经海关确定不再享有减免税优惠待遇的企业应就原进口的减免税货物补缴关税和进口环节税。仍享受减免税优惠的企业承接的特定减免税进口货物的海关监管年限自货物进口之日起连续计算。

在规划方面，应在企业合并或分立前就是否同样享受减免税的资格，进行所涉关税和增值税的税负评估：

1. 分立或者合并后的企业性质是否发生变化。根据有关法规，外资超过25%的属于外商投资企业，否则，按照内资企业进行管理。不过，中西部项目中外资比例低于25%，仍可以按照外商投资企业管理。外资项目和内资项目的鼓励类项目目录以及不予免税的设备目录也不一致。外资项目的鼓励类项目目录为《外商投资产业指导目录》和《中西部地区外商投资优势产业目录》；内资项目为《产业结构调整指导目录》。

2. 明确合并或者分立后的经营范围和经营项目。如果是企业合并，经营范围和项目不仅包括合并前的项目，还包括计划中的新项目。如果是企业分立，则应视分立的方式是保持原有的经营范围和项目，还是分解原有的经营范围和项目。新企业的经营范围和项目的确定，直接影响到能否获得减免税设备的进口资格。

3. 新企业的经营范围或者项目，外资项目是否属于《外商投资产业指导目录》中的鼓励类项目，中西部外资项目是否属于《中西部地区外商投资优势产业目录》中的项目，内资项目是否属于《产业结构调整指导目录》中的项目。进口或者需要结转的设备是否属于《外商投资项目不予免税的进口商品目录》或者《国内投资项目不予免税的进口商品目录》中的项目。这些目录会定期更新，因此，合并或分立前符合减免税条件不一定在合并或分立后就能符合条件。如果新企业不具备减免税资格，或者原有的减免税设备被列入现行的不予免税目录范围，则需要补交关税和增值税。

4. 根据企业合并或分立后能否获得减免税资格以及原有的减免税设备是否仍属于免税范围，评估需要补缴的关税和增值税。

5. 如果合并或分立后，原有的减免税设备仍可以继续享受减免税资格，则需要向海关办理结转手续，结转到新企业的名下。

自2009年1月1日起，对按照或者比照《国务院关于调整进口设备税收政策的通知》(国发〔1997〕37 号)的规定，享受进口税收优惠政策的部分项目和企业进口的自用设备以及按照合同随上述设备进口的技术及配套件、备件，包括不作价设备，恢复征收进口环节增值税，但继续免征关税。因此增值税全面转型后，结转设备将需要缴纳进口环节的增值税。①

3.1.1.2 保税业务资格和保税货物的处理

在加工贸易和保税货物管理方面，两个关键的问题是：

1. 新企业能否从事保税业务?

2. 合并前进口的保税物料如何处理?

对于第一个问题，合并或分立后的外商投资企业是否继续享有从事保税业务的经营权，由海关根据现行规定予以核定。具体是，应该以新企业的身份向商务部门申请加工贸易业务，审核加工贸易生产能力，获得加工贸易批准证书。但是，作为新企业，在海关对企业分类管理中，可能会按照B类企业进行管理。如果，分立的企业承担了原有企业的主要业务，可以考虑向海关申请特殊处理，要求延续使用原有的级别。

对于第二个问题，未核销结案的进口保税货物，在企业合并或分立后，由承接该货物的存续或新设公司承担海关法规规定的接受海关监管的全部法定义务。应按规定继续办理复出口手续或凭有效批件或许可证补缴进口关税和进口环节税。

如果新企业具有保税经营权，未核销的保税货物可以复出口，待核销原有企业的手册后，再以新企业名义保税进口；或者以原有企业的名义，申请“内销批准证书”后补缴关税和增值税。

而关于直接将合并或者分立前的保税料件直接结转到新企业名下的手册中的问题，由于新企业可能与原有企业是两个不同的经营单位，现有法规框架下是无法直接操作的②，但是可以通过以下方法进行探索：

1. 向海关申请特殊处理，要求料件从原有企业直接结转到新企业名下。比如料件不便运输或后者补税税负过重，再如广东东莞地区 2008 年大规模的将来料加工厂转型为外商投资企业，特许保税料件就地结转。

2. 对保税的成品或者半成品，可以以深加工结转的方式来实现。

---

① 参见《对部分进口税收优惠政策进行相应调整的相关执行问题的公告》(海关总署公告 2008 年第 103 号)。

② 参见《中华人民共和国海关关于加工贸易边角料、剩余料件、残次品、副产品和受灾保税货物的管理办法》(海关总署令第 111 号)第五条：“加工贸易企业申请将剩余料件结转到另一个加工贸易合同使用，限同一经营单位、同一加工厂、同样进口料件和同一加工贸易方式。”

3. 向海关申请新旧企业过渡期，在过渡期间，在原企业名下的进口料件加工后在原有手册下复出口，逐渐将原有保税料件出口到境外。同时，启用新企业名下新手册的进口料件和出口成品。一般来说，海关会视情况给予 3～6 个月的过渡期。

3.1.2 企业搬迁的关务规划问题

在生产经营过程中，由于生产条件、环境和市场的变化以及政府政策的推动，企业需要从一个地区搬迁到另一个地区，比如 2008 年以来广东地区推进产业转移和劳动力转移的“双转移”政策，国家对中西部地区实行差别性的优惠政策，以吸引东部企业迁移到中西部地区，以及部分加工贸易企业从普通地区搬迁到海关特殊监管区。在这些搬迁过程中，如果企业有海关监管货物或者其他进出口业务，尤其是加工贸易企业，会有复杂的关务手续。相对于企业的合并或分立的关务事项来说，企业的性质、业务都不会有什么改变，仅仅是经营地点和企业名称的改变，因此关务规划会与企业的合并或分立不完全一致。

3.1.2.1 同一关区企业搬迁

如果企业从某一关区内地区搬迁到同一关区（隶属海关）内另一个地区，不会涉及企业海关编码的变化，海关可以按照监管货物的地址变更进行办理。搬迁前，应向主管海关提出减免税设备转移地点和保税货物、加工贸易业务转移地点的申请，经海关批准后方可变更使用地点；搬迁后，需要就进出口收发货人注册备案记录、减免税设备资料和加工贸易手册等向海关办理地址变更手续。

3.1.2.2 跨关区企业搬迁

跨关区企业搬迁是指企业整体搬离或部分搬离原主管海关辖区，迁至另一主管海关辖区内，设立新的加工贸易企业或合并到另一主管海关辖区内同一投资主体已设立的企业。跨关区搬迁，涉及企业海关编码和主管海关的变更，因此，关务手续较为复杂。搬迁前应获得当地商务主管部门同意和批准，且还需要办理变更主管海关的程序，其流程为：迁入地海关同意迁入——迁出地海关办理企业档案迁出——迁入地海关办理手册、不作价设备手册备案——迁出地海关办结手册、不作价设备手册核销，注销企业编码。

因此，总体搬迁主要涉及以下几方面的关务问题：

1. 搬迁前海关案件和担保等事项的清理。在搬迁前，企业对已有的海关案件和担保等事项进行整理，如果案件已经接近审结可以申请加快审结；如果案件仍处于调查之中，可以向海关说明情况，并保证搬迁后仍然承担配合海关调查和处置的责任。如果搬迁前企业还有一些税收担保或者承诺事项，可以向海关提供书面报告，保证担保事项的延续。清理以上事项后，迁出地海关才准许企业办理搬迁手续。

2. 企业海关注册和备案的变更。企业搬迁前，应先在迁入地主管海关办理新企业设立及注册登记等手续。迁出地主管海关在企业完成搬迁并办结设备和料件结转手续后，按相关规定办理手册核销、协议终止等手续，并在企业办结相关海关手续后，按规定取消企业原企业编码。

3. 企业减免税设备的结转和继续监管。根据海关规定，减免税设备可以免税结转至新设立的企业，由迁入地主管海关继续监管，其监管年限连续计算。企业应该向迁入地海关申请核发“不作价设备手册”或“征免税证明”，并凭迁出地海关核发的“不作价设备手册”和原不作价设备或减免税设备进口报关单，办理有关设备的结转手续。结转后办理原有“征免税证明”注销和“不作价设备手册”的核销手续。企业应该在迁出地主管海关同意搬迁后3个月内办理设备结转手续。

增值税全面转型后，搬迁过程中的设备结转仍然不需要缴纳关税和增值税。

4. 加工贸易企业料件的结转和加工贸易业务的延续。在迁入地海关办理加工贸易手册，将原有企业的保税料件余料结转到新企业的手册中。企业应该在迁出地主管海关同意搬迁后3个月内办理料件结转手续。经迁入地主管海关根据有关规定审核同意，企业搬迁后可保留原海关分类管理类别。

3.2 公司股份制改制的关务规划

公司改制或者转型，是指公司产权的改变和治理结构的改变。在关务管理上主要涉及三方面的因素：

3.2.1 改制后，企业的名称和编码是否发生变更

海关会给予每个进出口企业一个企业编码，并通过企业编码对企业的进出口货物进行管理，如果企业编码发生变更，海关会按照新企业来进行管理。企业编码为10位数字，前4位为关区代码，第5位为地区代码，第6位为企业性质。如果改制前是内资项目，改制后成为外资项

目，第6位就需要改变，企业就会被自动作为新企业进行管理。因此，企业提前做好编码切换工作，最佳的方法是向海关申请新旧编码过渡期，如3个月的过渡期，以备办结旧企业编码名下的手续。

3.2.2 改制后，企业是否仍具备加工贸易资格

在保税业务经营资格方面，企业股份制改制后，应该以新企业的身份向商务主管部门申请加工贸易业务，审核加工贸易生产能力，获得加工贸易批准证书。如果新企业具有保税经营权，未核销的保税货物可以复出口，待核销原有企业的手册后，再以新企业名义保税进口；或者以原有企业的名义，申请"内销批准证书"后补缴关税和增值税。也可以向海关申请特殊处理，即料件从原有企业直接结转到新企业名下的手册。

3.2.3 改制后，企业是否仍具备减免税资格

进口减免税设备资格方面，情况较为复杂，主要是由于我国对不同所有制企业的减免税政策存有差异，尤其是外资和内资企业之间。为便于规划，可以将公司股份制改制分成以下三种情形进行分析：

3.2.3.1 外资比例高于25%的外商投资企业

1. 中外投资者采取发起或募集方式在境内设立外商投资股份有限公司，或已设立的外商投资有限责任公司转变为外商投资股份有限公司，并且外资股份不低于25%，所投资的项目符合《外商投资产业指导目录》中鼓励类或《中西部地区外商投资优势产业目录》的产业条目的，其在投资总额内进口的自用设备，可以享受外商投资项目进口税收优惠政策。

2. 内资有限责任公司或股份有限公司转变为外资股份不低于25%的外商投资股份有限公司并且同时增资，所投资的项目符合《外商投资产业指导目录》中鼓励类或《中西部地区外商投资优势产业目录》的产业条目的，其增资部分对应的进口自用设备可享受外商投资项目进口税收优惠政策。但原项目（不含增资部分）项下进口的自用设备不能享受外商投资项目进口税收优惠政策。

3. 境内内资企业发行B股或发行海外股（H股、N股、S股、T股或红筹股）转化为外商投资股份有限公司，其投资项目一般不享受外商投资项目进口税收优惠政策。此类外商投资股份有限公司所投资的项目符合《外商投资产业指导目录》中鼓励类或《中西部地区外商投资优

势产业目录》的产业条目的，其在投资总额内进口的自用设备，除《国内投资项目不予免税的进口商品目录》所列商品外，可以免征关税和进口环节增值税。此前已经国务院特别批准按国内投资产业政策管理的此类外商投资股份有限公司，仍按原规定执行。

4. 外商投资企业向中西部地区再投资设立的企业或其通过投资控股的公司，注册资本中外资股份不低于25%，并取得外商投资企业批准证书，所投资的项目符合《外商投资产业指导目录》中鼓励类或《中西部地区外商投资优势产业目录》的产业条目的，其在投资总额内进口的自用设备，可享受外商投资项目进口税收优惠政策。

3.2.3.2 外资比例低于25%的外商投资企业

1. 外国投资者的投资比例低于25%的外商投资企业，所投资的项目符合《外商投资产业指导目录》中鼓励类或《中西部地区外商投资优势产业目录》的产业条目的，其在投资总额内进口的自用设备，除《国内投资项目不予免税的进口商品目录》所列商品外，可以免征关税和进口环节增值税。

2. 持有外商投资企业批准证书的A股上市公司（以下简称外商投资上市公司）股权分置改革方案实施后，因增发新股或原外资法人股股东出售股份，使外资股份低于25%的，其投资项目不能享受外商投资项目进口税收优惠政策；之后即使原外资法人股股东通过回购股份等方式，使外资股份再次不低于25%的，其投资项目仍然不能享受外商投资项目进口税收优惠政策。对于股权分置改革方案实施后，外商投资上市公司增发新股，或原外资法人股股东出售股份，但外资股份不低于25%，所投资的项目符合《外商投资产业指导目录》中鼓励类或《中西部地区外商投资优势产业目录》的产业条目的，其在投资总额内进口的自用设备仍可享受外商投资项目进口税收优惠政策。

3. 外国投资者的投资比例低于25%的外商投资企业不能享受外商投资项目进口税收优惠政策，因此，此类企业不属于《海关总署关于进一步鼓励外商投资有关进口税收政策的通知》（署税〔1999〕791号）中规定的可享受有关税收优惠政策范围，不能利用自有资金免税进口自用设备。

4. 外商投资企业向中西部以外地区再投资设立的企业，以及向中西部地区再投资设立的外资比例低于25%的企业（上述企业包括直接或间接含有外资成分的公司），所投资的项目仍按外商投资产业政策管理，其中符合《外商投资产业指导目录》中鼓励类或《中西部地区外商投资优势产业目录》的产业条目的，其在投资总额内进口的自用设备，除《国内投资项目不予免税的进口商品目录》所列商品外，可以免征关税和进口环节增值税。

3.2.3.3 不含有外资成分的股份制企业

不含外资成分的股份制企业改制，减免税方面完全按照内资项目管理。

案例 8：外商投资企业转制后能否继续享受原减免税优惠政策

1988 年，某市医药总公司与香港某有限公司合作成立中外合作企业“某市新制药有限公司”（下称“新制药外资”），投资总额 3000 万元，注册资本 1500 万元人民币，1992 年该企业在某市海关注册、备案。

1992 年 9 月，市医药总公司发起成立“某市新制药股份有限公司”（国内股份企业，下称“新制药股份”），并以“新制药外资”的 3961 万元净资产（其中 3000 万元为投资总额，961 万元为房产）入股。1993 年，“新制药股份”领取营业执照。1999 年 1 月，“新制药外资”将其之前所有的减免税进口设备及车辆转入“新制药股份”的固定资产账户。2000 年，“新制药外资”停止经营并获准撤销。

2000 年以前，“新制药外资”和“新制药股份”有各自的工商营业执照、批准证书、进出口资格证书及相应的部门审批资料，是两家独立法人资格的企业，即“一个公司两块牌子”。2000 年 1 月以前，以“新制药外资”的名称运作，2000 年 1 月以后以“新制药股份”的名称运作。

海关核查发现以上情事，认定“新制药股份”的股份持有人均为境内企业，按照规定应视为国内股份公司，不能视为外商投资股份有限公司，不能享受与中外合作企业相同的税收优惠政策。

海关决定，对企业转制和转入股份企业的免税设备提出以下处理意见：

1. 鉴于“新制药股份”成立的目的为上市融资，且至 2000 年 1 月前并未实际运作，“新制药外资”1988 年至 2000 年一直正常经营，企业财务账册健全，且两家企业均属由地方主管部门审批同意设立、审批证明齐全有效的合法企业，两块牌子的使用时间段也不同，故对该两家企业以“一个公司两块牌子”的形式存在问题建议不予追究。

2. 由于外商投资企业与国内企业所享受的免税范围不一，中外合作企业“新制药外资”转入国内股份企业“新制药股份”的免税进口设备及车辆，可按照规定予以补税结案，监管年限的计算自进口之日起截至1999年1月。

另外，还有海关关员主张，国内股份企业“新制药股份”以国内投资项目申请办理减免税结转手续，相关政策如下：1998年起免税进口设备符合国内投资项目免税范围的可以由股份公司申请办理减免税手续，从原中外合作企业转入；1998年起免税进口设备不符合国内投资项目免税范围的，全额补税结案；对1998年前进口的免税设备如已过监管年限的可办理解除监管手续，未过监管年限的予以折旧补税。

3.3“三来一补”企业转型的关务规划

加工贸易转型升级是我国在国际贸易和国际投资新形势下的战略举措，其官方解释包括：一是要实现加工贸易产业和产品结构升级，提高加工贸易产品技术含量，提高关键零部件的加工制造能力；二是要优化加工贸易区域布局，引导加工贸易梯度转移，促进东、中、西部产业布局的合理调整；三是要引导加工贸易向产业链高端发展，由单纯加工向设计、研发、品牌、服务等内容延伸。①

南方一些地区，将“三来一补”企业转型为外商投资企业或者其他企业也作为转型升级的一个部分。在改革开放初期，为了招商引资，主要是珠三角地区，采用“三来一补”的方式。“三来一补”加工厂是一种特殊的经营主体，在一些地区，如东莞市、深圳市，创办的“三来一补”加工厂不属于法人单位，而是挂靠在当地外经办或者进出口公司名下。一般而言，“三来一补”加工厂均由外方投资、经营、收益，当地外经办或进出口公司一般仅仅是引进项目、出租厂房或者进行一些协调工作，并不参与投资、经营、收益。“三来一补”加工厂一般向当地外经办或者进出口公司缴纳一定比例的工缴费。

地方政府把“三来一补”加工厂或者来料加工厂转型为三资企业作为促进加工贸易转型升级的方式，近期出台了一系列优惠的措施。作为企业，在实施“三来一补”加工厂或者来料加工厂转型为三资企业前，

---

① 参见“采取积极措施，促进加工贸易升级”——商务部副部长魏建国就加工贸易问题答记者问，2007年7月4日，http://www.gov.cn/zwhd/2007-07/24/content_694175.htm。

应该在关务应作以下规划：

3.3.1 转型前的规划

3.3.1.1 转型成本评估

1. 外商投资企业与“三来一补”加工厂的运作成本评估

外商投资企业是独立法人，可以对外签订合同，可以以自己名义购买土地使用权、购买资产、聘用人员和培育品牌，可以以自己的名义向海关申请进出口权（经营者备案）、自理报关，这些都是“三来一补”加工厂所不具备的。

外商投资企业可以从事加工贸易（来料加工或者进料加工），可以以一般贸易进口生产后内销国内市场。

税务方面，外商投资企业是按照净利润征收所得税，税率统一为利润的25%，如果企业的账册不合税务部门的要求，会被要求按照收入的核定比率征收所得税。“三来一补”加工厂，是属于当地外贸公司的一个工厂，非独立核算法人，无须缴纳所得税。“三来一补”加工厂须依加工装配协议按企业规模或外汇工缴费的一定比例向村镇经济发展公司上缴统筹及相关的管理费，据不完全统计各项管理费累计达到工缴费的20%～25%。

外汇管理方面，“三来一补”加工厂的设备和料件均由境外提供，只收取工缴费，境外根据出口货物计算工缴费汇入外汇。有些地方，如东莞各镇，会对工缴费收取提成费作为管理费，很多企业会低报进出口商品的价格，然后再通过地下钱庄的方式进口汇入外汇。这种外汇操作方式很不规范，合规性风险较大。若是设立三资企业，外汇可以根据投资和进出口的需要汇入或者汇出，外汇收支不会与管理费挂钩，外汇操作规范有序。

设备方面，外资企业设备能否获得关税和增值税减免，视乎能否获得鼓励类外商投资项目的批准、能否获得不作价设备的批准或以自有资金进口免税设备的税务优惠。而“三来一补”加工厂都是享受以不作价设备方式免税进口设备的优惠政策，但加工协议期满后设备须退运出关。

2009年1月1日开始，增值税实现由生产型向消费型的全面转型，所有行业的生产设备的增值税全额抵扣，相关进口免税政策也作了调整，所有免税进口设备包括不作价设备都必须缴纳增值税，所缴纳的增值税可作为进项抵扣。而来料加工仍然实行进口料件保税，工缴费免征增值税的政策，没有销项税可以抵扣，来料加工厂所缴纳的增值税需要转入成本。如果设备不是通过减免税或者不作价设备的方式进口，而作为一般贸易缴纳关税和增值税后进口，进料加工企业的增值税可以在销项抵扣，而来料加工厂缴纳的增值税却无销项增值税可以抵扣。因此，在设备进口方面，相对来说，进料加工外商投资企业的增值税负担可能会比来料加工厂更轻。

来料加工厂作为特殊历史时期的产物，目前仍能够享受工缴费免征增值税和设备可以通过不作价的形式提供的优惠，这两项政策能否延续仍存在不确定性。相关部门已经在着手研究建立内外资统一的进口设备减免税政策以及统一的增值税政策。

外商投资企业相对来料加工厂管理要求高，需要配备更多的财务会计、海关报关和其他管理人员，以建立完善的成本核算体系、会计核算体系，以及独立的海关报关和管理职能。

2. 结转成本评估

1）不作价设备结转应补缴的关税和增值税

如果新成立的外商投资企业不属于鼓励类项目，则不具备免税进口设备的资格，或者减免税设备被列入现行的《外商投资项目不予免税的进口商品目录》中，则企业必须补缴设备的关税和增值税。设备的补税价格按照监管期限进行折旧，但是海关会对设备完税价格进行审价，由于原有进口单证不齐，或者价格低报，海关会调整完税价格。

补缴的关税需要计入成本，补缴的增值税能否作为进项增值税抵扣，视以下条件而定：

①设备所有权是否属于新的外商投资企业，即外商投资企业是否购入这批设备。如果是，则补缴增值税可以纳入抵扣。

②外商投资企业是继续从事来料加工还是进料加工，如果是来料加工，因来料加工的加工费免征增值税，相应设备的进项增值税不得抵扣，需要计入成本。如果有内销部分，则可以根据比例，进行抵扣。

但是根据广东省政府在2009年初发布的公告①以及财关税〔2009〕48号文件②，对转型、搬迁企业的剩余料件和不作价设备，可比照“同一经营单位”的处理方式，按规定办理余料和不作价设备的结转手续，无须以“转关”或退出境方式办理。转型、搬迁后的不作价设备可

---

① 《广东省支持港澳台资企业应对国际金融危机和加快转型升级若干政策措施的通知》（粤府办〔2009〕年第3号）。

② 《关于来料加工装配厂转型为法人企业进口设备税收问题的通知》（财关税〔2009〕48号）。

以连续计算监管年限。

对于来料加工厂的不作价设备，应视以下情况而定：

①在2009年7月1日至2011年6月30日期间转型的，来料加工厂以外商提供的不作价设备出资设立法人企业的，准予对其在2008年12月31日及以前已经办理了加工贸易手册备案，并且在2009年6月30日及以前申报进口的尚处在海关监管年限内的不作价设备，免予补缴进口关税和进口环节增值税。

②对以2009年1月1日及以后新备案的不作价设备，以及在2008年12月31日以前备案，但在2009年7月1日及以后申报进口的不作价设备出资设立法人企业的，按现行政策规定，除新成立的法人企业所从事的项目属于《外国投资产业指导目录》中的鼓励类项目或《中西部地区外商投资优势产业目录》中的项目外，一律照章补征关税。

2）其他费用

在办理其他审批和注册登记手续时，要缴纳各种登记费，如万分之八的工商注册费加上其他各类工本费，总共算下来要2万元左右。有些地方政府会对这些费用进行补贴，如东莞市政府对企业办理新设审批、变更登记过程所发生的行政事业性收费和证照工本费，据实全额资助，验资等方面费用，按50%给予资助。

3.3.1.2 资料的准备

1. 设备

清点设备，即对设备的实物、账簿、商业单证和海关单证进行交叉核查，确认所有的设备是否都在工厂，设备是否有遗失和废弃现象，所有的设备在固定资产账簿上是否都有记录，商业单证是否齐备，设备是否都有报关记录或者国内采购记录等（见表3—1）。

表3—1 设备清点表（样表）

设备名称	实物（是否存在、状态）		账簿（是否有记录）		商业单证（是否齐备）		报关记录	
	数量	金额	数量	金额	数量	金额	数量	金额

如果设备不齐备，根据其进口的时间确定是否需要补税；如果单证不齐备，根据其他相关单证，通过向境外委托方提出要求，或者向海关申请补办等方式补齐单证。

整理设备的信息，如设备归类所需要的功能描述、产品说明资料，设备价格所需要的商业单证资料等。

2. 料件

清点料件，即交叉对比料件的仓库实存数、手册结余数和账簿记录数，如有差异，则考虑如何申请补税或其他方式消除差异。

3.3.2 转型的实施

转型阶段最重要的环节就是完成政府各部门的审批手续。政府部门需要按照新企业重新进行审批，而现阶段政府鼓励“三来一补”加工厂进行转型，简化了审批手续，表3－2即为东莞地区的审批办理简要流程。

表3—2 东莞地区“三来一补”审批流程表

步骤	传统流程	简便流程
新外商投资企业设立	在来料加工企业注销前，向工商部门申请设立一家三资企业，在一段时间内允许同一处所有两家企业并存。	在来料加工企业注销前，工商部门允许投资方先设立一家筹办性质的三资企业，三资企业名称可沿用原来料加工企业的字号和行业特点，在一段时间内允许同一处所有两家企业并存。
办理环保、消防和安检手续	需要按照新企业的模式，申请办理环保、消防和安检手续。	转型企业在没有新建、扩建、改建和不改变生产地点、规模、内容、工艺、设备、排污状况等情况下，环保部门直接出具“变更”批复档；可以沿用原企业消防手续；安监部门直接在申请报告上出具“同意办理变更”的意见。
商务部门批准和营业执照办理	商务部门根据环保、安监和安检的批文出具的同意变更意见办理批文、批准证书。 工商部门办理三资企业营业执照。	商务部门根据环保、安监部门出具的同意变更意见办理批文、批准证书。 工商部门允许三资企业沿用原来料加工企业的环保、消防手续，并办理筹办营业执照。

续表

步骤	传统流程	简便流程
企业海关注册编码变更	海关允许企业在转型的规定期限内（3个月）同时使用新旧注册登记编码。	海关允许企业在转型的规定期限内同时使用新旧注册登记编码。允许其新旧注册登记编码在3个月内同时使用，转型耗时较长的企业经批准可再延期3个月。
企业海关分类	新三资企业按照B类企业管理。	海关允许企业转型后继续适用原企业的分类管理类别。 企业转型后可继续适用海关原优惠管理措施。
新手册备案	按照新企业管理。	转型企业无须按照新企业办理手册备案，如开设首本手册时无须提供保证金或者保函，不要求实行下厂核查。
余料结转	余料需要退运出境复进口，或者按照内销征税进口。	企业转型期间可按同一企业办理余料结转手续。转型企业可以将其来料加工合同剩余料件结转至其转型而来的三资企业项下的加工贸易合同，海关对此视为同一企业办理余料结转手续。
海关法律责任	如果原来料加工厂涉案，需要办结手续后才能办理注销手续。	涉案来料加工企业可在继承法律责任的前提下实行"就地"转型。来料加工企业被海关查处尚未结案的，不予办理企业注销手续，但提供上述证明材料及书面承诺后，海关可同意其"就地"转型申请。
不作价设备结转	新三资企业符合进口不作价设备、减免税设备的条件，来料加工厂的设备可以"就地"结转到新企业。	新三资企业符合进口不作价设备、减免税设备的条件，来料加工厂的设备可以"就地"结转到新企业。符合条件的不作价设备不补税，结转后继续接受监管①。
注销原来来料加工企业	申请注销来料加工厂。	来料加工企业办结转型手续后，向工商部门申请三资企业从筹办转为正式经营的营业执照，同时注销原来料加工企业。

结转中常见的问题主要有：

1. 设备遗失；
2. 设备资料遗失；

---

① 参见《广东省支持港澳台资企业应对国际金融危机和加快转型升级若干政策措施的通知》（粤府办〔2009〕年第3号）和《关于来料加工装配厂以不作价设备出资设立外商投资法人企业免予补缴进口关税和进口环节增值税的公告》（海关总署公告2009年第62号）。

3. 海关对设备进行重新归类；

4. 海关对设备进行重新估价；

5. 保税料件仓库实存数量与手册结余数量不平衡；

6. 保税料件仓库实存金额与账簿的料件的金额不一致。

结转的基本原则就是：规范操作，清理来料加工厂的历史问题和包袱；降低成本，尽可能利用结转前后的优惠政策。

3.3.3 转型后的管理和决策

三资企业的管理与来料加工厂的管理有较大的区别，企业转型后，管理层应优先考虑以下问题：

1. 如何建立完善的会计账簿记录和核算体系？

2. 利用何种贸易方式，是来料加工还是进料加工？

3. 如果采取进料加工，采取何种价格策略和转移定价策略？

以上问题的解决和制度的建立都是因企业而异，没有统一的定式，相关内容散见本书的其他各章节中。

3.4 经营主体的规划：是一个法人实体还是多个？

从关务筹划的角度来说，将一个法律实体分解成几个法律实体来进行管理有时也是一种行之有效的方法，比如说满足政府出口比例的要求，满足加工贸易内销和外销分开管理的要求。虽然，实体分离并不是一种强制要求，但对某些企业来说，分离是复杂法规要求下一种有效的关务规划方式。

3.4.1 将实体单独分离的情形

3.4.1.1 为了满足生产设备减免税的政策要求，而将符合条件的项目单独分离开来成立一家企业

非海关特殊监管区的企业进口减免税政策主要有：

1. 对符合《外商投资产业指导目录》鼓励类或《中西部地区外商投资优势产业目录》，并转让技术的外商投资项目，在投资总额内进口的自用设备，除《外商投资项目不予免税的进口商品目录》所列商品外，免征关税和进口环节增值税。

2. 对符合《产业结构调整指导目录》鼓励类的国内投资项目，在投资总额内进口的自用设备，除《国内投资项目不予免税的进口商品目

录》所列商品外，免征关税和进口环节增值税。

《产业结构调整指导目录》、《外商投资产业指导目录》都是以项目为单元进行管理的。比如，《外商投资产业指导目录》（2004年版）中的“产品全部直接出口的允许类外商投资项目”可以享受减免税的优惠，不少企业将出口业务集中在一个部门，并将它分离出来，这样就符合产品100%出口。而现行的《外商投资产业指导目录》（2007年版）中取消了“产品全部直接出口的允许类外商投资项目”。

将符合条件的项目单独分立成一个公司，可以起到以下作用：

1. 项目审批的时候容易获得批准；

2. 容易核定免税进口设备的额度；

3. 减免税设备的管理更能符合海关的要求，减免税进口的专用设备不会用在其他项目上使用，减少“擅自挪用减免税设备”的风险。

3.4.1.2 为了符合进口不作价设备的条件，将出口业务分立成单独的企业

根据法规，免税进口和使用外商提供的不作价设备必须符合下列条件之一：

1. 设有独立专门从事加工贸易（不从事内销产品加工生产）的工厂或车间，并且不作价设备仅限在该工厂或车间使用。

2. 对未设有独立专门从事加工贸易的工厂或车间，以现有加工生产能力为基础开展加工贸易项目，使用不作价设备的加工生产企业，在加工贸易合同（协议）期限内，其每年加工产品必须70%以上属出口产品。

如果企业的整体出口业务不多，也可以将这些出口业务分立成为一个单独的企业，使其出口产品达到100%，这样更容易通过不作价设备的批准。

3.4.1.3 将加工贸易业务和内销业务分拆成为两个企业

同一个企业既有加工贸易的出口业务，又有以国内市场为导向的内销业务，在管理上存在以下困难：

1. 地方海关为了对加工贸易的保税货物进行有效管理，会要求将保税料件和非保税料件分开存放，而在实际操作中有时难以区分保税和非保税料件，难以区分保税或者非保税成品。①

---

① 参见《深圳海关关于对企业账簿、单证设置的管理规定》第五条：“加工贸易企业应规范仓库的管理，分门别类存放进口保税原材料和国内购买材料及其成品（半成品）。”

2. 海关法规要求保税货物和非保税货物要分开核算①，但是法规并没有给出具体的操作指引，也没有明确是在物流账簿上分开核算，还是在财务账簿上分开核算。

3. 有些企业实行了 ERP 等内部管理系统，但是这些系统都是按照境外总公司的统一标准设置的，不能够区分保税和非保税货物。

由于以上困难，企业在生产过程中保税料件和非保税料件容易发生串换。根据海关法规，未经批准的料件串换，会被处以罚款。

因此，存在以上状况的企业，可以考虑将企业的加工贸易和内销业务分拆成为两个企业，这样就可以达到将保税和非保税料件的实物存放和会计核算完全分开，减少料件串换的风险。

3.4.2 实体分拆的综合评估

以上减免税设备、不作价设备和加工贸易三种情况只是在考虑是否分拆的举例。在具体事务中，考虑是否分拆，需要综合考虑海关、税务、财务和管理上的影响，可按照以下决策矩阵进行量化和细化评估（见表 3—3）。

表 3—3　分拆与非分拆的决策矩阵

方案 项目	分拆方案	非分拆方案
海关管理	管理便利，减少违规的可能。	免税和非免税以及保税和非保税货物混在一起，关务管理要求高，违规的可能较大。
间接税成本	节省关税和增值税。	关税和增值税可能无法节省。
所得税成本	管理人员和资源共用，“一套人马两套班子”，管理成本在两个企业之间的分摊可能需要评估。	不存在费用分摊的问题。
管理成本	另外设置会计账簿和管理系统所需要的成本，生产能力未充分利用的成本。	不需要两套会计账簿。
分拆成本	简单分拆所用的隔栏/墙体；完全分拆的土地和厂房。	没有。

① 参见《中华人民共和国海关保税核查办法》（海关总署令第 173 号）第六条：“被核查人应当对保税货物和非保税货物统一记账、分别核算。”

3.5 投资区位选择的关务考虑：是否设立于海关特殊监管区内?

中国目前的海关特殊监管区种类很多，不同区域的功能、作用、政策各有差异，在不同的海关特殊监管区内投资可以从事的业务、享受的政策也各有不同。因此，对加工贸易企业而言，是设立于海关监管区，还是设立于一般区域，就需要进行综合的规划。

3.5.1 企业投资区位选择

目前，海关特殊监管区从功能上主要可以分为两类：一是保税物流区域，区域内是保税物流和贸易企业；二是保税加工区域，区域内是加工制造企业。对加工贸易企业来说，既可以设立于海关特殊监管区内，如保税区和出口加工区内，也可以设立于海关监管区域之外的区域。设立于区内和区外的税收政策、海关监管要求以及其他方面的费用和成本等决策变量存在差异，决策者可以参考以下决策矩阵（见表3—4）进行评估。

表3—4 加工贸易企业设立于海关特殊监管区内或区外的决策矩阵

项目＼区域	海关特殊监管区内	海关特殊监管区外
所涉料件和产品的加工贸易	新设立的加工贸易企业不能从事《加工贸易禁止目录》中所列货物的加工贸易业务。	所有企业均不能从事《加工贸易禁止目录》中所列货物的加工贸易业务。
进口料件	保税进口。	保税进口。
加工贸易管理方式	联网监管，不受区外单耗管理的限制。	实施电子账册或者电子化手册管理，有严格的单耗管理约束，很多产品都有单耗标准的限制。因此对单耗超过标准的产品，不完全保税。
设备进口	区内企业进口设备和机器可以免征关税和进口环节增值税①。	可以以鼓励类项目或者其他减免税设备、不作价设备的方式获得关税减免。
进出口手续	进出境是以备案清单的形式，不需要缴纳许可证，进出区需要报关。	进出境需要报关，部分地区可以先以备案清单的方式，然后按照月度集中报关。

① 参见《国务院关于修改〈中华人民共和国海关对出口加工区监管的暂行办法〉的决定》（中华人民共和国国务院令第389号）第十七条："从境外进入加工区的货物，其进口关税和进口环节税，除法律、法规另有规定外，按照下列规定办理……（二）区内企业生产所需的机器、设备、模具及其维修用零配件，予以免税……"

续表

项目＼区域	海关特殊监管区内	海关特殊监管区外
与区外企业联系的便利性	出区外发加工、设备和模具出区维修需要逐次申报并需要缴纳保证金。 与区外企业深加工结转，需要办理进出区手续。	外发加工可以一次性向海关申请批准，分批外发。 国内的设备和模具的维修，无须经过海关批准。
其他方面	土地资源有限，租金价格较高。	区域选择面较大，土地价格或租金相对低廉。

注：这里所指的“海关特殊监管区”包括保税区。

3.5.1.1 关于设备的减免税政策

目前区外企业的减免税政策完全依照现行的《国务院关于调整进口设备税收政策的通知》(国发〔1997〕37 号)、《海关总署关于贯彻国务院关于调整进口设备税收政策的通知的紧急通知》(署税〔1997〕1062 号)、《对部分进口税收优惠政策进行相应调整的相关执行问题的公告》(海关总署公告 2008 年第 103 号) 以及国家有关部门定期调整的产业指导目录的规定。按照规定，国家对从境外进口的机器设备等的减免税划分为鼓励类、限制类和禁止类三个层次，并明确了可以享受免税的具体项目名称，限定了资金来源、进口商品用途和进口商品的范围。而海关特殊监管区内企业进口的货物和物品依据《保税区海关监管办法》、《中华人民共和国海关对出口加工区监管的暂行办法》等法规执行。海关特殊监管区内企业进口自用的机器设备等的减免税政策明显优惠于区外企业：

1. 无须办理“项目确认书”，在自用合理数量范围内直接到海关办理相关免税手续；

2. 进口机器设备中使用的零部件可享受免税优惠；

3. 除汽车、摩托车以外，还可以免税进口《外商投资项目不予免税的进口商品目录》中所列商品；

4. 区内进口设备可以减免关税和增值税，而区外只能减免关税。

3.5.1.2 区内外从事加工贸易政策的差异

海关特殊监管区内企业进口的货物和物品依据《保税区海关监管办法》、《中华人民共和国海关对出口加工区监管的暂行办法》等法规执行；而区外加工贸易主要法规依据为《中华人民共和国海关对加工贸易货物监管办法》等。从台账设立、缓税利息缴纳、加工期限、国内料件使用以及进口消耗物料等方面与区外企业有着较大的不同：

1. 银行保证金台账制度。区外企业实行海关、商务部门和银行的联合管理政策，区内企业不实行银行保证金台账制度，而是以海关为主的管理模式。另外，区内企业内销时不征收缓税利息、不实行商品分类管理等。

2. 合同备案、变更、内销。因不实行银行保证金台账制度，区内企业的加工业务在合同备案、变更环节无须经商务主管部门批准及生产能力的考核，且在制成品需转为内销时也不须经商务主管部门审批，直接到海关办理相关手续。区内企业在合同备案时进口料件可享受全额保税，且没有合同有效期的限制。

3. 单损耗管理。区外加工贸易企业申报的单耗在单耗标准内的，海关按照申报的单耗对保税料件进行核销；申报的单耗超出单耗标准的，海关按照单耗标准的最高上限值或者最低下限值对保税料件进行核销。对出口加工区等海关特殊监管区内的加工贸易企业的成品单耗，不适用国家和关区单耗标准，海关按加工贸易企业生产的实际单耗予以核定和核销。

4. 制成品内销补税处理。区外加工贸易企业成品转为内销时，按照进口状态的原料进行补税；保税区内加工业务则要区分是否使用全部进口料件，对全部使用进口料件加工的制成品则要按照制成品进行补税；而出口加工区内和综合保税区等是按照制成品征税。

5. 边角料等内销补税。区外加工贸易企业是按照《中华人民共和国海关关于加工贸易边角料、剩余料件、残次品、副产品和受灾保税货物的管理办法》（海关总署令第 111 号）进行管理，可以退运境外、内销补税或放弃；区内加工贸易企业加工中产生的边角料、残次品等原则上应复运出境。经批准，也可办理征税等手续后运往区外，无商业价值边角料、废品可申请运往区外销毁。

6. 国内料件的使用。区外加工贸易企业使用的国内料件，只需在手册备案和核销时向海关申报即可，进出工厂无须办理海关手续，如果是进料加工，产品出口后可提供相应手续办理出口退税；而区内企业如需办理国内料件出口退税则需在国内货物进入海关特殊监管区时办理正式入区报关手续，并由海关实施监管。

7. 从境外进口生产中使用的消耗性物料。根据《海关总署关于加强对加工贸易企业进口消耗性物料管理的通知》及其补充通知的规定，对区外加工贸易企业进口生产中使用的消耗物料，严格规定了可予保税备案的商品范围，超出范围的需要征税进口；而区内企业进口的消耗性物料，不论是否属于列名范围的，均可予保税。

3.5.2 不同海关特殊监管区概述

3.5.2.1 保税区

截至2009年3月，我国共有15个保税区（其中连云港保税区和海口保税区升级为综合保税区），全部分布在东部沿海、沿江地区，基本上设立在港区、陆路口岸或临近的地区。其中，环渤海区有3个（东北地区1个，华北地区2个），长江三角洲地区3个，广东省6个（其中珠江三角洲5个），福建省2个，海南省1个。全国保税区总面积为38.62平方公里。其中，最大的保税区是上海外高桥保税区，面积10平方公里，最小的保税区是深圳沙头角保税区，面积0.2平方公里。

保税区的税收政策是：区内自用设备免税进口；原材料保税进口；货物出区销往国内缴纳关税和增值税；国内产品入区不能享受出口退税，只有货物实际离境后才能出口退税；保税货物区内交易免增值税，国内货物区内交易需要缴纳增值税。

保税区的功能定位为“保税仓储、出口加工、转口贸易”三大功能。保税区适合的企业主要是物流企业、贸易公司等。当然加工贸易企业也可以设在保税区内，但是相对区外的加工贸易企业没有政策上的优势。

3.5.2.2 出口加工区

截至2008年10月，我国共有60个出口加工区，分布在全国48个城市中，总规划面积146.02平方公里，已通过验收并封关运作的57个出口加工区面积72平方公里。

保税区的税收政策是：区内自用设备免税进口，原材料保税进口，货物出区销往国内缴纳关税和增值税，国内产品入区可以出口退税，货物区内交易免增值税。

出口加工区以制造加工为主，也可以设立与出口加工企业有关的仓储、物流企业，以及研发、维修企业。出口加工区适合以下出口导向的加工生产类企业：一是交货期短、采用现代新型生产营销方式的高科技企业；二是料件品种繁杂、归并困难、管理成本较高的加工企业；三是产品内销税率低的企业；四是生产加工贸易限制类产品的企业；五是产品所耗料件进区退税率较高的企业；六是生产“境外一日游”产品的企业。

3.5.2.3 保税物流园区

保税物流园区，是指进一步整合保税区的政策优势和港口的区位优势，将保税区的特殊政策覆盖到港区，利用保税区和港区土地进行封闭围网运作的物流园区。截至2009年4月，国家已经批准了上海外高桥、青岛、宁波、大连、张家港、厦门象屿、深圳盐田港、天津、广州等9个保税物流园区。

保税物流园区的税收政策是：区内自用设备免税进口，原材料保税进口；园区货物内销按货物进口的有关规定办理报关手续，货物按实际状态征税；国内产品入区可以出口退税，区内货物自由流动免增值税。

保税物流园区与所在的保税区，两区毗邻、互补性强。政府会引导保税加工制造类项目向保税区加工制造业产业区集中，仓储物流企业向保税物流园区集中；在保税物流园区设立公共保税库，解决区内及部分区外生产性企业在不享受“入区退税、视同出口”的前提下继续享受保税仓储服务的需要。

保税物流园区适合的企业主要是物流企业、贸易公司等。

3.5.2.4 保税港区

保税港区是指经国务院批准，设立在国家对外开放的口岸港区和与之相连的特定区域内，具有口岸、物流、加工等功能的海关特殊监管区域。截至2009年4月，我国设有上海洋山、大连大窑湾、天津东疆、山东青岛、海南洋浦、厦门海沧、宁波梅山、广西钦州、广州南沙、深圳前海湾、重庆两路寸滩等11个保税港区。

保税港区享受保税区、出口加工区、保税物流园区相关的税收和外汇管理政策，主要为：国外货物入港区保税；货物出港区进入国内销售按货物进口的有关规定办理报关手续，并按货物实际状态征税；国内货物入港区视同出口，实行退税；港区内企业之间的货物交易免征增值税和消费税。保税港区叠加了保税区和出口加工区的税收和外汇政策，在区位、功能和政策上优势更明显。

保税港区的功能具体包括仓储物流，对外贸易，国际采购、分销和配送，国际中转，检测和售后服务维修，商品展示，研发、加工、制造，港口作业等9项功能。相关的物流和贸易企业可以考虑在保税港区设立机构。

3.5.2.5 跨境工业区

珠澳跨境工业区是我国目前唯一的跨境工业区，经国务院批准设立，位于珠海拱北茂盛围和澳门特别行政区青州之间分为珠海和澳门两个园区，功能定位是粤澳经济深层合作的实验区、新型工业化的示范区、现代物流展销区和自由贸易试点区。珠澳跨境工业区的产业定位是以发展纺织品服装出口加工业为主，逐步建设高附加值的品牌时装设计、生产和配销中心，并整合珠澳两地各自的优势，进一步发展物流、展览等配套产业和高新技术产业。

珠澳跨境工业区珠海园区可以享受“保税区＋出口加工区进出口税收政策＋专用口岸”三重特殊政策。此外，以一般贸易方式从珠海园区出区进入境内的货物，如果能获得香港、澳门签证部门签发的 CEPA 优惠原产地证书，可享受零关税待遇等。

在珠澳跨境工业区珠海园区开展加工贸易有以下多种便利：可实行电子账册管理，无须办理纸质加工贸易登记手册；不实行银行保证金台账制度；可以开展燕窝、鲨鱼体、西洋参、鹿茸等区外禁止以加工贸易方式开展的业务；对于消耗性物料，无论是否完全物化到出口成品中，均可享受保税待遇等。

3.5.2.6 综合保税区

截至 2009 年 4 月，已经获得批准的综合保税区有苏州工业园综合保税区、天津滨海新区综合保税区、北京天竺综合保税区、海口综合保税区、广西凭祥综合保税区等 5 个。苏州工业园综合保税区是在对苏州工业园区现有的海关保税物流中心（B 型）和出口加工区进行整合、功能叠加的基础上形成的，规划面积为 5.28 平方公里。

综合保税区具有保税港区综合功能，税收、外汇政策参照洋山保税港区执行，即出口货物入区退税，海关比照保税港区的监管办法对其实施监管。

综合保税区具有口岸作业、保税物流、保税加工、国际贸易等多种功能，适合出口外向型加工贸易企业及物流和外贸企业，也适合设立区域物流集散中心、区域营运中心等。

4 经营层面的关务规划

4 JINGYING CENGMIAN DE GUANWU GUIHUA

4.1 加工贸易，还是一般贸易？

加工贸易将近占我国全部进出口的半壁江山，加工贸易是一种非常普遍的方式。加工贸易，是指经营企业进口全部或者部分原辅材料、零部件、元器件、包装物料（简称料件），经加工或者装配后，将制成品复出口的经营活动，包括来料加工和进料加工。加工贸易项下进口的原材料、零部件等料件予以保税，成品出口后再予以核销。相比加工贸易，一般贸易进口的货物需要缴纳关税和进口环节增值税，一般贸易出口虽然可以退回增值税，但不是全部增值税都可以退回，进口缴纳的关税也能退回。

那么能否根据是否征税关税和增值税就此断定，加工贸易比一般贸易更为有利？其实不是这么简单，这需要根据具体产品和具体企业进行量化评估和全面筹划，也需要根据各个变量动态变化不断地进行动态评估。

4.1.1 全面规划模型

根据全面规划的理念，选择一般贸易还是加工贸易不仅仅要考虑关税，还要考虑其他间接税，以及进一步考虑其他管理和物流因素，表 4－1 列出了一些影响决策的因素。

表 4—1 加工贸易和一般贸易的决策矩阵表

比较项目	加工贸易	一般贸易
料件的来源	全部或者大部分料件进口。	料件进口或者国内采购。
成品的去向	全部或者大部分成品出口。	没有限制。
料件或者成品的限制	料件或者成品列入加工贸易禁止目录，则不能实行加工贸易。	除禁止进口的商品，没有限制。
许可证件	进口料件如属进口许可证管理范围，除另有规定外，均可免领进口许可证；出口成品如属国家出口许可证管理范围，应申领并交验出口许可证。	涉证商品，需申领并提交许可证件。
关税成本	料件保税进口，免征关税。	进口料件需要缴纳关税。
增值税征退税率差异形成的成本①	进口料件无须缴纳进口环节增值税，出口时进料加工企业可以按照“免抵退”方式退税，征税和退税率差额需要计入成本，计入成本的增值税额较小。	进口料件需要缴纳进口环节增值税。 按照“免、抵、退”方式退税，征税和退税率差额需要计入成本，计入成本的增值税额较大。
其他费用	保证金的资金占用成本（如需缴纳保证金）。	无。
通关速度	因为不涉税，海关对归类和价格的审核较为简便，料件进口无须缴纳关税，通关速度快。	通关速度稍慢。海关对涉税货物会重点审核价格、归类和验核许可证，以及办理税收缴纳手续。
海关合规性风险	海关合规风险较大：保税货物进口、仓储、生产、出口和记录都在海关监管范围；保税货物从进口到复运出口或者内销，其后3年内属于海关稽查有效期；企业内部多个部门的操作都受到海关监管法规的影响。	海关合规风险中等，主要是通关过程受到海关的监管，货物进口后3年内属于海关稽查有效期。
关务管理成本	关务管理成本较高，包括手册备案、管理和核销，进出口申报、通关和复出口，整个进、存、产和销都需要符合海关的规范。	关务管理成本较低，主要是进出口通关环节的申报，结关后，无须根据海关规范进行管理。

一般来说，加工贸易的税负较低，但是加工管理要求较高，如果没

① 城建税和教育费附加分别是增值税率的7%和3%，其影响较小，暂时不纳入考虑。

有充分的管理资源，容易导致违规或者走私，甚至遭受海关处罚，有时候处罚的金额会比节省的税费更高。

案例 9：一般贸易还是加工贸易的分析和评估

某企业为 B 类企业，60%的料件需要进口，料件价值占出口产品价格的 80%。产品 100%出口境外，一年的出口额达到 1000 万元。产品的关税税率是 6%，增值税税率是 17%，退税率是 13%。

比较因素之一：关税成本

如果采取一般贸易进口，关税税率为 6%，每出口 100 元产品的关税＝100×80%×60%×6%＝2.88 元。

如果采取加工贸易，关税成本为零。

因此，每出口 100 元产品，加工贸易可以节省的关税是 2.88 元，全年可以节省关税 288000 元。

比较因素之二：增值税

如果采取一般贸易，每出口 100 元产品计入成本的不予抵免的增值税＝100×（17%－13%）＝4 元。

如果采取进料加工，保税进口的料件在计算“免抵退”时可以扣减，则每出口 100 元产品计入成本的不予抵免的增值税＝（100－100×80%×60%）×（17%－14%）＝2.08 元。

因此，如果采用加工贸易每出口 100 元的产品可以节省增值税 2.08 元。全年可以节省增值税 208000 元。

比较因素之三：保证金成本

如果该企业的所有原材料均为限制类，则需要缴纳保证金，保证金是手册备案料件税款的 50%，则保证金成本＝保证金金额×利息率＝（10000000×80%×60%）×［6%＋（1＋6%）×17%］×50%×7%＝40353.6 元。

因此，如果采用加工贸易，全年需要缴纳保证金为 576480 元，需要支付的利息为 40353.6 元。

综合以上三个因素，采用加工贸易方式全年可以节省的可计算成本为 288000＋208000—40353.6＝455646.4 元。

再结合考虑其他非计算成本，如果具备加工贸易管理资源，就可以评估是否采用加工贸易方式了。

4.1.2 动态评估流程

影响决策的各个因素是不断发生变化的，比如说所涉及商品的关税税率调整、出口退税率调整、所涉及商品列入加工贸易禁止目录或限制目录、海关放松对某些程序的管理等，这些变化的因素可能最终会影响原有的决策是否继续可行，可能会使得原来从事加工贸易模式的业务变得不再有利，原来不能从事加工贸易的业务现在却变得更为有利。因此，需要定期对贸易模式进行动态评估。

图 4—1 即是对加工贸易进行动态评估的决策流程示意图。

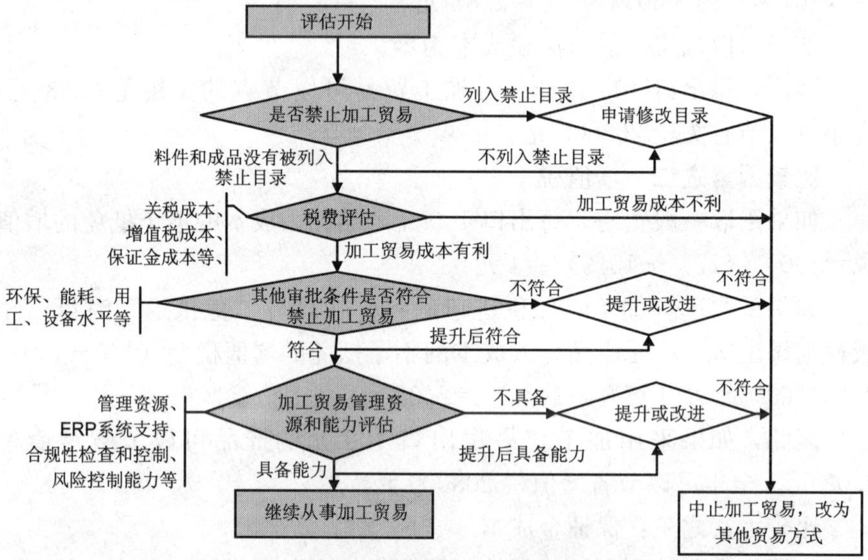

图 4—1 加工贸易动态评估的决策流程示意图

动态评估的周期可以根据企业和商品的具体情况确定，一般是在主要决策影响因素发生变化后作相应的评估，如法律环境变化、内部管理人员发生重大调整等。比如，2008 年金融危机爆发以后，我国政府随即调整了相关政策：

1. 先后与 19 个国家或地区达成自由贸易协定，2009 年的协定关税税率进一步大幅下调。

2. 对加工贸易限制和禁止目录以及出口退税目录作了很大调整，许多原来属于加工贸易禁止类或者限制类货物从清单中剔除。

3. 出口退税率从 2008 年 9 月到 2009 年 6 月连续七次调高，许多产品基本上实现了 17%的全退税。

关税税率下调和出口退税率的上调使得加工贸易可能不是这么重要，国家对加工贸易企业审批条件的降低又使得加工贸易能够被更多企业使用，因此，需要具体情况具体分析。

4.2 来料加工，还是进料加工?

来料加工和进料加工是加工贸易的两种方式，进口的料件均可以采取保税方式，产品最终出口。究竟哪一种方式更加有利?

4.2.1 来料加工和进料加工选择的决策矩阵

在法规管理上，来料加工和进料加工是两种不同的贸易方式：

1. 海关方面，来料加工和进料加工的原材料进口时都免征关税和进口环节增值税，进口前均需要取得加工贸易手册，产品全部出口后或者手册到期后均要办理手册核销手续。但是料件内销补税时，海关对完税价格的审定基础是不一样。

2. 外汇方面，来料加工的料件和产品的所有权均属于境外公司，境内企业无须购买或销售这些产品，只是接受对方委托加工并收取加工费；而进料加工方式需要支付外汇购买原材料，销售产品并收回货款。不管哪种方式，均要凭银行的收付汇单据、海关的进出口单据到外汇管理局办理外汇核销。

3. 税务方面，来料加工的原材料进口和产品出口免征增值税，也没有出口退税，加工费也不需征收增值税，在办理海关和外汇核销手续后，需要到税务部门办理来料加工核销手续。进料加工的原材料进口和产品出口免征增值税，出口后可以获得出口退税，在办理海关和外汇核销手续后，需要到税务部门办理进料加工的退税审批手续。

根据以上法规，采取来料加工还是进料加工需要按照表 4—2 的决策矩阵来进行。

表 4—2　来料加工和进料加工的决策矩阵

决策因素	进料加工	来料加工
料件和成品交易	境内加工企业与境外发生买卖交易。料件和成品的所有权属于境内企业。	料件由境外企业免费提供，料件和产品的所有权属于境外企业。
关税成本	无。	无。

续表

决策因素	进料加工	来料加工
对货物的控制权	境内企业。	境外企业。
增值税征退税率差形成的成本①	产品出口可以退税。退税金额由征退税率、国内购料比例、增值率来确定。这三个变量也决定进料加工和来料加工选择的平衡点。	加工费免征增值税。 产品出口不能退税。
所得税成本	税务部门对境内企业的利润征收所得税。	税务部门对境内企业的利润征收所得税，同时会对境外方的功能作出评估，可能对境内、境外双方的利润分割提出调整。
境外所得税考虑	没有影响。	有些国家或地区，如香港，对来料加工境外委托方的利润减半征收所得税，即香港的委托方的利润按50%征所得税。
其他费用	某些地方政府会对进料加工征收一些其他费用，如口岸费。	某些地方政府会对“三来一补”的来料加工征收一些其他费用，如口岸费。东莞地区的市和镇对来料加工厂按照加工费征收5%和23%的管理费。
资金成本	境内企业必须承担购买料件的资金，资金占用量大。	境内企业无须承担购买料件的成本，资金占用量小。
外汇	进口必须付汇，并办理进口付汇核销；出口必须收汇，并办理出口收汇核销。另外，可以采取收付汇“抵扣核销”的方式，仅仅对收付汇差额部分进行核销。	出口需要办理来料加工的加工费收汇。 如果有国内购料，收取代垫的境外费用需要特别申请。如在广东地区，可以开立综合费用账户，实行事前申请审核制度。
海关手续	进出口通关较为快捷。	进出口通关较为快捷。 产品内销补税时，需要重新审价。
对货物的控制权	境内企业。	境外企业。
地方政府态度	由于进料加工的销售产品的增加值全部计入GDP，进料加工的税源相对丰富，地方政府相对鼓励进料加工方式。	由于来料加工仅有加工费计入GDP，税源相对简单，且来料加工企业只是从事简单加工，没有其他增值业务，附加值不高，所以地方政府支持程度可能不及进料加工。

① 城建税和教育费附加影响较小，暂时不纳入考虑。

在以上因素中，两个因素比较关键：一是间接税税负，二是本身的交易安排。

4.2.2 间接税税负和增值税转型的影响

来料加工的原材料进口和产品出口免征增值税，加工费也不需征收增值税，也没有出口退税，国内购料所含的增值税全部计入成本。进料加工的原材料进口和产品出口免征增值税，出口后可以获得出口退税。但具体的增值税税负还需要根据实际情况综合考虑。

增值税转型后，购置固定资产所支付的增值税，不再计入固定资产成本，而必须作为进项抵扣。对进料加工而言，购置固定资产所缴纳的增值税可以按照“免、抵、退”的方式申请退税；而对于来料加工而言，因为加工费免征增值税，所以无增值税销项，也不能按照“免、抵、退”进行退税，所以购置或者取得固定资产所缴纳的增值税必须计入成本。①

案例 10：来料加工还是进料加工的评估案例

某企业的料件 90％从境外进口，10％为国内购料，全部料件成本占成品的 90％，加工费占成品售价的 10％，产品 100％出口境外，产品的增值税税率 17％，退税率 13％。

如果是进料加工，每出口 100 元成品的增值税税负计算如下：

增值税计入成本部分＝（100－90×0.9）×（17％－14％）＝0.76 元

如果是来料加工，每出口 100 元成品的增值税税负计算如下：

国内购料的增值税＝100×10％×17％＝1.7 元

因此，来料加工的增值税税负高于进料加工的增值税税负，这种情况下，按照进料加工更为有利。

如果，出口退税率从 13％下调到 5％，那么进料加工的增值税税负将变为：

增值税计入成本部分＝（100－90×0.9）×（17％－5％）＝2.28 元

而来料加工的增值税税负没有变化。因此，这种情况下，来料加工的增值税税负低于进料加工，按照来料加工的模式更为有利。

---

① 参见《中华人民共和国增值税暂行条例》第十条：“下列项目的进项税额不得从销项税额中抵扣：（一）用于非增值税应税项目、免征增值税项目、集体福利或者个人消费的购进货物或者应税劳务……”

4.2.3 来料加工和进料加工的交易安排

如果将进料加工方式转换为来料加工方式，可以在境外寻找或者设立企业来与原有的供应商和客户进行购销交易，并由该境外企业向境内企业免费提供原料，支付加工费，图 4－2 即是一个比较典型的进料加工转为来料加工的交易模式。

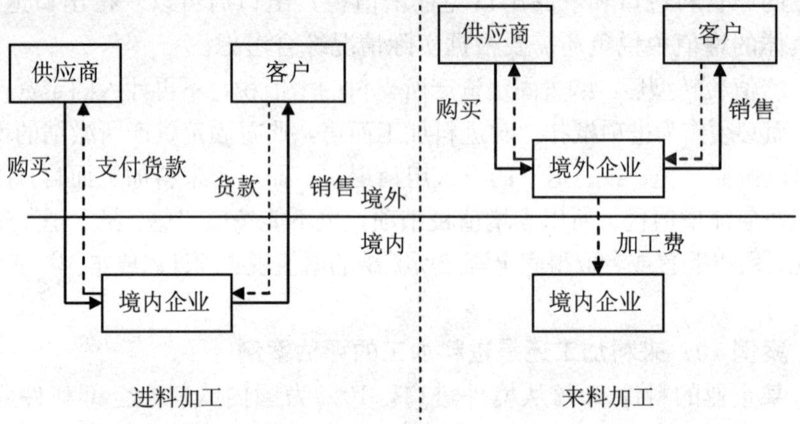

图 4－2 进料加工转为来料加工交易模式示意图

目前大多数来料加工企业均由境外的关联企业承担上面所说的角色，在某些地区保税区内企业也被允许作为境外企业看待。

案例 11：当进料加工随意地安排成来料加工后

2005 年，某外资汽车刹车片制造商，在中国某中部城市设厂生产汽车刹车片。该公司从境外采购原材料，加工后直接出口或者转厂至境内外汽车整车生产商。交易安排上本来就是一个进料加工模式，但是由于没有加工贸易方面的经验，该公司决定采用来料加工的方式，并以虚拟合同办理了加工贸易批准证书，然后向海关申请了加工贸易手册。半年后，手册执行完毕，顺利向海关申请核销。手册执行过程中，也陆续收到境内外汽车生产商的付款，但是由于该公司没有相应的出口报关单，不能办理外汇收汇核销手续（来料加工的出口报关单是不能用来办理核销的）。另外，由于没有可以用付汇的报关单，该公司所欠料件供应商的应付账款也一直未能支付，商务部门备案的合同上所述的加工费也不能完成收汇核销。

由于该公司不能完成来料加工手册的外汇收汇核销，也不能向税务部门申请加工费免除增值税的核销手续，税务部门发出通告，要求限期完成核销，否则出口的成品将按照内销征税。

4.3 如何提升企业在海关管理中的级别

目前，中国海关对进出口企业实施分类管理，分别为AA、A、B、C、D类等五类。这五类企业分别有不同的条件和资格，也享受不同的待遇，一般来说，海关会将企业的级别与其信用联系起来考虑：

1. AA类——信用突出企业；
2. A类——信用良好企业；
3. B类——信用一般企业；
4. C类——信用较差企业；
5. D类——信用很差企业。

4.3.1 海关管理中企业级别和监管差异

海关对不同级别的企业实施不同的监管措施，对B类企业适用常规管理措施，对C类和D类在通关、加工贸易和后续监管实施严格的监管措施，对A类和AA类企业均实施一定的优惠措施。

对A类企业，海关将优先派员到企业结合生产或装卸环节实施查验，业务现场优先办理货物申报、查验、放行手续，在进口货物起运后抵港前或出口货物运入海关监管场所前提前办理报关手续，优先安排在非工作时间和节假日办理加急通关手续，按规定实行银行保证金台账“空转”或不实行银行保证金台账制度，优先办理加工贸易备案、变更、报核等手续，优先办理报关注册登记手续，优先组织对报关员的报关业务培训和岗位考核等一系列通关便利措施。

对AA类企业，除实施A类企业通关便利措施外，海关还将实行信任放行，指派专人负责协调解决企业办理海关事务的疑难问题，报关单电子数据经电子审核后直接进入现场验放环节办理复核、验放手续，对进出口货物一般不予开箱查验等通关便利措施。

此外，A类或者AA类企业在加工贸易方面除了银行保证金外，还可以优先申请实施联网监管的方式。

从表4—3中可以看出，大部分指标都是可以管理的，可以通过关务管理进行改善的，即属于关务管理范围的。企业合规性方面，包括走私、违规、侵犯知识产权、拖欠应纳税款和罚款、报关差错率等，都是在关务管理的控制范围内；内部控制方面，包括会计制度、内部管理以及货物安全等，其中涉及关务的内部控制部分属于关务管理范围，另有部分需要关务人员协调财务人员、管理人员和保安部门解决；资料准备和报送方面，“经营管理状况报告”和“进出口业务情况表”属于关务填报和准备的范围，而审计报告则要视企业是否经审计；其他部门的合规性方面，部分属于关务控制，比如出口退税、外汇、外贸等问题都与关务相关；关务唯一不能控制的是业务量和进出口量。

表 4—3 影响企业分类因素列表

类别 因素	AA类企业	A类企业	B类企业	C类企业	D类企业	是否属于关务管理的范围
过去类别	适用A类管理满1年	适用B类管理满1年	不适用	不适用	不适用	部分
走私罪	无	无	无	无	有	是
走私行为	无	无	无	有	1年内有2次以上	是
违反海关监管规定	无	无	其他	1年内有3次以上或者罚款超过50万	适用	是
因进出口侵犯知识产权货物而被海关行政处罚	无	无	其他	1年内有2次以上	1年内有3次以上	是
无拖欠应纳税款、应缴罚没款项情事	超过1年无	1年内无	其他	50万元以下的	不适用	是
报关差错率	小于3%	小于3%	大于3%	大于3%	大于3%	是
进出口总值	3000万美元(中西部1000万美元)	50万美元	不适用	不适用	不适用	否
内控制度：财务制度和企业管理	经验证符合海关管理、企业经营管理	会计制度完善	不适用	不适用	不适用	部分

续表

因素 \ 类别	AA 类企业	A 类企业	B 类企业	C 类企业	D 类企业	是否属于关务管理的范围
内控制度：货物安全	经验证符合要求	无要求	不适用	不适用	不适用	部分
报送资料："经营管理状况报告"	每年报送	每年报送	不适用	不适用	不适用	是
报送资料：审计报告；"进出口业务情况表"	需要	不需要	不适用	不适用	不适用	部分
其他部门(商务、人民银行、工商、税务、质检、外汇等)的守法记录	无不良记录	无不良记录	不适用	不适用	不适用	部分

4.3.2 如何申请更高级别

从表 4—3 中可以看出，企业级别在某种程度上来说是在于企业管理水平，尤其是关务管理水平。以下是企业取得更高级别的管理途径和方式：

1. 定期评估，及时申报。相对 2008 年前的海关分类法规，新的法规，降低了 A 类企业对进出口规模的要求，由 3000 万美元下降到 50 万美元，使得大部分企业具备申请 A 类企业的资格。现在的管理办法，上调级别是一项应企业申请的审批行政行为，不是自动适用的。

1）定期评估：检查过去各项纪录和指标，尤其是量化的指标，如进出口量、守法纪录等是否达到要求。

2）准备资料：准备年度审计报告，如实填报“经营管理状况报告”和“适用 AA 类管理申请书”/“适用 A 类管理申请书”。

3）及时申请：经过评估后，应积极向海关申请 A 类或 AA 类企业资格。

2. 保证业务的合规性。

1）杜绝走私和违规，及时办理各种备案、注册和申请审批等海关手续，加强关务内部控制，减少报关差错率。

2）申报前，作自我检查。如果，在自我检查中，发现过去确实存在违规、漏税等情事，可以通过自查自报的形式，争取不立案，不罚款，以补税的方式处理。

3）对已经立案调查和处理的案件，积极配合调查，一方面以主动的态度来换取减轻处罚，另一方面可以加快案件的处理进度，以降低对生产的影响。

4）对历史遗留的违规或走私事件，积极与海关沟通，争取加快解决。因为如果有未审结走私或者违规案件，不能申请更高企业级别。

3. 协调其他部门一起提高内部控制和货物安全管理制度。

1）建立完整的关务内部控制和管理制度。

2）向管理层、内部审计部门、财务部门和保安部门传达海关的管理要求，企业分类实际上是对企业守法历史和综合管理能力的考核，企业级别是企业综合能力的反映。

3）申报前，对内部控制作一次完整的自我评估，在海关验证稽查前，及时提升和改进内部控制的缺陷和薄弱点。

5 交易层面的关务规划

5 JIAOYI CENGMIAN DE GUANWU GUIHUA

5.1 进口渠道的关务规划

5.1.1 进口渠道选择：通过中间商还是直接进口？

从国际贸易的角度来讲，境内企业进口的交易方式有多种，可以由境内企业缴纳关税，如 CIF 和 FOB，也可以由境外企业缴纳关税，如 DDP（目的港关税已付）。从关务的角度来讲，境内企业获取境外货物的途径也有多种，可以直接从境外进口，或者通过中间贸易商进口的方式，也可以向境外供货商的境内代理商采购，这三种方式在商务和关务上的安排各不相同：

1. 直接从境外进口。境内企业直接与境外供货商进行商务洽谈、签订购买协议，境内企业自己或者委托专业报关公司办理海关报关手续，缴纳进口税费，向境外支付货款。

2. 通过中间贸易商进口。通过贸易公司/物流公司的方式比较灵活，有委托代理和买卖两种方式：

1）委托代理关系，即企业自身与境外供应商进行交易，委托物流公司办理报关手续，购买企业缴纳关税，向境外支付外汇。或者由贸易公司代理进口，代理签订协议和合同，申领许可证，办理报关手续，对外支付外汇。

2）买卖关系，即贸易公司向境外采购后销售给境内企业，贸易公司支付缴纳关税，向境外支付货款。不过这种方式现在越来越少，取而代之是另一种方式，即境内企业或多或少会参与与境外供货商之间的商务洽谈并达成交易条款，然后以贸易商名义向境外购买，最后再销售给境内企业，形式上是买卖关系，实质还是委托代理关系。

3. 向境外供货商的境内代理商采购。境外供货商的境内代理商负责与境内企业进行商务洽谈，确定成交条件并达成交易，代理商从境外供货商购买商品，办理进口报关手续，缴纳关税，向境外支付外汇，然后以国内贸易的方式销售给境内企业。在整个过程中，境内企业基本不与境外供货商联系，不参与进口报关。

那么，在关务和商务上，这三种方式各有什么优缺点呢？详见表5－1。

表5—1　不同进口方式的关务影响对比表

影响因素	直接从境外进口	通过中间贸易商进口	向境外供货商的境内代理商采购
对成本信息的控制	能够有效控制商品的成本。	可以一定程度上控制商品的采购成本。	境内企业不能有效控制采购成本。境外供应商较多地控制交易链。
资质和要求	需要具备进出口权，并办理进出口经营者备案和海关注册。	无须具备进出口权，无须办理进出口经营者备案。	无须具备进出口权，无须办理进出口经营者备案。
海关风险和责任	境内企业是海关报关的直接责任人。境内企业能够有效控制申报过程中的合规性。	贸易商是海关报关的直接责任人，而境内企业可能承担相关利益人责任。 对贸易商来说，可能不能获得真实的成交信息，而导致对海关的伪报；而对境内企业来说，也不能有效控制申报过程中的合规性。	境内企业不承担对海关报关的责任，除非恶意购买代理商的“走私货物”。 代理商完全承担报关义务和对海关报关的责任。
关务成本和进口成本	以境内企业与境外供应商之间的价格缴纳关税，该价格会比代理商从境外供应商处购买的价格较高，整个供应链的关税税负较高。	贸易公司承担了进口申报和申请许可证等责任。境内企业只需要支付一定比例的代理费，免除了办理申报手续的费用。	代理商承担了境内市场开发和分销的责任，进口的价格相对较低，整个供应链的关税成本最低。但是代理商与境外供应商可能被海关认定为具有特殊关系，进而进口价格遭质疑。

以上这三种方式，并没有哪一种方式是最佳方式，企业应根据自身的交易情况和资源进行决策，在进口方式的规划方面应防范以下

风险：

1. 利用贸易商规避关联交易审查。有的企业会利用贸易商来规避关联交易审查，即境内最终购买者和境外供货商实际是关联关系企业，且境内企业要求贸易商购买境外供货商的货物，然后转售境内企业，贸易商与境内企业不是委托代理关系，而是买卖关系。这种安排之下，海关不会再以特殊关系来质疑完税价格，但是会以进口方对进口货物的处置和使用受到限制来质疑完税价格。①

2. 控制贸易商带来的关务风险。境内贸易商数量众多、良莠不齐，海关查获的案例中多有贸易商参与其中。以下是从海关公开信息获得的案例，作为合法收货人，应与贸易商签订责任明确的合同以规范双方的责任，控制关务风险，如果具备条件，可以以收货人的名义直接向海关查询有关的进出口数据。

案例 12：委托贸易公司“包税”进口

2002 年 3 月，某海关查获的广州某公司（下称“广州公司”）走私光缆案就是一个典型的包税和“洗单”案例。国内收货人山东 A 公司要购买一批光缆等通讯设备，通过招标与美国某公司（下称“美国公司”）达成了交易，山东 A 公司由其属下有外贸经营权的 B 公司负责办理进口手续。B 公司为了偷逃关税，委托广州公司“包税”进口。广州公司找到了香港 D 公司负责转口，并要求美国公司将货物发到香港。货到香港后，香港 D 公司制作了虚假的发票、装箱单，将实际长度 9.1 万米伪报为 3.99 万米，少报 5 万多米，并将实际成交价格 66.7 万美元申报为 29.8 万美元，瞒报价格 36.9 万美元，涉嫌偷逃税款人民币 64.39 万元人民币。本案中香港 D 公司承担着非常关键的作用，美国公司向香港 D 公司提供真实的商业单证，没有参与走私，而广州公司与香港 D 公司签订外贸合同后，提供与外贸合同一致的发票、装箱单向海关报关。由于海关难以掌握原始单证情况，香港 D 公司开具的单证是否与原始单证一致，海关一时难以判明，所以就给“洗单”行为留出了可乘之机。因此，如果当事人不采取转口方式在香港找中转商“洗

---

① 参见《中华人民共和国海关审定进出口货物完税价格办法》（海关总署令第 148 号）第九条：“有下列情形之一的，应当视为对买方处置或者使用进口货物进行了限制……（二）进口货物只能销售给指定第三方的……”

单”，就无法伪造单证向海关提供。①

3. 通过代理商节省关务成本。境外公司如果通过代理商出口，不仅在商业运作上能更有效率地开发和管理中国国内市场，有效管理整个供应链的成本，有效地控制整个供应链的合规性，而且也是关税成本最低的一种出口方式。如图5—1所示，通过代理商代替境外供应商的分销功能，进口价格也相对较低。但是，代理商和供应商之间的特殊关系，往往也是海关在价格审核过程中质疑的重点。

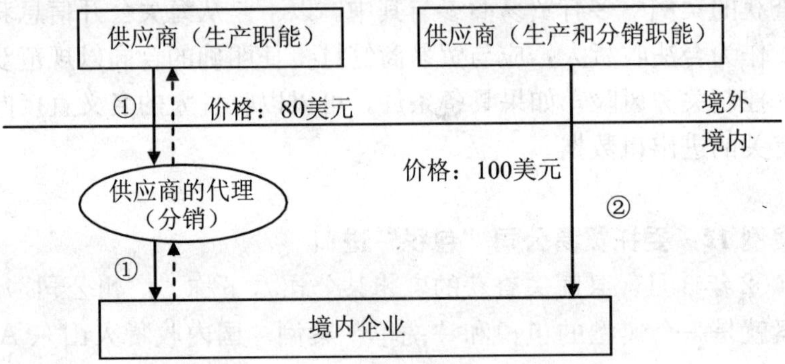

图5—1 通过代理商节省关务成本示意图

案例13：海关对关联代理商进行稽查，大幅调整进口价格

2003年7月，某海关在对关区进口商品进行风险监控的过程中发现，当年上半年各月，在该关区申报进口的税号30043900项下药品的平均单价大幅低于同期全国海关该税号的平均单价，对该关区价格水平产生较大的负面影响。

根据这一异常情况，监测人员立即收集有关进口企业的相关信息，并锁定德国A公司的优甲乐药品作为核查重点。经进一步了解，2003年以前，A公司直接从德国将优甲乐成品出口到中国给国内分销商，其进口申报价格为2.36欧元/瓶，折合约470欧元/千克。2003年开始，国内B药业（中国）有限公司通过香港C药业有限公司从A公司进口散装的优甲乐片剂，在境内包装后再在国内销售，进口申报价格分别为39.62欧元/千克（50微克/粒）、72.29欧元/千克（100微克/粒）。前后单价差幅巨大！进口商——B公司是C公司在国内投资的全资子公

---

① 案例来源于人民网，http：//french.2007afdb.org/GB/paper2515/8536/801382.html，2008年6月29日访问。

司，而A公司则拥有C限公司60%的股权。在国内分销商向国内进口商下达销售订单并商定发货计划后，由C公司向A公司下达订购计划，A公司在收到计划后，以空运方式向B公司发运散装优甲乐，B公司收货后进行包装，转售给分销商。其中的“进口药品注册证”、进口药品分包装批件均由A公司向国家药监局申请，相关费用均由A公司支付。

从整个贸易流程看来，优甲乐的买卖双方，即B公司和A公司存在海关法规中认定的特殊关系。海关注意到存在这种关系就有存在价格低报的可能，从而导致缴纳关税所参考的成交价格不真实。

海关随即展开调查，对B公司的相关账册、单证进行细致的审核。调查中发现，与之前进口商提供盒装优甲乐片剂成品销售价格由开发分摊费用、注册费用、运费等相关费用构成不同，B公司向海关申报的散装优甲乐片剂仅是该药品的生产成本，并未包含上述相关费用。依照《中华人民共和国进出口关税条例》（以下简称《进出口关税条例》）第二十一条规定，海关与该公司进行了价格磋商，最终补税约250万元。

5.1.2 从自由贸易区进口享受优惠税率

从签订有自由贸易协定的不同国家和地区进口的商品可以享受不同的优惠关税。例如，根据2009年的《中华人民共和国进出口税则》（以下简称《进出口税则》），税号5309.1900“其他全亚麻机织物”的不同类别关税税率见表5—2。

表5—2 “其他全亚麻机织物”不同类别关税税率对比表

关税种类	税率
普通关税	80%
最惠国关税	10%
亚太贸易协定	9.3%
新西兰	6%
CEPA香港	0
智利	0
巴基斯坦	0
文莱（东盟）	0
印尼（东盟）	0
马来西亚（东盟）	0
菲律宾（东盟）	0
新加坡（东盟）	0
泰国（东盟）	0
越南（东盟）	0
缅甸（东盟）	0

从表 5—2 中可以看出，不同的税率差异很大，利用自由贸易协定可以有效地减轻税负。如果一个进口交易适用几种优惠税率，可以选择最低的税率向海关申报。

要享受自由贸易协定的优惠关税，必须满足以下条件：

1. 进口的商品必须已经列入降低关税的清单。自由贸易协定并不是降低所有商品的关税，参与国会根据自身产业发展的状况和规划，对一些商品和产业实施保护，对不同的产品实行不同的降税步骤。截至 2009 年 3 月，中国已经签订的各个自由贸易协定的降税方式和范围分别如表。

表 5—3 中国现有自由贸易协定（货物贸易协定部分）的降税方式和范围对照表

自由贸易协定名称	降税方式和范围
CEPA 香港	自 2004 年 1 月 1 日起，内地对列明的原产于香港的进口货物实行零关税。不迟于 2006 年 1 月 1 日，内地对上述列明表以外的原产于香港的进口货物实行零关税。 2009 年，原产于香港的 1540 个 10 位税目的商品享受进口零关税。
CEPA 澳门	自 2004 年 1 月 1 日起，内地对列明的原产于澳门的进口货物实行零关税。不迟于 2006 年 1 月 1 日，内地对上述列明表以外的原产于澳门的进口货物实行零关税。 2009 年，原产于澳门的 690 个 10 位税目的商品享受进口零关税。
中国—东盟	除已有降税安排的早期收获产品外，其余的全部产品分为正常产品和敏感产品两大类。 在正常产品中，其特点是最终税率均要为零，对中国和东盟六国（东盟老成员，即文莱、印度尼西亚、马来西亚、菲律宾、新加坡和泰国），正常产品自 2005 年 7 月起开始降税，2010 年 1 月 1 日将关税最终削减为零（其中二轨产品放宽至 2012 年 1 月 1 日）；对东盟新成员（柬埔寨、老挝、缅甸和越南），则从 2005 年 7 月起开始降税，至 2015 年将关税降为零（其中二轨产品放宽至 2018 年）。 各方出于保护国内某些产业发展考虑，可以设置一定数量的敏感产品，它需要较长的期限进行降税，且最终税率不能为零，而是要保持在一定的关税水平。 2009 年，原产于东盟的 6710 个 10 位税目的商品享受协定税率，其中 3970 个税目的税率为 0，其余税目税率为 5%或者 8%。

续表

自由贸易协定名称	降税方式和范围
中国—巴基斯坦	双方对全部货物产品分两个阶段实施降税。第一阶段，在协定生效后5年内，双方对占各自税目总数85%的产品按照不同的幅度实施降税，其中35%的产品关税在3年内降为零。第二阶段，从协定生效第六年开始，双方将在对以往情况审评的基础上，对各自产品进一步降税。目标是力争在不太长的时间内，使各自零关税产品占税号和贸易量的比例均达到90%。 2009年，原产于巴基斯坦的6900个10位税目的商品享受协定税率。
中国—智利	经过两个阶段的关税减让，中国先后取消4753种智利产品的关税，智利也将中国5891种产品关税降为零。2009年，原产于智利的6970个10位税目的商品享受协定税率。
亚太贸易协定	2009年，原产于亚太贸易协定国的1720个10位税目的商品实行协议税率，减免幅度为27%，对孟加拉国和老挝的减免幅度为77%。
中国—新西兰	新西兰将在2016年1月1日前取消全部自华进口产品关税，其中63.6%的产品从协定生效时起即实现零关税；中国将在2019年1月1日前取消97.2%自新西兰进口产品的关税，其中24.3%的产品从协定生效时起即实现零关税。 2009年，原产于新西兰的6980个10位税目的商品享受协定税率。
中国—新加坡	新方承诺将在2009年1月1日前取消全部自华进口产品关税；中方承诺将在2010年1月1日前对97.1%的自新进口产品实现零关税。

另外，中国还免除原产于35个世界最不发达国家的部分货物的进口关税。

2. 进口商品必须符合自由贸易协定的原产地规则。不同的协定，对进口货物的原产地标准的要求也不同（见表5—4）。

表5—4 不同自由贸易协定下的原产地标准对照表

自由贸易协定名称	原产地标准
CEPA香港①	1. 完全获得标准。 2. 不完全获得标准，最后工序在香港完成且符合以下之一的： 1）制造和加工工序标准。在香港境内完成赋予加工后所得货物基本特征的主要工序。 2）税号改变标准。香港生产后产品的4位数级的税目归类发生了变化。 3）从价百分比标准。指完全在香港获得的原料、组合零件、劳工价值和产品开发支出价值的合计与出口制成品离岸价格（FOB）的比值应大于或等于30%。 4）其他标准。以上标准的混合标准或者其他标准上述“实质性加工”有关认定标准不足以确认原产地时，可以采用品牌要求等附加条件。
CEPA澳门	1. 完全获得标准。 2. 不完全获得标准，最后工序在澳门完成且符合以下之一的： 1）制造和加工工序标准。在澳门境内完成赋予加工后所得货物基本特征的主要工序。 2）税号改变标准。澳门生产后产品的4位数级的税目归类发生了变化。 3）从价百分比标准。指完全在澳门获得的原料、组合零件、劳工价值和产品开发支出价值的合计与出口制成品离岸价格（FOB）的比值应大于或等于30%。 4）其他标准。以上标准的混合标准或者其他标准上述“实质性加工”有关认定标准不足以确认原产地时，可以采用品牌要求等附加条件。
中国—东盟②	1. 完全获得标准。 2. 不完全获得标准： 1）原产于东盟国家（单一国家或者累计）的成分不少于40%；或者原产于非自由贸易区的材料、零件或者产物的总价值不超过所生产或者获得产品离岸价格的60%。 2）对特定产品的特定原产地标准（主要工序标准和/或税号改变和/或从价百分比标准）。

① 参见《海关总署关于修改〈中华人民共和国海关关于执行〈内地与香港关于建立更紧密经贸关系安排〉项下〈关于货物贸易原产地规则〉的规定〉的决定》（海关总署令第141号）。

② 参见《中华人民共和国海关关于执行〈中华人民共和国与东南亚国家联盟全面经济合作框架协议〉项下〈中国—东盟自由贸易区原产地规则〉的规定》（海关总署令第108号）。

续表

自由贸易协定名称	原产地标准
中国—巴基斯坦①	1. 完全获得标准。 2. 不完全获得标准： 1）本地增值成分不少于40%，或者最终产品的中国—巴基斯坦累计成分不低于40%的。 2）特定产品特定原产地标准（主要工序标准和/或税号改变和/或从价百分比标准）。
中国—智利②	1. 完全获得标准。 2. 不完全获得标准： 1）部分特定产品区域价值成分不少于50%。 2）部分特定产品是章改变、4位税号改变。 3）自由贸易区成分不少于40%。
亚太贸易协定③	1. 完全获得标准。 2. 不完全获得标准： 1）非原产于受惠国材料、零部件等成分的价值不超过55%，但对最不发达国家（如斯里兰卡）这一比例为65%。 2）累积原产地规则，各成员国材料的累计成分在该最终产品中不低于其船上交货价格的60%，但对最不发达国家（如斯里兰卡）这一比例为50%。
中国—新西兰④	1. 完全获得标准。 2. 不完全获得标准： 1）税号改变标准。 2）从价百分比标准。 3）累计规则。

3. 取得相关的原产地证明。享受自由贸易优惠税率，必须在进口申报时提供原产地证明。自由贸易协定已经规定了原产地证明的签发程序和式样。对原产于中国香港、中国澳门的产品，已经实现了原产地数据的电子数据联网。

对于延迟提供原产地证明的，海关会要求提供担保。

4. 符合直接运输的规定。基本上中国对外签订的自由贸易协定都

① 参见《关于发布〈中国—巴基斯坦自由贸易区原产地规则〉》（海关总署、商务部、国家质量监督检验检疫总局公告2005年第67号）。

② 参见《关于〈中华人民共和国与智利共和国政府自由贸易协定〉中智自贸协定原产地规则及相关程序》（海关总署公告2006年第55号）。

③ 参见《关于〈亚太贸易协定〉原产地规则》（海关总署公告2006年第57号）。

④ 参见《中华人民共和国海关〈中华人民共和国政府和新西兰政府自由贸易协定〉项下进口货物原产地管理办法》（海关总署令第175号）。

规定了直接运输的条款。如果是经过其他国家或者地区运输至我国境内，同时符合下列条件的，应当视为“直接运输”：一是由于地理原因或者运输需要；二是该货物在经过其他国家或者地区时，未作除装卸和为使货物保持良好状态或者运输所必需处理以外的其他处理；三是未进入该国家或者地区进行贸易或者消费。

一般情况下，还需要提供在出口成员国签发的联运提单、出口成员国签证机构签发的原产地证书、货物的原始商业发票。货物经过香港或澳门运输至内地口岸的，还应提供中国检验（香港）有限公司或者澳门中国检验有限公司签发的加注“未再加工证明”的原产地证书。

案例 14：新加坡进口“电熨斗”

由于从新加坡进口货物可以享受中国—新加坡自由贸易协定或中国—东盟自由贸易协定中最优惠的进口税率。以对中国出口的电熨斗（税号 8516.4090）为例，该商品的不同类别关税税率如表 5－5 所示：

表 5—5　不同自由贸易协定下的关税节省对照表

贸易协定 比较项目	中国—新加坡自由贸易协定	中国—东盟自由贸易协定
最惠国税率	35%	35%
协定税率	0%	5%
节省税率	35%	30%
假设出口额	100000 美元	100000 美元
根据最惠国税率应缴付的关税	35000 美元	35000 美元
根据协定税率应缴付的关税	0 美元	5000 美元
节省关税	35000 美元	30000 美元

如果某一次进口交易同时满足多种优惠税率，可以享受最优惠的税率，因此，上述电熨斗可以按照中国—新加坡自由贸易协定的零税率进口。

该产品的组成、来源和价格如表 5－6 所示：

表 5—6 电熨斗价格要素

价格要素	来源	价格
底板	境外	0.45 美元
发热元件	新加坡	0.55 美元
压铁	境外	0.35 美元
温度调节装置	日本	0.45 美元
罩壳	中国	0.4 美元
其他零件	马来西亚	0.35 美元
人工		0.4 美元
电熨斗（FOB）		3.2 美元

中国—新加坡自贸协定原产地标准规定：在离岸价格 FOB 中，新加坡和中国的货物的区域价值成分不少于 40%。根据原产地计算方法：

$$\frac{\text{中国和新加坡的原材料成本＋直接人工工资和直接开支＋利润}}{\text{离岸价格}}\times 100=$$

$$\frac{0.55+0.4+0.4+0.25}{3.2}\times 100\%=50\%\geqslant 40\%$$

该产品满足原产地规则，可以享受中国—新加坡自由贸易协定税率，该批货物进口可以节省关税 35000 美元。

5.2 出口和内销的关务规划

5.2.1 一般贸易出口渠道选择：直接出口还是销售给贸易公司？

境内企业出口销售，可以通过中间贸易商出口，也可以直接向境外客户出口（见图 5—2）。

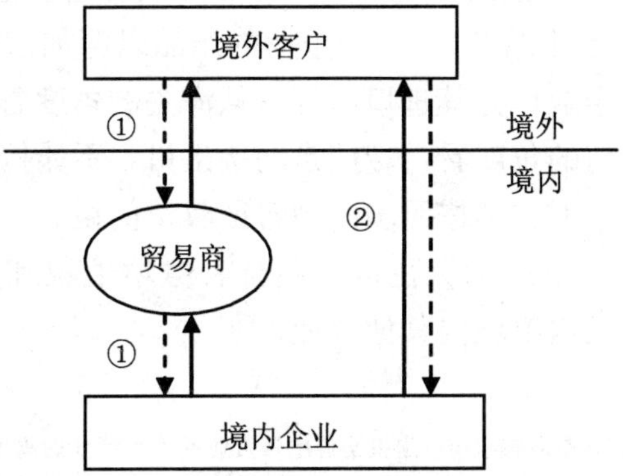

图 5—2 境内企业出口销售模式示意图

1. 通过贸易商出口：生产商将货物销售给贸易公司后再销售给境外客户。另外一种情况就是，境内企业或多或少会参与境外客户的商务洽谈并达成交易条款，委托贸易商出口，形式上是卖给贸易商后再销售给向境外客户。

2. 直接出口：境内企业直接与境外客户进行商务洽谈、签订购买协议，境内企业自己或者委托专业报关公司办理海关报关手续。

企业直接出口与销售给贸易公司出口，主要有以下三方面的区别：

1. 成本方面的考虑，如代理费用（利润）或税务成本方面的差别。企业销售给贸易公司，必然需要让出一部分利润给贸易公司。如果企业是自带客户，贸易公司可能会以代理的方式收取一定比例的代理费，两者之间的关系表面是交易关系，实质却是以委托代理的方式进行运作的。

2. 商务方面的考虑，如对境外客户的控制和售后服务。通过贸易公司，企业可能会在货物运输、保险、报关和单证提交等方面依赖贸易公司，而与境外客户在这方面的沟通不充分。

3. 风险控制方面的考虑，如通过贸易公司出口，不能保证贸易公司在申请许可证、向海关申报方面的合法性。虽然，贸易公司对此承担法律责任，但是有时出口企业还会受到连带调查。另外，“四自三不见”的方式①，已经暴露出许多违规，政府部门对此已经实施严格的监管。

5.2.2 加工贸易出口渠道选择：转厂、出口还是通过特殊监管区？

对境内加工贸易企业来说，大部分情况下制成品需要复出口境外，也有通过转厂、内销或者特殊监管区实现复出口或者销售的。

1. 直接出口：直接出口境外，这是加工贸易企业销售的主要途径。

2. 转厂（深加工结转）：某一企业的产品以深加工结转的方式转入另一个加工贸易企业作为其进口料件。从海关的角度看，转厂仍是保税结转；从税务部门的角度看，转厂是间接出口，不能按照直接出口的方式享受出口退税，但也不按照国内销售征收增值税。

3. 内销：对成品中的保税进口料件补缴增值税和关税后，按照国内销售的方式，销售给境内其他企业。

---

① “四自三不见”，是对骗取出口退税案件中外贸业务主要特征的高度概括。具体是指中间人自带客户、自带货源、自带汇票、自行报关，且贸易公司不见出口商品、不见供货货主、不见外商的非常规贸易出口方式。

4. 出口特殊监管区：对于进料加工，因为要获取出口退税，需要进入具有退税功能的保税物流园区、保税物流港区、保税物流中心等；对于来料加工，因为不能享受出口退税，可以进入包括具有退税或者没有退税功能的特殊监管区域。

从关务规划的角度，企业具体使用哪一种需要可以考虑以下因素：

1. 根据产品销售链的产品最终取向，确定可选择的方式。如果产品最终进入国内市场，则可以通过转厂、内销、保税物流园区出口后或者直接出口后再进口的方式（“U”型供应链）；如果产品最终是境外市场，则可以考虑通过特殊监管区出口或直接出口的方式。

2. 税务成本分析，包括关税和增值税成本。直接出口和出口保税物流园区，可以获得退税，转厂虽然是视同出口但不能获得退税，内销要补缴关税和增值税。

3. 政策限制和要求。比如，转厂要求双方企业一定都是加工贸易企业；如果出口产品属于加工贸易限制类商品，则出口后再进口需要缴纳保证金，而转厂则可以免除保证金。

4. 手续的复杂性。根据现在的政策，内销需要办理内销手续和补缴税款，而且必须按“先审批，再补税，后内销”的流程，手续相对较为繁复；出口后再进口，可能会在再进口环节遇到海关估价和许可证的问题；转厂在报关方面的手续则相对较为宽松。

5. 物流成本，包括运输、储存等成本。

下面是一个五种方式相互比较的案例。

案例 15：进料加工企业按照什么方式销售给另一家加工贸易企业

进料加工企业（A 企业）需要将产品销售给国内另一家加工贸易企业（B 企业），作为其原料进一步加工出口或者内销。

可选择的方式就是转厂（深加工结转）、内销（按照国内销售开立增值税发票的方式）、通过退税功能的海关特殊监管区出口后或者直接出口后再进口的方式。

假设 A 企业的产品增值税税率为 17%，出口退税率为 5%，销售价格 100，保税料件价值 80，产品中国内料件进项增值税 1.7，产品的关税税率为 10%，保税料件的关税税率为 8%。其可采用的不同出口渠道状况见表 5－7。

表 5—7 不同加工贸易出口渠道的对照表

比较项目		转厂	内销	"U"型供应链（境外）	"U"型供应链（特殊区域）
税务成本	A企业出口的关税	无	无	无	无
	A企业出口的增值税	产品中国内料件的进项增值税（1.7）	无	出口退税成本＝（100－80）×（17%－5%）＝2.4	出口退税成本＝（100－80）×（17%－5%）＝2.4①
	关税	无	关税＝80×8%＝6.4	无	无
	增值税	无	可以抵扣，不记入成本	无	无
政策限制		限制类商品都可以结转	需要提供"内销批准证书"	可能需要检验检疫或者许可证件	可能需要检验检疫或者许可证件
报关手续		办完关封，送货后90天内报关（可以多次送货，集中申报）	办理内销补税手续，海关往往需要重新估价	进出口两次报关手续	进出口两次报关手续
物流成本		两厂之间运费	两厂之间运费	进出境物流成本	进出区物流成本

5.2.3 加工贸易工厂成品内销方式选择：一般贸易、内销补税还是其他？

加工贸易企业的设立初衷是"两头在外"，利用境外资源和境外市场。但是，当前国内市场日益旺盛、国际市场日趋艰难，许多加工贸易企业在从事出口业务的同时也在开发国内市场。自2005年起，中国贸易顺差问题突出，政府部门为了减少贸易顺差所带来的国际压力，也在推动加工贸易内销，下放加工贸易内销审批权限。2008年国际金融危机爆发后，中国企业的出口遇到空前的困难，许多企业开始转型为内销企业，或者将内销作为企业的重要业务。海关总署和商务部也出台了多项鼓励加工贸易成品内销的政策和措施，进一步简化内销审批业务、提高通关效率②，如：

1. 降低加工贸易内销征收缓税利息率。

2. 全面推广应用"加工贸易电子化手册"和"内销征税管理系

---

① 如果不是具有出口退税政策的海关特殊区域，则不能获得出口退税，会视同国内销售缴纳6%的增值税。

② 参见《海关总署关于印发海关支持扩大内需促进经济增长十项措施的通知》（署厅发〔2008〕468号）。

统”，实现“网上申报、即时出单”。

3. 前置归类、审价、单耗核定等工作，缩短内销征税手续办理时间，提高通关效率。

4. 对实施电子账册模式监管企业、AA类企业和提供有效担保的A类企业，经海关批准后，允许在一个自然月内采用“多次内销、一次报关”方式办理内销业务。

加工贸易企业在安排内销时，在关务上有四种选择，这四种方式在关务管理上各有优缺点，具体如下：

5.2.3.1 **国内购料，直接内销**

如图5—3所示，加工贸易企业与境内供应商和客户完全采用国内购买或销的方式（图中灰色部分），即支付国内增值税的方式，不纳入海关的监管范围；与境外供应商和客户则通过加工贸易的方式进出口（图中白色部分），属于海关监管的范围。

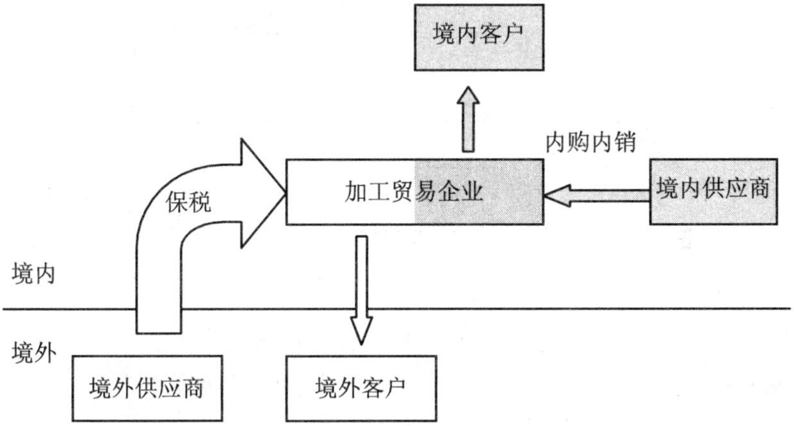

图5—3 “国内购料，直接内销”模式示意图

这种方式适用于国内有相应性价比的原材料供应商。另外由于加工贸易企业既有国内料件又有保税料件，既有保税出口又有国内销售，因此，需要完善的隔离内销、保税的“防火墙”管理系统，在财务、物流、信息上分开核算和记录。有些地方海关要求最好将实物和生产分开，这在实际操作中，几乎是不可能完成的任务。如果，不能建立这种区分系统，则有可能导致料件的“不经意串换”，如果未经海关同意，会被海关认为是擅自内销。

5.2.3.2 **一般贸易境外购料，加工后直接内销**

如图5—4所示，加工贸易企业以一般贸易方式从境外供应商进口，加工后直接在国内销售（图中灰色部分），料件进口后可自主处理，不纳入海关的监管范围；与境外客户则通过加工贸易的方式进出口，保税的货物、料件（图中白色部分），属于海关监管的范围。

这种方式适用于国内没有性价比合适的原材料供应。进口时，按照一般贸易方式纳税进口，相对后续补税来说，在审价方面较为规范，基本可基于成交的商业单据完成审价。相对于加工贸易进口来说，一般贸易进口料件在通关环节的时间可能会比较多。另外由于加工贸易企业既有一般贸易完税的料件又有保税料件，既有保税出口又有国内销售，因此，也需要建立隔离内销、保税的“防火墙”管理系统。

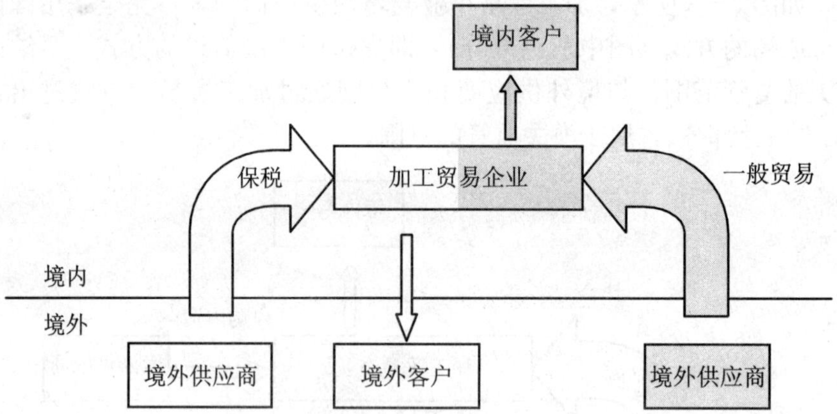

图 5—4 “一般贸易境外购料，加工后直接内销”模式示意图

5.2.3.3 **加工贸易境外购料，加工后直接内销**

如图 5—5 所示，加工贸易企业从境外供应商处保税进口货物、料件，在国内市场需要时，办理内销补税手续。

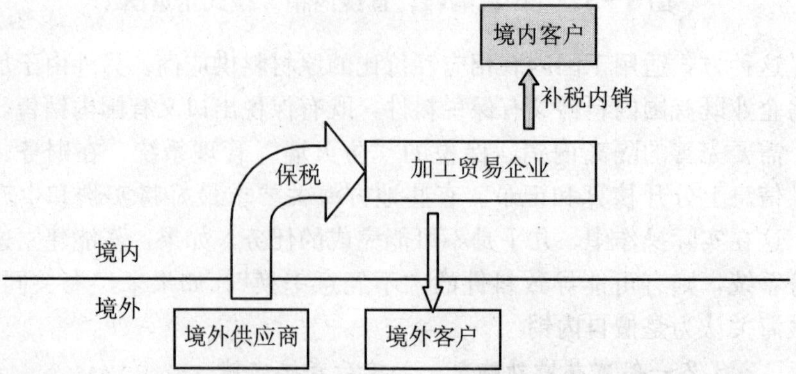

图 5—5 “加工贸易境外购料，加工后直接内销”模式示意图

这种方式适用于国内没有性价比合适的原材料供应。所有的料件都是保税料件，物料管理比较单纯，没有必要建立隔离内销、保税的“防火墙”管理系统。只是，内销补税时海关会对成品所含料件的价格进行审核，法规规定，内销价格可以是料件原进口时的价格，也可以是内销时相同货物的价格。但是，由于很多情况下向海关申报的料件已经归并，申报的价格也是归并后的价格，内销时要获取原来的实际价格并说服海关，可能会需要很多的证据支持，如成品的料号、成品的物料清单(BOM)、料件的料号、该料号的价格以及归并关系等。因此，大多数情况，双方需要对价格进行反复磋商。

案例16：内销补税海关估价后，在稽查时还认定为低报价格

某大型品牌电子元器件厂家，主要产品是电子连接件，从事进料加工，料件全部保税进口，成品80%保税出口，20%国内销售，仍使用纸本手册。由于该公司的保税进口的料件在手册上归并为70项，但是在内部ERP上有3000多个料号，该公司将功能相同或者接近的元器件或料件归并为一类。因此，手册上同一项号的不同料号的料件价格差异很大，有的相差近百倍，该公司一般取偏低的价格作为备案价格。内销时，该公司以备案价格向海关申报补税，海关审价后一般会作一定的调整，但是内销价格仍偏低。

海关对该公司最近三年的内销价格进行专项稽查。由于该公司的系统很难统计产品所耗用的料件价格，稽查人员费了很多心血，对内销成品的料件进行取证，经过稽查和计算，海关基本上以ERP上同类料件的平均价格对该海关进行重新核定。该公司这三年内销补税价格为1820万元，而海关核定的价格为2588万元，需要补缴关税和进口环节增值税178万元，并处罚款54万元，即补缴税款的30%。

该公司管理层一直很迷茫，为什么经过海关审定并重新估定的价格，在海关稽查时还会被认为低报价格呢？笔者认为，如实申报是企业的责任，如果没有提供实际成交资料而导致海关估价错误，该低报行为不会因海关重审价格而豁免。

5.2.3.4 加工贸易境外购料，转海关特殊监管区后内销

如图5—6所示，加工贸易企业从境外供应商处全部保税进口货物、料件，在国内市场需要时，成品出口到保税物流园区（中心）、保税港区、综合保税区等海关特殊监管区，然后重新以一般贸易方式进口。

这种方式适用于加工贸易企业利用海关特殊监管区的物流成本或其他成本较低的情况。所有的料件都是保税料件，物料管理比较单纯，没有必要建立隔离内销、保税的“防火墙”管理系统。对加工贸易企业来说，也不存在内销补税的审价问题。不利之处有二：一是从保税物流园区复进口不存在时，按照成品的价格和税率补税，进口环节的税负可能会更高；二是物流成本和报关手续费可能会很高。

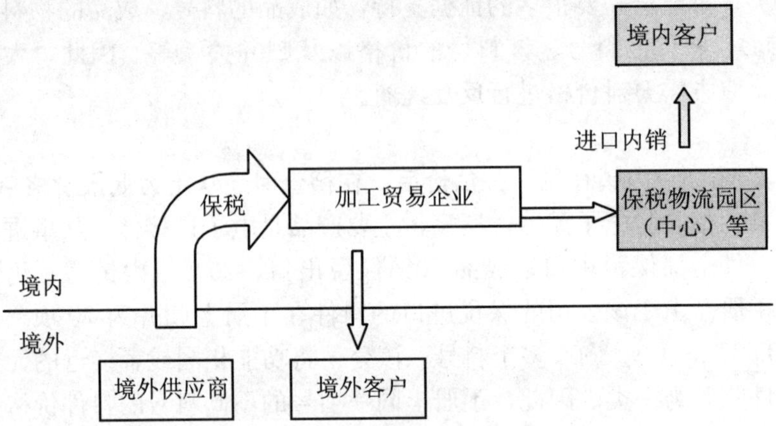

图 5—6　“加工贸易境外购料，转海关特殊监管区后内销”模式示意图

以上四种内销方式，适用于不同的条件和环境，有不同的法规要求，有不同的税负和成本，需要不同内部关务管理资源，有不同的优点和缺陷，因此，各个企业需要根据所处的条件，经过对比评估后确定有效的内销方式。

5.2.4 海关特殊监管区内生产企业内销的问题和规划

截至目前，中国内地有 13 个保税区、60 个出口加工区、5 个综合保税区和 1 个跨境工业园区，这些海关特殊监管区内可以从事生产加工，区内企业基本都是“两头在外”，料件主要从境外进口和产品主要销往境外。由于需求的变化，区内加工贸易企业也可能将部分成品内销到国内。

5.2.4.1 区内加工贸易企业内销的政策

根据法规，保税区、出口加工区、综合保税区和跨境工业园区内的货物内销，按照进口货物办理手续，区内企业可以收外汇，也可以收人民币，所收人民币可以购汇。不同海关特殊监管区的内销政策有所区别，尤其是保税区与其他特殊监管区的政策有较大区别，具体见表5—8。

表5—8 不同海关特殊监管区内生产企业的内销政策对照表

项目＼区域	保税区	其他特殊监管区
内销批准	内销前向保税区管委会申请内销批准证。	需要申请，没有实质性的审批。
内销产品加工要求	未经过实质加工的料件也可以内销。	要求产品经过“实质性加工”才能申请内销。实施拓展物流功能的企业可以内销料件。①
内销征税	区内企业销往境内区外的货物，按所采用国外料件部分的税率征税，只有当内销成品完全由进口料件组成时，才按成品征税。对所含境外运入料件的品名、数量、价值申报不实的，海关按照进口制成品征税。	按照内销成品征税。
内销征税价格	区内加工企业内销的进口料件或者其制成品（包括残次品），海关以接受内销申报的同时或者大约同时进口的相同或者类似货物的进口成交价格为基础审查确定完税价格。 区内加工企业内销的进料加工制成品中，如果含有从境内采购的料件，海关以制成品所含从境外购入料件的原进口成交价格为基础审查确定完税价格。料件的原进口成交价格不能确定的，或者是来料加工制成品，海关按照接受内销申报的同时或大约同时进口的，与制成品所含从境外购入的料件相同或类似的货物的进口成交价格为基础审查确定完税价格。	区内加工企业内销的制成品（包括残次品），海关以接受内销申报的同时或者大约同时进口的相同或者类似货物的进口成交价格为基础审查确定完税价格。
申报主体	可由区内企业申请补税内销，也可以经区内物流企业后由区外进口企业申报进口。	区外企业申报进口，并缴纳关税和进口环节增值税。
内销的国内增值税	内销后，开立国内增值税发票。	区内加工免征增值税，区内企业不被授予一般纳税人资格，不具备增值税发票开具资格。

① 参见《海关总署关于出口加工区拓展保税物流等功能海关监管有关问题的通知》（署加函〔2009〕49号）、《海关总署关于出口加工区拓展保税物流功能及开展研发、检测、维修业务试点有关问题的通知》（署加发〔2007〕168号）。

续表

区域 项目	保税区	其他特殊监管区
内销的检验检疫	从保税区输往非保税区的应检物，属于实施食品卫生监督检验和商品检验范围的，检验检疫机构实施检验。对于集中入境、分批出区的货物，可以分批报检，分批检验；符合条件的，可以于入境时集中报检，集中检验，经检验合格的出区时分批核销。	区内企业产品内销和包装内销时不需要办理卫检、动检。列入品质检验种类表的，区外企业必须报检。列入强制认证（CCC认证）目录的，区内企业必须办理认证工作，区外企业凭认证证书办理进口通关手续。

由于历史原因，保税区的内销政策没有其他海关特殊监管区完善，保税区内企业内销仍存在一些政策障碍，并存有以下风险：

1. 保税区企业内销时海关与检验检疫不协调，导致不能按照料件补税

《保税区海关监管办法》第二十二条规定：“区内加工企业全部用境外运入料、件加工的制成品销往非保税区时，海关按照进口制成品征税。”用含有境外运入料件加工的制成品销往非保税区时，海关对其制成品按照所含境外运入料件征税；对所含境外运入料件的品名、数量、价值申报不实的，海关按照进口制成品征税。因此，内销征税视情况有按成品和按料件征税两种方式，二者的异同见表5—9。

表5—9　按成品和料件征税的对照表

征税方式 项目	按料件征税	按成品征税
条件	用含有境外运入料件加工的制成品销往非保税区。	全部用境外运入料件加工的制成品。
申报的商品编码	料件的商品编码。	制成品的商品编码。
完税价格	海关以制成品所含从境外购入的料件原进口成交价格为基础审查确定完税价格。	海关以接受内销申报的同时或者大约同时进口的相同或者类似货物的进口成交价格为基础审查确定完税价格。
关税	计算方式：料件完税价格×料件关税税率。	计算方式：成品完税价格×成品关税税率。
进口环节增值税	计算方式：（关税＋完税价格）×增值税税率 。	计算方式：（关税＋完税价格）×增值税税率。
缓税利息	不适用。	不适用。

在实践中，由于检验检疫与海关通关之间的衔接问题，导致无法按照料件征税的方式。对于部分产品含有属于“A”监管条件（进口时，需要提交入境通关单）的料件，若在成品内销时以料件报关，企业在向海关报关前，需先向国检部门办理入境通关单，国检部门对这些料件实行检验后方能开具入境通关单，但此时料件形态发生了改变，已加工为成品，无法实施检验。企业有时只能选择将这部分料件提前完税进口或内销时按成品申报纳税。①

在成品内销时以料件报关，难免会增加料件归类的工作量，进一步增大料件涉及“A”监管条件的概率。一旦料件中有涉及“A”监管条件，公司又提供不出监管证件的，比如3C证书，其实施以成品报关、料件征税的内销模式就会搁浅。

2. 保税区内企业内销时海关与税务局不协调，形成增值税税负

保税区内企业购买境内区外企业需要开立增值税发票和缴纳增值税，正常情况下，这些进项增值税可以通过出口退税退回，或者抵扣成品销售的销项税款。但是，由于保税区的特殊性，进项增值税往往无法退回或者抵扣：

1）保税区仍然没有实行“入区退税”，而是实行“离境退税”，对区内的生产企业，原则上适用区外生产企业的“免、抵、退”税政策。现行出口货物退（免）税管理办法规定，申请出口货物退（免）税必须要有海关签发的“出口货物报关单”（出口退税专用联）；外汇管理局核发的“出口收汇核销单”（出口退税专用联）和出口销售发票。但海关对保税区内企业的出口货物只签发“备案清单”，而不出具“出口货物报关单”（出口退税专用联），也没有出口货物的报关电子信息可以进行核对；根据《保税区外汇管理办法》的规定，区内企业不办理外汇核销手续，不出具“出口收汇核销单”，只有结汇水单。另一方面，由于企业货物出口后不是每次都进行收汇，而是采用定期差额收汇的方式，所以，结汇水单也无法与“备案清单”的内容一一对应，完全不符合现行“免、抵、退”税管理办法的审核要求。尽管大多数保税区已经协调解

① 参见王东霖：《保税区加工贸易货物内销征税政策浅析》，http：//www.gtariff.com/index.php? act=article_info&id=6956，2009年7月11日访问。

决了以上问题，但仍有不少保税区内企业不能实行出口退税。①

2）产品内销时，尽管含有国内料件，但由于检验检疫与海关政策不协调等原因，海关仍按照成品征税。如果采用对成品进行征税的内销方式，海关征收了进口环节增值税，税务局也要求以内销方式对成品征收销项税款。由于内销价格与完税价格完全一致，没有流转增值部分，对税务部门而言，造成地方税收无法留存；对企业而言，在销售环节产生的进项与销项税款一致，而购买国内料件的进项税款不能得到抵扣。

比如，某保税区的进料加工企业，主要料件在境外采购，部分辅料在国内购买，产品100%出口，经过香港中转后，再进口到上海贸易公司销售到国内市场。现该企业计划改变以上交易结构，改为从保税区补税后直接销往上海贸易公司。该企业正在考虑两种方案的优劣和成本。假定：保税进口料件为60，本地采购料件为20，产品销售价格（不含关税和增值税）为100，增值税税率为17%，料件和成品的关税税率为5%，该保税区出口退税仍不实行“免、抵、退”，而实行出口免税，所有的关税和税务成本均由客户承担，则不同内销模式的税务成本见表5－10。

表5－10 保税区不同内销模式的税务成本

内销模式 项目	“香港一日游”内销	按料件模式内销	按成品模式内销
出口免税导致的进项税款成本	20 × 0.17 ＝ 3.40（国内购买进项税款）	不适用	不适用（进项税款在该交易中不能得到抵扣，但可在其他内销交易中得到抵扣）
关税成本	100×5%＝5	70×5%＝3.5	100×5%＝5
关税和增值税成本	8.4	3.5	5
进项增值税（海关）	（100＋5）×17%＝17.85	（70＋3.5）×17%＝12.49	（100＋5）×17%＝17.85
销项增值税（税务局）	不适用	（100＋5）×17%＝17.85	（100＋5）×17%＝17.85
国内客户购买的含税价	100＋3.4＋5＋17.85＝126.25	100＋3.5＋17＝120.5	100＋5＋17.85＝122.85

① 上海外高桥、宁波、广州等保税区已经解决了这些操作性瓶颈，可以实行“免、抵、退”。广州、青岛、大连、天津、张家港等地保税区，采取由保税区管委会牵头，海关、财政、国税等部门参加的出口退税联席会制度。在具体操作上，由主管出口退税的国税部门直接发函给保税区海关，要求海关核实企业出口货物的离境信息，证实企业出口报关的真实性后，国税部门再办理退税。而深圳等保税区仍没有实行“免、抵、退”。

三种方案中，按照料件补税的方式税负最小，按照成品内销次之，但是产品中国内料件的进项税款在该交易中不能得到抵扣。

5.2.4.2 区内加工贸易内销的规划

1. 内销完税价格的规划

《中华人民共和国海关审定进出口货物完税价格办法》（以下简称《审价办法》）第二十九条第一款规定："保税区内的加工企业内销的进口料件或者其制成品（包括残次品），海关以接受内销申报的同时或者大约同时进口的相同或者类似货物的进口成交价格为基础审查确定完税价格。"

在实际进口价格审核中，企业向境内销售的价格往往是海关审核的基础，很多企业直接申报实际成交价格，并按此价格进行申报和纳税。但是，企业向境内销售的价格往往已经将进口的关税包括在内。

根据《审价办法》规定，如果进口关税、进口环节代征税及其他国内税在进口货物的价款中单独列明，可不计入该货物的完税价格。因此，向海关申报时，可申报不含关税和增值税的价格，也可以申报实际销售价格，但是分列关税、增值税和区外费用，这些费用可以剔除在完税价格之外。

2. 关税倒挂的利用

一般来说，关税税率的结构是产品的加工程度越高关税税率越高，这种关税结构鼓励境内生产和进口替代，如果产成品的关税税率低于原材料的税率，则被称为"关税倒挂"。存在最明显关税倒挂现象的领域是WTO《信息技术协议》①（ITA）目录下的产品，协议中列名的半导体、计算机、通讯设备和半导体设备的关税税率在我国已经降为零，而这些产品的原材料、配件的关税税率均高于成品税率。因此，自境外进口料件，在保税区或者出口加工区进行加工和组装后，进口内销于国内市场，可以有效节省关税。

3. 减免税设备的进口

我国对符合《外商投资产业指导目录》鼓励类产业或者《产业结构调整指导目录》鼓励类产业等鼓励项目，在投资总额内进口的自用

① 《信息技术协议》于1997年3月26日由40个（到目前为止43个）代表方达成，承诺在2000年1月1日前取消包括计算机、计算机软件、通讯设备、半导体、半导体制造设备和科学仪器在内的约200种信息技术产品（不包括电视、录像机等消费类电子产品）的关税。我国已经同意在2005年之前，取消半导体、计算机、通讯设备以及半导体设备的关税，以换取美国对我加入WTO的支持，并同意设定一个6年的减免信息产品关税时间表。

设备，除规定的《外商投资项目不予免税的进口商品目录》所列商品外，免征关税和进口环节增值税。但是如果这些机器设备是在境内生产，相同的鼓励类项目购买这些机器设备却不能减免其包含的进口关税。

在过去一段时间，有企业通过“境外一日游”或“物流园区一日游”的方式进口，先获取增值税出口退税，然后免税进口。这种方式有一定的风险，因为有些减免税政策要求设备必须是“国内不能生产或性能不能满足需要的”，如《海关总署关于进一步鼓励外商投资有关进口税收政策的通知》（署税〔1999〕791号）中规定的自有资金的减免税设备，这些设备虽然是通过“境外一日游”，但仍属于国内能够生产的设备。

另外，增值税转型后“境外一日游”方式不能达到节省税负的目的。自2009年1月1日，增值税全面转型后，对按照或者比照《国务院关于调整进口设备税收政策的通知》（国发〔1997〕37号）规定享受进口税收优惠政策的企业进口的自用设备，恢复征收进口环节增值税，但继续免征关税。

将设备生产企业设立在出口加工区或者保税区，生产设备的零配件和料件可以免税进境，生产后的成品可以凭区外企业的减免税证明，进口时免征关税，达到节省关税的目的。

5.3 节税的保税物流规划

5.3.1 海关特殊监管区的功能和政策对比

我国设有大量不同种类的具有“境内关外”性质的海关特殊监管区，可以分为以下两类（见图5—7）：

1. 保税物流体系的特殊监管仓库和区域，专门用于国内、国际物流，包括保税仓库、出口监管仓、保税物流中心（A型）、保税物流中心（B型）、保税物流园区（也可以检测和维修）；

2. 其他区域，不仅用于区内国际物流，还用于生产加工、研发和维修，包括保税区、出口加工区、珠澳工业园区和保税港区。

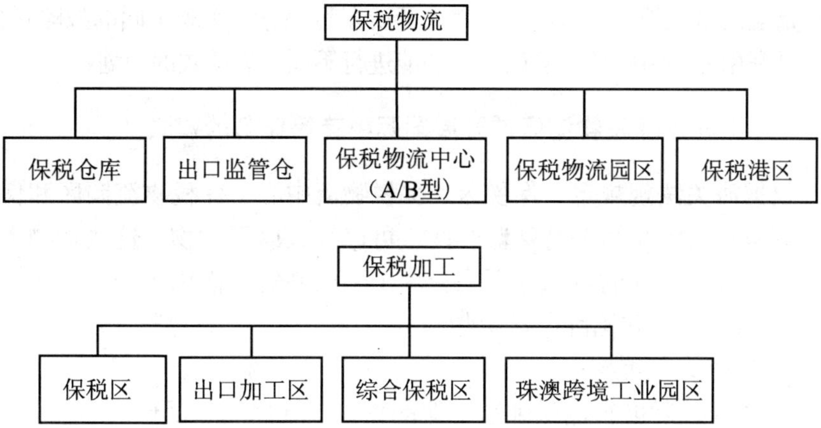

图 5—7 海关特殊监管区域和仓库体系结构示意图

表 5—11 是两类海关特殊监管区的功能和政策简要对比。

表 5—11 海关特殊监管区的功能和政策简要对比表

<table>
<tr><th>体系</th><th>种类</th><th>主要功能描述</th><th>监管方式</th><th>境内货物入区退税</th><th>境外货物进口</th><th>设备免税进口</th><th>审批权限</th></tr>
<tr><td rowspan="6">保税物流体系</td><td>保税仓库</td><td>存放保税货物及其他未办结海关手续货物</td><td rowspan="3">联网监管、实地核查</td><td>不适用</td><td>境外货物保税进口</td><td>无</td><td>直属海关</td></tr>
<tr><td>出口监管仓</td><td>存放已办结海关出口手续的货物、保税物流配送等</td><td>限于获得批准的仓库、其余离境退税</td><td>不适用</td><td>无</td><td>直属海关</td></tr>
<tr><td>保税物流中心（A）</td><td>保税仓库和出口监管仓的整合</td><td>入中心退税</td><td rowspan="7">境外货物保税进口</td><td>无</td><td>海关总署</td></tr>
<tr><td>保税物流中心（B）</td><td>B型是A型的集约化经营</td><td rowspan="6">围网卡口、派员监管</td><td>入中心退税</td><td>无</td><td>海关总署</td></tr>
<tr><td>保税物流园区</td><td>集合保税区和港口的功能</td><td>入区退税</td><td rowspan="5">企业自用生产管理设备和自用合理数量的办公用品、基建物资和机器设备等予以免除关税和增值税</td><td>国务院</td></tr>
<tr><td>保税港区</td><td>加工、贸易、仓储、展示</td><td>入港退税</td><td>国务院</td></tr>
<tr><td rowspan="3">其他</td><td>保税区</td><td>加工、贸易、仓储、展示</td><td>离境退税</td><td>国务院</td></tr>
<tr><td>出口加工区</td><td>生产和加工出口产品</td><td>入区退税</td><td>国务院</td></tr>
<tr><td>珠澳工业园区</td><td>生产和加工出口产品</td><td>入区退税</td><td>国务院</td></tr>
</table>

具有“境内关外”性质的海关特殊监管区，既有境内的区位优势，又有境外免税和便利通关的优惠，而且在物流上，毗邻港口和机场，交通便

利，是境内与境外的接口，可以用来开展多种业务，实现不同的战略目标。以下是利用海关特殊监管区的不同功能进行不同交易模式的规划：

5.3.2 利用保税物流区域开展国际中转等业务的模式

根据海关法规规定，保税区、保税物流中心、保税物流园区和保税港区等保税物流型海关特殊监管区，可以存放以下货物，这些货物大多来源于境外，存放的目的并不完全用于国内销售，而用于全球配送：

1. 转口货物和国际中转货物；
2. 外商暂存货物；
3. 供应国际航行船舶和航空器的物料、维修用零部件；
4. 供维修外国产品所进口寄售的零配件。

对设立于保税区、保税物流中心、保税物流园区和保税港区等海关特殊监管区内的企业可以从事转口贸易和国际中转，全球采购和国际分拨、配送，以及其他经海关批准的其他国际物流业务。

1. 国际中转：是对国际、国内货物进行分拆、集拼后，转运至境内外其他目的港。

2. 国际配送：是对进口保税货物进行分拣、分配或简单的临港增值加工后向国内外配送。

3. 国际采购：是对采购国内货物和进口货物进行综合处理和简单的临港增值加工后向国内外销售。

4. 国际转口贸易：是进口货物在区内存储后不经加工即转手出口到其他目的国和地区。

该模式的物流安排如图5－8所示：

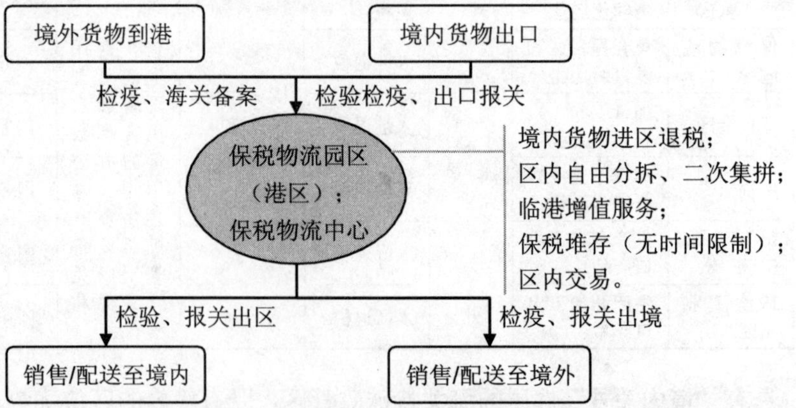

图5－8　利用保税物流区域开展国际中转等业务示意图

境外货物进入保税物流区域，应办理海关备案手续和检疫手续，进境时免予提交许可证件；境内货物进入保税物流区域，办理出口申报和出口退税手续。区域内企业可以对所存货物开展流通性简单加工和增值服务，如品质检验、分级分类、分拣分装、加刷麦码、刷贴标志、打膜和改换包装等。

5.3.3 利用保税物流区域开展内销业务的模式

加工贸易企业，将成品出口到保税区、保税物流园区等海关特殊监管区，然后再从区内进口到国内市场。该模式适用于以下几种情况：

1. 在产品满足一定出口比例的情况下，可以将产品先出口至保税物流区域后再进口。比如：

1）按照《外商投资产业指导目录》（2004 年修订）中“产品全部直接出口的允许类外商投资项目”审批的项目免税进口设备，在设备监管期内，产品必须全部出口。为了达到这一要求，即使产品最终销往国内市场，也要先行出口。

2）企业以不作价设备的名目进口免税设备，必须满足下列两个条件之一：一是独立加工贸易车间产品 100%出口；二是没有独立加工贸易车间产品 70%出口。

3）年度出口产品的产值超过其年度总产值 50%的生产型企业提出申请，经审批机构审查合格后，可被确认为产品出口型企业，并享受一定的税收优惠。如产品出口型企业按照国家规定享受减免企业所得税期满后，凡当年企业出口产品销售额达到其总销售额 70%以上的，可以按照现行税率减半缴纳企业所得税。

2. 通过保税区域，加工贸易产品转内销，可以免除申请内销批准证。有些地区对加工贸易内销的比例有所限制，比如不能超过 30%，在这种情况下，如果内销比例超过 30%，可以通过保税物流区域转内销。

3. 关税倒挂情况下，可以将产品先出口至保税物流区域后再进口。比如手机、通讯基站、计算机及其外设、集成电路等商品的关税税率均为零，而其生产原材料的综合关税率基本都在 3%～7%之间。这种情况下，可以保税进口料件并加工成成品，然后将成品出口至保税物流区域后再进口，按照成品征税，则可节省相应税负。

保税物流园区等海关特殊监管区的出现减少原有的“香港一日游”现象，有效地节省了物流成本。该模型的物流安排如图 5—9 所示：

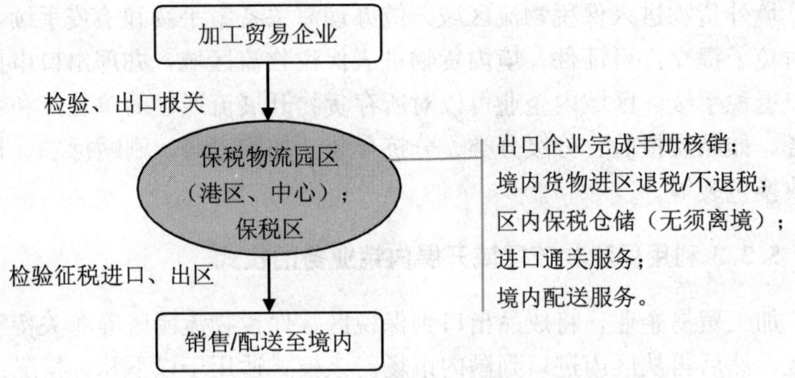

图 5—9 利用保税物流区域开展内销业务示意图

进料加工企业可以将成品出口到具有退税功能的保税物流园区、保税港区、保税物流中心，获取退税，然后，重新以一般贸易的方式进入国内市场；来料加工企业实行增值税“不征不退”，除可以将产品出口到上述保税物流区域之外，还可以出口到保税区。

5.3.4 利用特殊监管区获得出口退税的模式

2008 年金融危机爆发后，从 2008 年 7 月至 2009 年 7 月，国家先后 8 次大幅度地提高了出口退税率①，即便如此，大多数商品增值税的征税率和退税率之间仍存有差异，这种差异会导致出口企业的间接税成本不断增加。

公司一般不会把税收的管理重点放在增值税，因为理论上这些增值税成本可以“转嫁”至最终客户，在会计上，增值税是“价外税”，增值税的增加或者减少不会影响企业的收入或者成本，也不会影响利润。但是，在所有的交易环节，增值税都或多或少地在流失，并最终影响利润。图 5—10 即说明了在供应链产品流向的增值税流失，其中最主要的流失就在于出口退税环节，从图中可看出，在出口环节流失了 4 美元。

---

① 2008 年 7 月至 2009 年 7 月，国家对出口退税率所作调整如下：一是 2008 年 7 月 30 日，提高部分纺织品（以及竹制品）的出口退税率。二是 2008 年 10 月 21 日，提高 3486 种商品的出口退税率。三是 2008 年 11 月 17 日，提高另外 3770 种商品的出口退税率。四是 2008 年 11 月 19 日，第二次提高纺织品和服装的出口退税率。五是 2008 年 12 月 29 日，提高部分机器设备的出口退税率。六是 2009 年 2 月 5 日，提高部分纺织品和服装的出口退税率。七是 2009 年 3 月 27 日，提高轻纺、电子信息等商品出口退税率，涉及 3802 个税号。八是 2009 年 6 月 8 日，上调部分我国优势产品、劳动密集型产品、高技术含量产品和深加工产品出口退税率，共计 2600 多个 10 位税号。

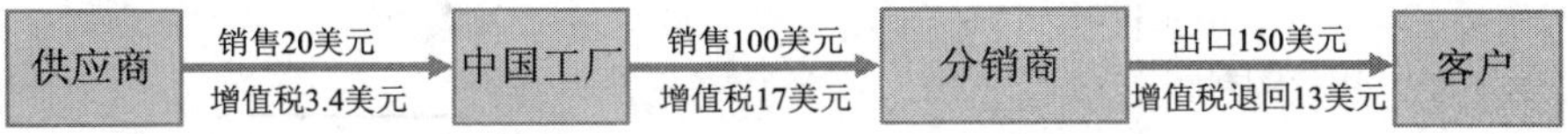

图 5－10 产品交易环节增值税流失示意图

为了减少企业增值税的损失，一个重要的方法就是减少出口退税环节的税款流失。从增值税计算公式①可以看出，降低当期出口货物离岸价格或者增加原有的国内采购料件，即可实现这一目的，比如要求供应商将料件出口到保税物流区域，然后再以加工贸易的方式进口，以减少出口退税的不利影响，具体的交易及其物流安排如图 5－11 所示：

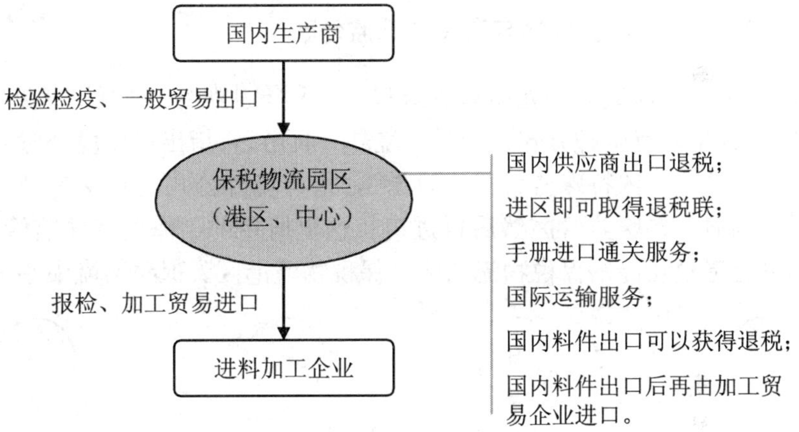

图 5－11 利用保税物流区域获取出口退税

案例 17：利用保税物流园区减少增值税退税的流失

某机械生产企业，2008 年整机出口退税率为 13％，其中发动机是其最重要的组成部分，占价值的 70％，出口退税率为 17％。以往的生产模式是机器成品直接出口。经筹划后，企业将发动机一般贸易出口，再以加工贸易（进料加工）方式进口，制成机器成品后再出口（见图 5－12）。

筹划前，整个供应链的增值税成本＝100×（17％－13％）＝4。

筹划后，整个供应链的增值税成本＝70×（17％－17％）＋（100－70）×（17％－13％）＝1.2。

节省的增值税＝4－1.2＝2.8，即出口销售额的 2.8％。

---

① 当期不予抵扣或退税的税额＝当期出口货物离岸价×外汇人民币牌价×（征税率－退税率）－保税进口货物金额×人民币外汇牌价×（征税率－退税率）。

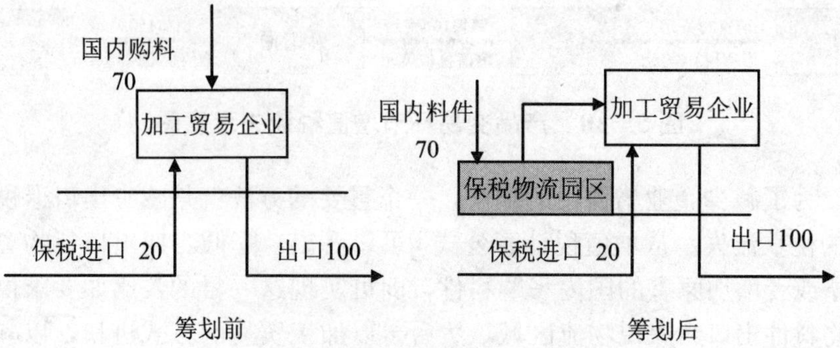

图 5—12　筹划前后的物流安排示意图

5.3.5“U 型”供应链与海关特殊监管区

“U 型”供应链，即先出口后进口，流程图犹如字母“U”（见图 5—13）。其主要有两种方式：一是“境外一日游”，指出口到境外然后再进口；二是“境内特殊监管区一日游”，指与境外公司进行交易，但货物出口到海关特殊监管区然后再进口。这里所指的“海关特殊监管区”包括具有退税功能的保税物流园区、保税物流港区、保税物流中心等。

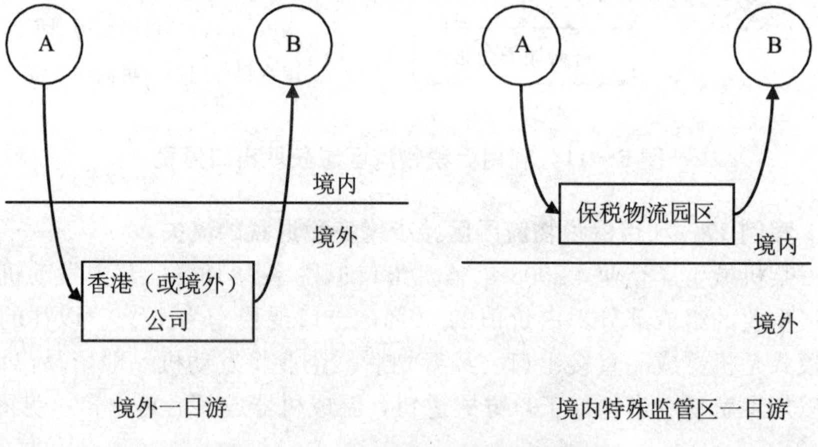

图 5—13　“U 型”供应链示意图

在商业上，“U 型”供应链的优点和便利主要体现在以下几方面：

1. 出口退税。“U 型”供应链的出口过程可以获取出口退税，而税务部门对境内“转厂”实行“不征不退”或者“视同内销征税”的方式。

2. 利润调节。“U 型”供应链过程中可以实现境内企业与境外企业之间以及境外企业与境外企业之间的多次交易，比如境内企业销售给香港公司，出口价格是 10 美元；香港公司再销售给境内企业，进口价格是 15 美元；香港公司获取5美元的利润。而如果通过转厂的方式，海关始终认为是境内企业之间的交易，不会接受境外企业参与交易的方式。不过，关联关系企业之间的交易价格应该按照市场价格的原则，不得随意调整。

3. 商品编码调整。有些地区的保税物流园区可以允许入仓和出仓的商品编码不一致，可以对其商品编码的后4位进行修改。

在实际运作中“U型”供应链也有以下几点缺点：

1. 物流成本。相比直接转厂，“U型”供应链，需要更多的物流费用和报关费用。

2. 再进口的许可证件和检验检疫要求。“U型”供应链模型直接出口后再进口，根据产品的不同，需要提供检验检疫证明和许可证件。

因此，企业应比较出口退税获得利益与物流和报关成本、费用之间的高低，然后决定运作的模式。

在实际的运作中，企业经常利用“U型”供应链来替代深加工结转。

案例18：利用保税物流园区“U型”供应链来替代深加工结转

A加工贸易企业与B加工贸易企业长期有业务往来，A企业的产品销售给B企业加工后再出口。A企业是增值税一般纳税人，于1995年成立，成立之初，原材料基本100%从境外保税进口，保税料件成本几乎占成品价值的80%以上。之后随着国内配套增加，国内采购相应增加，国内劳工和租金成本也有所增加，保税进口成本在成品价格中比例不断下降，2008年该比例下降到40%。其料件和产品征税率是17%，退税率是13%。

B企业，也是一般纳税人，当地税务部门对转厂采购的保税料件采取“不征不退”措施。其料件和产品征税率是17%，退税率是13%。

为了减少转厂交易增值税不能退回的损失，两家企业商议利用保税物流园区“U型”供应链来替代深加工结转。其经过筹划前后的交易流程见图5—14、图5—15。

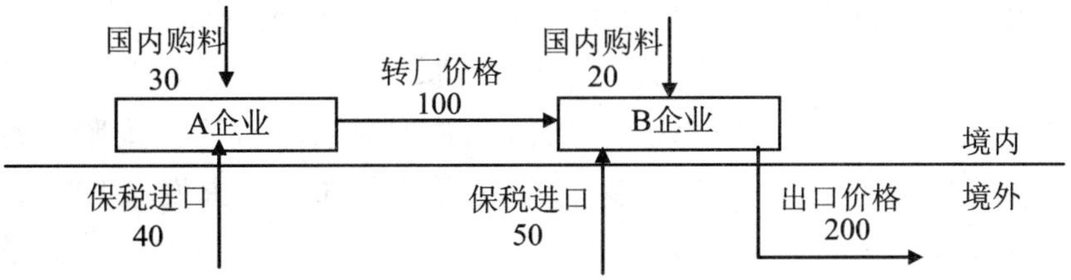

图5—14 筹划前的交易流程示意图

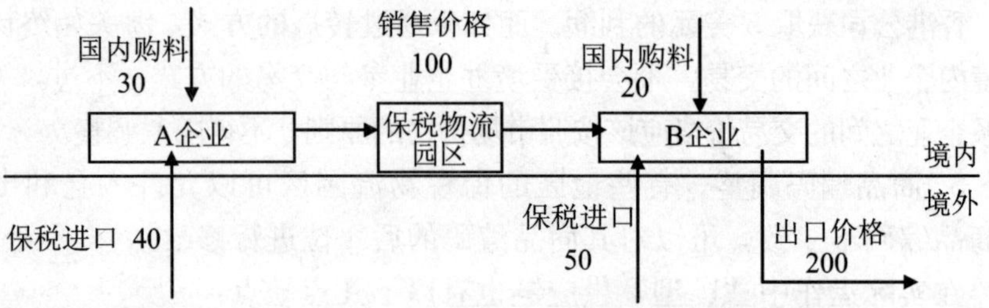

图5—15　筹划后的交易流程示意图

筹划前整个供应链的增值税成本如下：

A企业转厂出口增值税不征不退，因此增值税成本＝30×17%＝5.1。

B企业出口增值税可以退税，因此增值税成本＝（200－100－50）×（17%－13%）＝2。

整个供应链的增值税成本＝5.1＋2＝7.1。

筹划后整个供应链的增值税成本如下：

A企业出口增值税可以退税，因此增值税成本＝（100－40）×（17%－13%）＝2.4。

B企业出口增值税可以退税，因此增值税成本＝（200－100－50）×（17%－13%）＝2。

整个供应链增值税成本＝2.4＋2＝4.4。

因此，筹划后的整个供应链比筹划前所节省的增值税＝7.1－4.4＝2.7。

5.4 进口设备减免税优惠的规划

5.4.1 进口设备减免税政策概览

改革开放以来，我国出台多种进口减免税政策（以下“减免税”均指进口减免税政策），经过多次调整或清理后，目前对进口设备或货物的减免税政策见表4—12。增值税转型以后，对符合按照或者比照《国务院关于调整进口设备税收政策的通知》（国发〔1997〕37号）规定享受进口税收优惠政策的下列项目和企业进口的自用设备以及按照合同随上述设备进口的技术及配套件、备件，恢复征收进口环节增值税，但继续免征关税：

1. 国家鼓励发展的国内投资项目和外商投资项目；
2. 外国政府贷款和国际金融组织贷款项目；
3. 加工贸易企业由外商提供的不作价进口设备；
4. 中西部地区外商投资优势产业项目；
5.《海关总署关于进一步鼓励外商投资有关进口税收政策的通知》（署税〔1999〕791号）中规定的外商投资企业和外商投资设立的研究开发中心利用自有资金进行技术改造项目（以下简称自有资金项目）；
6. 软件生产企业和集成电路生产企业；
7. 城市轨道交通项目；
8. 其他比照该通知执行的企业和项目。

其他进口减免税项目仍可免征进口环节增值税和关税。

表5－12 减免税政策一览表

项目	主体	对象	例外和限制
鼓励项目投资额度内进口设备（全国和中西部）	外商投资企业	符合《外商投资产业指导目录》鼓励类、《中西部地区外商投资优势产业目录》，并转让技术的外商投资项目，在投资总额内进口的自用设备。	《外商投资项目不予免税的进口商品目录》所列商品除外。
	外商投资设立的研究开发中心	在投资总额内进口国内不能生产或性能不能满足需要的自用设备及其配套的技术、配件、备件。	
外商投资项目自有资金进口	已设立的鼓励类和限制乙类外商投资企业、外商投资研究开发中心、先进技术型和产品出口型外商投资企业（以下简称五类企业）	五类企业进行技术改造，在原批准的生产经营范围内，利用投资总额以外的自有资金进口国内不能生产或性能不能满足需要的自用设备及其配套的技术、配件、备件。	自有资金具体是指四个方面的资金：企业储备基金、发展基金、折旧和税后利润。 免税进口的商品用途必须是在原批准的生产经营范围内，对本企业原有设备进行更新、维修或技术改造。 《国内投资项目不予免税的进口商品目录》所列商品除外。

续表

项目	主体	对象	例外和限制
国家鼓励发展的国内投资项目	国内投资鼓励项目	《产业结构调整指导目录》鼓励类的国内投资项目，在投资总额内进口的自用设备。	《国内投资项目不予免税的进口商品目录》所列商品除外。国家发展改革委外资司出具"外商投资企业设备更新或技术改造进口国内不能生产的同类设备证明"。
装备制造业项目	国内重大技术装备制造企业	对国内企业为开发、制造这些装备而进口的部分关键零部件和国内不能生产的原材料所缴纳的进口关税和进口环节增值税实行先征后退。	对于符合退税条件的企业，由财政部出具重大装备制造企业退税确认书，并就所退税款转作国家资本金的实施期限作出规定。
不作价设备	加工贸易企业	设有独立专门从事加工贸易的工厂或车间，并且不作价设备仅限在该工厂或车间使用；或者，对未设有独立专门从事加工贸易的工厂或车间，在加工贸易合同（协议）期限内，其每年所加工产品必须是70%以上属出口产品。	《外商投资项目不予免税的进口商品目录》所列商品除外。
外国政府贷款和国际金融组织贷款项目	项目单位	政府贷款项目、国际金融组织（世界银行、亚洲开发银行、农业发展基金）贷款项目。	《外商投资项目不予免税的进口商品目录》所列商品除外。
城市轨道交通项目①	项目单位	城市轨道交通建设项目在设备国产化率达到70%时，不论采用何种资金进口其余下30%的设备或零部件，免征关税。	无。

① 参见《海关总署关于城市轨道交通项目进口设备及零部件税收问题的通知》（署税函〔2004〕366号）。

续表

项目	主体	对象	例外和限制
软件生产企业和集成电路生产企业①	投资额超过80亿元或集成电路线宽小于0.25微米的集成电路生产企业	商品目录中的生产性原材料、消耗品。	无。
其他项目（如海上和陆地石油开采项目）	列名企业	列名设备。	无。

5.4.2 设备免税进口的规划

企业应积极利用以上政策对设备的进口进行规划，以节省成本和资金。但是，笔者建议应在实施前对是否需要申请减免税进口，能否申请减免税，如何申请减免税资格作个一个系统的规划。

5.4.2.1 *确定是否需要享受设备减免税政策*

在实施增值税转型之前，符合减免税条件的设备可以享受关税和进口环节增值税减免，因此，税负的节省空间较大。实施转型后，对国家鼓励发展的国内投资项目和外商投资项目等一系列享受进口优惠政策的项目，在进口时海关只减免关税，不免进口环节增值税。为购置此类设备所缴纳的进口环节增值税可以作为增值税进项税款，以抵扣销售货物的销项税款。因此，相对于增值税转型前的政策来说，现在的设备减免税政策虽然对减免税设备实际税负和企业成本没有影响，但对现金流造成不利影响，尤其是设备进口金额较大时，需要缴纳金额较大的增值税，而当期的销项税额不足以抵扣当期进项税额，需要结转到以后逐步抵扣。从这一点上看，增值税转型对进口减免税设备的企业来说是偏负面的（见表5—13）。

① 参见《财政部关于部分集成电路生产企业进口自用生产性原材料、消耗品税收政策的通知》（财税〔2002〕136号）。

表 5—13 增值税转型前后的减免税政策对照表

政策 转型	非减免税政策	减免税政策	减免税政策的优惠
增值税转型前	缴纳关税和增值税，均计入成本。	减免增值税和关税。	节省了增值税和关税成本。
增值税转型后	缴纳关税，征收增值税，增值税可以抵扣。	减免关税，征收增值税，增值税可以抵扣。	节省了关税成本。
增值税转型前后的对比	节省了固定资产的增值税成本。	税务成本没有变化，缴纳增值税可能影响现金流。	增加了增值税成本。

因此，增值税转型和相应减免税政策变化后，企业需要重新评估下列各种设备进口方式：

1. 以减免税方式进口设备。在进口环节免征关税但需要征收进口环节增值税。而且，申请减免税设备需要一定的资格、手续、时间和成本，减免税设备进口后还需要纳入海关的监管，监管期限一般为五年，监管期内不能擅自对外出租、出借、出售等，不利于资产的灵活使用，存在一定的监管成本和风险。因此，企业应从节省关税成本和后续管理风险增加两方面权衡是否申请设备的减免税进口资格。

2. 以不作价设备方式进口设备，是指外商以免费方式向境内加工贸易企业提供的加工生产所需设备。境内加工贸易企业出口比例也要求超过70%或者设有独立加工贸易车间。进口不作价设备时，海关征收进口环节增值税，只免征关税。不作价设备也有严格的资格审批和后续监管要求。与减免税设备不同的是，不作价设备是外商免费提供，不是境内加工贸易企业购置的固定资产，不记入加工贸易企业的会计账簿，不纳入其固定资产管理，其进口环节支付的增值税不能作为进项抵扣，会成为企业的经营成本。因此，进口不作价设备有不能抵扣的增值税成本，也有严格的审批程序和后续监管要求。

3. 以一般贸易方式进口设备。进口时需要缴纳关税和增值税，进口环节增值税可以作为进项抵扣，相对转型前来说，其好处是显而易见的。另外，一般贸易进口设备不属于海关监管货物，没有严格的后续监管的要求。

4. 以租赁方式进口设备。进口时海关会按照租赁期间的租金作为完税价格，征收增值税和关税，当然也可按照租金总额和货物价格征税。因此，按期支付租金并按租金缴纳海关税款，可以减轻企业在货款和税金方面的现金流压力。融资租赁设备，也可以向海关申请减免税进口资格，获得关税减免，其缴纳的增值税可以计入增值税进项税款。

因此，增值税转型后，进口不作价设备增加了企业的税务成本，进口减免税设备增加了现金流压力，按照一般贸易方式进口相对减轻了税务成本也不需要满足海关后续监管的要求，而按照租赁进口方式则是减轻企业现金流压力的一种很好选择。企业应该根据具体情况，评估和筹划设备进口的方式。

5.4.2.2 进口商主体的资格评估

不同减免税政策的主体各不相同，有内资项目、外资项目、项目单位、列名企业。只有符合资格的主体才能申请减免税。

目前，国家对内资和外资企业仍实行不平衡减免税政策，外资鼓励类项目比内资项目范围更广，而外资企业适用的《外商投资项目不予免税的进口商品目录》远远比《国内投资项目不予免税的进口商品目录》范围却要小得多。因此，规划的第一步就是要确定企业是否属于“外资企业”性质。不论有限公司还是股份有限公司，超过25%的外商投资比例就可以按照外商投资企业管理。对中国中西部企业还有两项特殊规定：一是外资比例低于25%仍可以按照外商投资企业管理；二是国内的外商投资企业在中西部投资也可以按照外商投资企业进行管理。

5.4.2.3 出口型外商投资企业申请不作价设备的规划

虽然出口型外商投资企业（产品100%出口）已经不列入鼓励类产业所属企业，不能享受减免税进口资格，但是，只要满足下列条件，即可通过不作价设备的方式免税进口设备：

1. 该企业是加工贸易企业。如果该企业还不是加工贸易企业，可以通过改变物流和交易方式，转变为加工贸易企业。

2. 产品出口比例有一定限制。如果是独立加工贸易车间，产品100%出口；如果没有独立车间，产品出口比例需要达到70%以上。

3. 设备由境外关联企业免费提供，不能直接或者间接支付外汇和对价。

4. 设备不属于《外商投资项目不予免税的进口商品目录》，如果是贴片机等设备则应不属于《国内投资项目不予免税的进口商品目录》。

不作价设备进口虽然可以减免关税，但仍需要征收增值税，而且由于是境外企业免费提供的，不属于纳入国内企业的固定资产管理和核算范围，所以缴纳的增值税不能作为进项抵扣①。另一方面，因这些固定资产不属于国内企业的资产，未能抵扣的增值税也可能不能记入固定资产价值，只能作为企业的本期成本或费用。

5.4.2.4 评估业务是否属于鼓励类的产业

如前面减免税政策概览中的分析，《外商投资产业指导目录》、《中西部地区外商投资优势产业目录》和《产业结构调整指导目录》是审批的重要依据。

以上产业目录是动态变化的，政府有关部门会根据生产和技术的变化，征求各行业意见后进行调整。因此，企业应及时向有关部门提供建议，影响相关目录的形成。

对属于鼓励类产业的项目，应在项目立项、可行性分析和确定经营范围时，注意与相关目录中名称和描述的一致性，减少审批过程中因受质疑所带来的麻烦。

对一些在目录中描述得比较含糊的条目，如“……关键件”、“高技术含量的……”等，应关注行业中的注释和注解。可以请专业部门对本企业的行业属性进行认证和确认，以便于向审批部门和海关提出申请。

5.4.2.5 关注项目审批期限和设备进口的期限要求

已审批的项目或者未审批的项目都会有一定的期限，应及时在期限内审批，在期限内进口。比如，2002 年 4 月 1 日以前批准的外商投资限制乙类项目，以及 1996 年 4 月 1 日以前批准的外商投资项目，其项目单位须于 2007 年 12 月 31 日前按照现行规定持项目确认书或其他相关资料向海关申请办理减免税备案手续，并于 2010 年 12 月 31 日前向海关申请办理项目项下进口自用设备的减免税审批手续。（见表 5—14）

表 5—14　近期减免税政策期限一览表

企业或项目	批准时间	依据的目录	期限
外商投资企业	1996 年 4 月 1 日前批准。	无。	2007 年 12 月 31 日前办理减免税备案手续；2010 年 12 月 31 日前向海关申请办理项目项下进口自用设备的减免税审批手续。

① 参见《中华人民共和国增值税暂行条例》第八条：“纳税人购进货物或者接受应税劳务支付或者负担的增值税额，为进项税额。”

续表

企业或项目	批准时间	依据的目录	期限
鼓励类和限制乙类项目	1996年4月1日～2002年4月1日。	1997版《外商投资产业指导目录》	同上。
鼓励类外商投资企业	2002年4月1日～2005年1月1日。	2002版《外商投资产业指导目录》	同上。
鼓励类外商投资企业	2005年4月1日～2007年11月1日。	2004版《外商投资产业指导目录》	同上。
100%出口型企业	不限。	同上。	2007年12月31日前办理减免税备案手续；2007年12月31日前进口。

5.4.2.6 评估进口的货物是否属于设备

设备、配套件和备件在财务上虽然都属于“机器和设备”的范畴，但是在海关减免税管理方面还是有区别的，设备可以直接申请减免税，但配套件和备件却只有在以下几种情况才能免税进口：

1. 对于鼓励项目，在投资额度内按照合同随设备进口的技术及配套件、备件，单独进口时不予免税。

2. 自有资金进口国内不能生产或性能不能满足需要的设备，以及与之配套的技术、配件、备件（包括随设备进口或单独进口的）。

海关法规规定，凡归入《进出口税则》第84、第85章列明为零件、附件的税号的货品，以及归入税号84.80、84.82、84.84、85.23、85.32～85.37、85.39～85.42、85.44～85.47的货品，单独进口时不能作为设备对待；归入84.49的货品应当注意区分设备和零件（设备和零件均在同一税号）；归入第84、第85章的其余货品，一般可作为设备对待，但单独进口的税号85.24项下的货品，只有作为设备技术的部分才可按设备对待。

另一个问题就是，模具是否属于设备，能否免税进口。鼓励项目单独进口的税号82.07项下的冲压模具，属于《外商投资项目不予免税的进口商品目录》及《国内投资项目不予免税的进口商品目录》商品，一般应照章征税。凡归入第84章属于生产设备的，进入企业固定资产账的，使用年限较长的（非经常更换的）模具可以视为生产设备予以免税。不作价设备的模具、单台设备，期限在半年以内，可以按照暂时进口的方式来运作。

5.4.2.7 评估进口商品是否属于不予减免税设备目录

目前有几个不予免税目录与进口设备相关，如果设备属于以下目录，则不能免税进口：

1.《外商投资项目不予免税的进口商品目录》，适用于外商投资的鼓励项目投资额度内进口设备、不作价设备。

2.《国内投资项目不予免税的进口商品目录》，适用于内资投资的鼓励项目、外商投资项目利用自有资金进口的设备。

3.“不予免税的重大技术装备整机”，适用于所有国内投资和外商投资项目，以及加工贸易项下外商提供的不作价设备①。

案例 19：减免税待遇的评估和规划

某外商投资企业为地铁屏蔽门系统制造商，其客户是国内地铁项目。关于地铁项目，国家有下列优惠政策和措施：

1.《国务院办公厅转发国家计委关于城市轨道交通设备国产化实施意见的通知 》(国办发〔1999〕20 号)；

2.《中华人民共和国海关总署关于城市轨道交通设备国产化有关问题的通知》(署税〔1999〕210 号)；

3.《国务院办公厅转发国家计委关于城市轨道交通设备国产化实施意见的通知》(国办发〔1999〕20 号)；

4.《国家计委关于印发城市轨道交通设备国产化实施方案的通知》(计预测〔1999〕428 号)；

5.《海关总署关于城市轨道交通项目进口设备及零部件税收问题的通知》署税函（〔2004〕366 号)。

以上文件规定，对达到国产化目标的项目，可考虑给予适当的鼓励政策，城市轨道交通建设项目在设备国产化率达到 70%时，不论采用何种资金进口其余下 30%的设备或零部件，免征关税和进口环节增值税。

该公司部分原材料是进口，其他大部分（超过 70%）原材料在国内购买，产品直接销售给国内的地铁制造商。该公司满足以上文件中的国产化比率，但是从文件分析，申请免税的主体是城市轨道交通建设项目，而不是地铁项目的供应商。而且该公司是自主向境外供应商采购地铁屏蔽门的关键件，从商业上考虑想控制该进货渠道，控制进口成本信息。

后来经筹划，该公司在保税区成立一家贸易公司，从境外采购关键

① 参见《关于重大技术装备整机进口免税政策调整事宜》(海关总署公告 2008 年第 64 号)。

件，然后卖给地铁项目公司，另外占料件总量70%的国内料件采购后也卖给地铁项目公司，再由地铁项目公司向有关部门申请减免税资格。地铁项目公司将采购的料件以委托加工的形式委托该公司生产，加工生产后再运回项目公司使用。

5.4.3 减免税设备的管理和处置规划

5.4.3.1 减免税设备的管理

根据海关规定，在海关监管年限内，减免税设备或货物应当按照海关规定保管、使用，并依法接受海关监管。减免税货物的监管年限分别为：船舶、飞机8年；机动车辆6年；其他设备或货物5年。在海关监管年限内，企业应当自进口减免税货物放行之日起，在每年的第一季度向主管海关递交“减免税货物使用状况报告书”，报告减免税货物使用状况。①

为了满足海关的要求，企业应该在设备管理和内部控制方面作以下控制和规划：

1. 会计记录和账簿。在会计记录和账簿中标注设备是否属于海关监管货物，具体方法有：建立专门的减免税固定资产账簿、增加固定资产设备的子科目、在备注栏标注、在固定资产名称作标注，等等。通过固定资产账簿上的特殊标注，财务人员能够识别设备的属性，并作相应的内部申请和审批手续。

2. 标牌。在设备的明显位置配备固定资产的标签和标牌，列示固定资产的名称、内部编码、减免税性质、进口/采购时间、产地，等等。

3. 跨部门的协调管理。减免税设备的管理涉及财务部门、关务部门、使用部门等，三个部门应共享减免税设备的信息，使用部门对设备的位置移动、处置都应该提示财务部门和关务部门，财务部门对固定资产进行处置时也应该通知关务部门办理相关手续。

4. 关务部门建立减免税设备的台账。列明设备名称、商品编码、进口时间、审批证件号码、报关单号码、使用部门、位置等信息。

5. 定期盘点和清查。关务部门、财务部门和使用部门应该在每季度或每半年对减免税设备进行一次清查和盘点。

根据海关法规，在海关监管年限内，减免税货物应当在主管海关核准的地点使用。如果企业需要变更使用地点，如转移到其他分公司、其他分部、同一法人的不同工厂，需要向主管海关提出申请并说明理由，

---

① 参见《中华人民共和国海关进出口货物减免税管理办法》(海关总署令第179号)。

经海关批准后方可变更使用地点。如果减免税设备需要转移到其他主管海关管辖地使用，企业需要向主管海关申请办理异地监管手续，同时接受两地海关的监管。减免税设备在异地使用结束后，企业应当及时向转入地海关申请办结异地监管手续。

在海关监管年限内，企业发生分立、合并、股东变更、改制等情形的，减免税货物的权利义务承受人应当自营业执照颁发之日起30日内，向原企业的主管海关报告主体变更情况。海关将重新审核变更后的资格，如果货物在变更后不符合减免税资格，则需要向海关补缴税款；经审核后如变更后的企业可以继续享受减免税待遇的，应当申请办理减免税备案变更或者减免税货物结转手续。

5.4.3.2 减免税设备的处置

在财务会计上，固定资产存有不同的处置方式，如出售、转让、报废或毁损。在资产的日常使用中也经常需要改变用途或者用于抵押/质押。对于产权不属于使用企业的固定资产，使用企业可以作退回处理或代为处置。但是，在海关监管上，要求在海关监管年限内，未经海关许可，减免税申请人不得擅自将减免税货物转让、抵押、质押、移作他用或者进行其他处置。因此，对减免税设备的处置还需要考虑海关的要求，办理海关的申报和审批手续。

1. 转让/出售

在海关监管年限内，如果减免税设备需要转让或出售，而设备的买方或接受方不具有减免税或者其他免税进口资格，则需要补缴税款并解除监管后再转让或出售；如果设备的买方或接受方具备减免税或者其他免税进口资格，企业可以申请办理减免税货物结转手续，将减免税设备转让给进口同一设备享受同等减免税优惠待遇的其他单位。

减免税设备结转后，转出方的额度不予恢复，接受方的减免税设备监管年限应当连续计算。转入地海关在剩余监管年限内对结转减免税设备继续实施后续监管。由于结转的减免税设备的监管期是连续计算的，而且还占用转入方企业的免税额度，企业可以权衡考虑是否补缴税款提前解除监管更为有利。

2. 抵押/质押/融资租赁后回租

在生产经营中，企业在融资或筹资过程中需要提供抵押物，设备是常用的抵押物之一，对处于监管期内的减免税设备进行抵押或者质押时需要向海关提出申请，经过审批后才能办理抵押或质押。

在海关监管年限内，企业向海关申请以减免税货物向金融机构办理贷款抵押的，应当满足以下条件：

1）不得以减免税货物向金融机构以外的公民、法人或者其他组织办理贷款抵押。

2）以减免税货物向境内金融机构办理贷款抵押的，应当向海关提供下列形式的担保：

①与货物应缴税款等值的保证金；

②境内金融机构提供的相当于货物应缴税款的保函；

③减免税申请人、境内金融机构共同向海关提交“进口减免税货物贷款抵押承诺保证书”，书面承诺当减免税申请人抵押贷款无法清偿需要以抵押物抵偿时，抵押人或者抵押权人先补缴海关税款，或者从抵押物的折（变）价款中优先偿付海关税款。

3）减免税申请人以减免税货物向境外金融机构办理贷款抵押的，应当向海关提交与货物应缴税款等值的保证金或其他境内金融机构提供的相当于货物应缴税款的保函。

海关同意以减免税货物办理贷款抵押的，减免税申请人应当于正式签订抵押合同、贷款合同之日起 30 日内将抵押合同、贷款合同正本或者复印件交海关备案。

有些企业筹划用出售减免税设备后再以融资租赁方式租回的方式，这是一种有效的融资手段，但是海关总署已经明确答复：设备出售后，购买方是货物所有人，享有货物的处置和管理权，但在海关监管上购买方却不是海关管理相对人，如果购买方违法处置减免税设备，海关既难以对其进行处罚，对出售方的处理在法律上也存在较大困难。因此对于将进口减免税出售后再以融资租赁方式租回自用的申请，要求在出售前先补缴减免税设备剩余监管年限内的税款并办理解除监管手续。①

3. 移作他用（出租/出借）

由于经营环境的变化，原审批项目可能不具有可行性，造成项目停工、设备闲置，企业可能出于盘活资产的目的将设备转用于其他项目或者用途，比如将设备出租、借用、转移等，包括：

1）将减免税货物交给减免税申请人以外的其他单位使用；

2）未按照原定用途、地区使用减免税货物；

3）未按照特定地区、特定企业或者特定用途使用减免税货物的其他情形。

---

① 参见《海关总署关于融资租赁售后回租有关问题的复函》（税管函〔2007〕263 号）。

减免税设备应用于海关审批的特定地区、特定用途和特定企业，海关监管年限内，企业如需要将减免税货物移作他用的，应当事先向主管海关提出申请。海关一般会要求补缴税款，补缴税款的金额、方法，视移作他用的方式和时间的不同而不同：

1）暂时移用。企业应当按照移作他用的时间补缴相应税款；移作他用时间不能确定的，应当提交相应的税款担保，税款担保不得低于剩余监管年限应补缴税款总额。

2）永久移用。补缴剩余监管年限的税款。

当然，企业也可以对需要移作他用的新项目进行单独立项，经评估满足条件的，也可以申请减免税资格，经批准后设备可以以结转的方式免税结转到新项目中使用。

4. 退回境外/出口

在海关监管期内，所有权属于境外企业的不作价设备可以在监管期内退回境外，所有权属于境内企业的减免税设备也可以退运出境或出口。其主要办理手续如下：

1）退运或出口前，应当报海关核准其退运或出口。有些地方还要求企业向商务主管部门提出申请和签核意见。

2）退运或出口后，企业应当持出口报关单向海关办理原进口减免税货物的解除监管手续，海关不再对退运出境或者出口的减免税货物补征相关税款。

减免税货物因品质或者规格原因原状退运出境，企业以无代价抵偿方式进口同一类型货物的，不予恢复减免税额度；未以无代价抵偿方式进口同一类型货物的，减免税申请人可于原减免税货物退运出境之日起3个月内向海关申请恢复减免税额度。

在财务上，对退运出境和出口会有不同处理方式，分别可以按照退货和销售境外处理。

5. 报废/损毁

减免税设备属于海关监管货物，如果在监管期内损坏或者报废，应由本企业保管，在补缴税款前不得擅自处理；如果减免税设备灭失、丢失，应该及时报告海关，补缴相关税款。

在海关监管年限内，如果因破产、改制或者其他情形导致企业终止，应该由承受人继续承担减免税设备的管理职能；如果没有承受人的，原减免税申请人或者其他依法应当承担关税及进口环节海关代征税缴纳义务的主体应在规定期限内向海关申请办理减免税货物的补缴税款和解除监管手续。

第二篇　关务实施和海关申报

6 商品归类的规划和实施

6 SHANGPIN GUILEI DE GUIHUA HE SHISHI

商品归类是海关管理的基石，商品归类确定了，其关税税率、出口退税率、进出口监管条件等也相应确定，除了海关需要依靠商品归类对货物进行征税、监管和统计外，税务、检验检疫、商务部门等其他多个部门都是依靠商品归类对商品进行管理的。

我国在 1992 年加入了《商品名称及编码协调制度国际公约》（以下简称《协调制度国际公约》），公约的附件《协调制度》是一部完整、系统、通用、准确的国际贸易商品分类体系。截至 2009 年 4 月有 137 个国家和地区①加入《协调制度国际公约》，同时采用《协调制度》的项目（子目），即 6 位编码，且不得删减和增添。

归类是非常专业的技术，理论上，一种货物只有而且只能对应一个商品编码，我国商品归类的直接依据有：

1. 归类总规则；

2. 《进出口税则》及其相关注释；

3. 海关总署公开发布的归类决定和裁决。

但是，出于对商品性质、归类规则的不同理解，即使是专家也会有不同的意见。因此，不同关区，甚至同一关区的不同关员对同一种产品往往作出截然不同的归类，造成不同的税率认定。

对于确定商品编码的义务，海关法规已经明确规定，“纳税义务人

---

① 参见世界海关组织网站，http：//www.wcoomd.org/home _ wco _ topics _ hsoverviewboxes.htm，2009 年 7 月 13 日访问。

具有自行确定进出口商品货物的商品编码并正确申报的义务，而海关在商品归类工作中所负的职责是对纳税义务人申报有关商品归类的信息进行审核”①，即申报和确定商品编码的义务在进出口企业，而不是海关。关于归类的责任，企业往往存在以下错误观点：

1. 企业只需按照海关的要求真实完整填报报关单以及提交了资料，确定商品的编码是海关的工作。

2. 现场申报的商品归类能够通过海关审核，即表示海关接受，应该就不再会有什么后续的风险。其实，海关在通关环节审核之后还有后续审核，如果后续审核中发现归类错误仍然会追征税款的。

对企业而言，商品归类方面的规划主要目的是减少归类过程中的不确定性，从而控制进口商品的成本，减少通关环节因归类争议造成通关滞延或者通关之后的调整。

6.1 商品归类的有效管理

进出口商品的归类并不是简单根据商品名称在《进出口税则》上找到与其名称接近或者相符编码的过程，而是需要完整信息管理和风险管理的过程。

6.1.1 获取完整和准确的商品信息

掌握充分的商品信息是商品归类的首要基础，这些信息包括海关要求申报的商品信息和辅助信息。

6.1.1.1 海关要求申报的商品信息

海关对不同商品的申报会有不同的填制规范要求，如品名、规格、型号、用途和功能、成分和含量、形状，金属制品的材质、化学产品的分子式、食品的加工制作方法、机器设备的功率，等等。这些信息是确定商品归类的基本信息。

6.1.1.2 归类辅助信息

出口国的商品编码、商品原名及其翻译，中国海关和其他国家海关正式发布的归类决定、行业内相同产品的申报编码等，都是商品归类的辅助信息。

---

① 参见《中华人民共和国海关进出口货物商品归类管理规定》（海关总署公告2007年第158号）。

6.1.2 充分利用商品预归类和预裁定规则

《中华人民共和国海关法》（以下简称《海关法》）第四十三条规定，海关可以应当事人申请对拟进出口货物预先作出预归类的行政裁定。进出口企业可以在货物实际进出口前向海关申报并确定商品编码，便利进出口货物经营单位或其代理人办理海关手续，方便合法进出口，加速货物通关。预先确定商品编码的主要方式有商品预归类和归类预裁定两种方式。

6.1.2.1 预归类

预归类是指货物在实际进出口前，进出口企业以海关规定的书面形式向海关提出申请并提供商品归类所需的资料（申请人要提供所申请商品将在45日后实际进出口的证明），必要时提供样品，海关依法作出具有法律效力的商品归类决定的行为。申请人进口已作预归类的货物并按照预归类决定申报的，经海关审核查验单货相符的，将按照预归类决定所确定的归类意见放行。预归类决定仅对该决定的申请人和作出决定的直属海关具有法律效力。“预归类决定书”一旦作出，除非发现存在错误或所依据的规定发生变化导致不再适用，否则一直有效。同时，海关总署不再作出预归类决定。

6.1.2.2 归类预裁定

归类预裁定是指海关根据对外贸易经营者提出的书面申请，对拟作进口或者出口的货物预先作出商品归类等行政裁定。归类预裁定具有普遍约束力，在关境内统一适用。其与预归类的异同见表6—1。

表6—1 预归类与归类预裁定对照表

项目 事项	启动人	内容性质	决定人	适用对象	适用范围
预归类	管理相对人	有明确规定	直属海关	申请人	作出预归类决定的直属海关关区
归类预裁定	管理相对人	无明确规定	海关总署或其授权机构	所有管理相对人	关境内统一适用

6.1.2.3 预归类和归类预裁定的法律地位

在海关执法过程中，归类部门作出的预归类决定也有可能出现错误或者失效。预归类出现错误的情况主要有以下几种：一是申请人提供货物虚假材料或是隐瞒货物真实情况，致使海关作出错误的预归类决定；二是申请人提供的商品资料不准确或不全面，导致海关作出的预归类决定错误；三是预归类审核关员因故意、过失等原因，导致预归类决定错误。导致预归类决定失效的情况是作出预归类决定所依据的法律、行政法规以及其他相关规定发生变化。

如果申请人已经使用错误的“预归类决定书”申报进出口货物的归类并经海关征税放行的，就可能造成税款的少征或者多征。根据《海关法》和《进出口关税条例》的有关规定，海关发现少征或者漏征税款的，可以自缴纳税款或者货物放行之日起1年内，向纳税义务人补征；如果是因纳税义务人违反规定造成少征或者漏征税款的，海关可以自缴纳税款或者货物放行之日起3年内追征，并从缴纳税款或者货物放行之日起按日加收少征或者漏征税款万分之五的滞纳金。①

6.1.3 第三方专业机构的辅助认定和代理申报

海关已经推行商品归类工作社会化，授予一些具有专业资质的中介机构对申报前的商品归类进行专业认定，这些中介机构包括：符合条件的报关行、会计事务所、律师事务所等。

近年来，我国的报关员队伍有了很大的发展，一些高学历、高素质，既熟悉法律又精通国际贸易规则的人士加入进来，整体水平有了比较大的提高。但总的来看，报关员队伍依旧存在着良莠不齐的现象。如果企业仅仅看重对方专业的身份，忽视其实际能力，将报关事务全权委托过去，一旦出现申报不实，最终的责任还是要落到企业自己头上，因此应审慎选择报关代理人。我国已经推行《报关员国家职业标准》，对报关员进行等级分类，具体包括助理报关师、报关师、高级报关师三个职业等级。当然这一规定具体落实到位尚需一段时间。

6.1.4 充分使用事先验货权

《海关法》第27条规定，允许当事人向海关申报前事先查看货物、提取货样。这个条款是2000年《海关法》修订后新增加的内容，是按照《京都公约》的要求所作的相应调整，既有完善海关监管的考虑，也是对当事人通关权益的保障。其法律意义在于：当事人需对进口货物与申报内容的符合程度（单货相符、证货相符、单证相符）有充分的掌握，如果有疑问，有权通过事先查看货物、提取货样、申请

---

① 参见《海关总署就商品预归类引起的复议答问》，http：//www.customs.gov.cn/publish/portal0/tab1/info115391.htm，2009年7月13日访问。

预归类等来弥补。如果当事人放弃这些权利，应视为对申报真实的确信，如果最终出现申报不实，当事人应承担相应责任。所以企业在货物进出口报关以前，一定要对货物本身有一个清晰的认识和评价。

6.1.5 化验、申报和补充申报

企业应当按照法律、行政法规的规定以及海关的要求，如实、准确地申报其进出口货物的商品名称、规格型号等，并且对其申报的进出口货物进行商品归类。

如有需要，提供样品给海关化验部门或者其他专业化验部门确定商品的构成、成分和功能。化验结论关系着申报品名和税则号列是否真的构成不实，不同包装内的货物、不同的机构、不同的时间、不同的技术条件等都有可能会产生不同的化验结论。如果企业对化验结论有异议的，可以申请重新化验。

由于报关单本身可填写的申报内容有限，因此，对一些较为复杂、需要较多资料说明才能满足归类需要的商品，必要时可通过补充申报的方式来确保归类申报的完整性和准确性。企业已经在一定程度上尽到了谨慎义务而产生的误归类，虽然仍需补缴税款，但海关一般会认定其为申报差错或申报不实而免予处罚。

6.1.6 归类的复核、自查

进出口申报之后，关务部门、其他内部审计和检查部门或者独立的第三方可以对申报的商品编码进行复核和自查。如交叉对比不同时期相同商品进口的编码变化，不同口岸相同进口商品的编码是否一致，与同行业公司相同进口商品的编码是否一致，等等。

如果企业通过自查自报仍发生误归类，则可争取免予处罚或者从轻处罚。不同的定位需要不同的事实、证据和法理上的着力点。例如不予处罚和免予处罚，两者都是不处罚，但理由大相径庭。前者是当事人不构成违法或构成违法但有法定不予处罚情节（如过了两年追究时效）而不罚；后者是构成违法但因危害轻微或有其他法定免罚情节而在量罚上给予的不罚。

6.1.7 转移归类风险

签订货物进口合同和报关委托协议时，可增加申报不实责任分担条款，以此来转移归类风险。如因为外方发货原因导致单货不符，或者因

报关代理人失误导致的申报不实，在合同中可特别注明由谁来承担损失。需要说明的是：合同中这些约定并不会对海关的行政处罚产生任何影响，进出口货物的收发货人仍然是行政处罚的当事人，民事上的约定不会对海关的行政处理产生约束力。但在海关处罚后，企业可持“处罚决定书”及罚款收据通过民事手段向责任方索赔，以弥补在经济上受到的损失。

6.2 商品归类的规划方法

理论上说，一个商品只能有一个商品编码，商品归类的规划空间不大，但仍可以通过对不同报验状态进行规划，还可以根据一些特殊的便利措施进行规划。

6.2.1 不同报验状态的规划

海关是按照货物报验时的状态来确认进出口货物的归类。进出口货物的“报验状态”是指进出口货物的收发货人或其代理人向海关申报进出口时的实际状态。对于进口货物的同一收货人使用同一运输工具同时运抵的货品，应同时申报，并视为同一报验状态的货物，据此确定其归类。① 根据报验状态，可以做一些合法的安排，以节省税负。

世界各国因其国内经济和进出口商品不同，其关税结构（亦称关税税率结构）也会各不相同。但一般都表现为：生产资料税率较低，消费品税率较高；生活必需品税率较低，奢侈品税率较高；本国不能生产的商品税率较低，本国能够生产的商品税率较高。各国关税结构的一个突出特征是，关税税率从初级产品、半制成品到成品，是随加工程度不断提高而提高的，关税结构的这种现象称为“关税升级”，反之就是“关税倒挂”。企业可以利用关税升级或者关税倒挂现家，对商品归类进行规划。

6.2.1.1 对进口商品的加工程度进行规划

企业可以根据进口国家的关税结构对进口产品的归类进行规划。某一产品需要销往某国市场，可以以下列不同的加工程度进口到目标国：

---

① 参见《中华人民共和国海关进出口货物商品归类管理规定》（海关总署令第 158 号）及《关于中华人民共和国海关进出口货物的“报验状态”认定的规定有关事宜》（海关总署公告 2002 年第 37 号）。

一是销售原材料和零配件到进口国家，在进口国组装后销售；二是加工成半成品后销售到进口国；三是销售成品到进口国直接销售（见表 6—2）。

表 6—2 不同加工程度的商品归类规划对照表

进口方式	进口时的报验状态	适合场合
向目标国出口原材料或者零配件	原材料或者零配件	适合关税升级的关税结构，以及东道国生产和加工成本较低
向目标国出口半成品	半成品	适合关税和境内外生产成本综合较低的情况
向目标国直接出口成品	成品	适合关税倒挂，以及目标国外生产成本较低的情况

6.2.1.2 对加工贸易内销货物的加工程度进行规划

在我国，以上归类的规划也可以用于加工贸易货物内销国内市场方面，如果采取一般贸易进口或者加工贸易方式进口后内销，则报验状态是原材料；如果制成品出口到保税物流园区后再进口，进口的报验状态是制成品。

例如，按照 WTO 议定书，从 2003 年到 2008 年，我国对料对苯二甲酸（PTA）、聚丙烯（PP）（化纤原材料）的关税减让幅度分别是：对苯二甲酸（PTA）11.8%、10.7%、9. 7%、8.6%、7.6%和 6.5%；聚丙烯（PP）10%、9.3%、8.6%、7.9%、7.2%和 6.5%。而自 2004 年 1 月 1 日起，全部化纤产品（主要有涤纶、锦纶、腈纶、氨纶等）的进口关税将统一降至 5%，则原材料的关税税率高于成品的税率。这种情况下，进口成品的税率要低于原材料的税率，可以考虑按照“U”型供应链的方式进口料件加工成品后“保税区一日游”再进口。

6.2.2 单独报验与共同报验

对于由同一运输工具同时运抵同一口岸并且属于同一收货人、使用同一提单的多种进口货物（“四个同一”），按照商品归类规则应当归入同一商品编码的，该收货人或者其代理人应当将有关商品一并归入该商品编码向海关申报。进口货物的同一收货人使用同一运输工具同时运抵的货品，应同时申报，并视为同一报验状态。

因此，对于同时报验、可以归类为不同税号的商品，在报检时要注意商品的报检状况，确定是单独报检还是共同报检。如果是同时报检，应当归入组装后的商品品目。如果是分开报检，应当归入具体报检商品的品目。比如，照相机装入照相机套里，照相机套和照相机同时报检，应按照相机归入科目 90.06，但照相机套单独报检，就应归入税目 42.02。

案例 20：将共同报验当作单独报验

温州某进出口公司向宁波海关申报出口一批价值 16 万美元的墨镜、镜架及眼镜盒等商品。经查验发现，一部分墨镜与眼镜盒是成套包装并一起出售，企业因不了解归类知识，将其分开申报，海关要求对两个商品重新合并归类，因此造成该批货物未能顺利出运。

《协调制度》归类总规则五规定，制成特殊形状仅适用于盛装某个或某套物品并适合长期使用的容器，如果与所装物品同时报验，并通常是与所装物品一同出售的，应与所装物品一并归类。比如，照相机套、乐器盒、枪套、绘图仪器盒、项链盒及类似容器，均应按照其所盛装的物品进行归类。但本款规则不适用于明显可以重复使用的包装材料或包装容器，例如，某些金属桶及装压缩或液化气体的钢铁容器。

6.2.3 简化归类

海关规定对某些商品可实行特殊的简化归类方法①，主要包括以下商品：

1. 成批进口未构成整套散件、按规定应分别归类的属于《进出口税则》第 84 章至第 90 章中的同一种机电产品的零部件。

2. 成批进口的杂项货物，如饮料（不包括含酒精饮料）、零星食品、日用百货（塑料或玻璃制厨房用具等）、玩具、装饰用的物品等。

3. 对需征进口消费税的商品，涉及进口暂定税率、配额税率的商品，开征从量税、复合税、滑准税的商品，以及涉及许可证件管理的商品，不实行简化归类方法，而应按商品的具体列名分别归类。

上述货物的简化归类必须在所征税款与正常归类所征税款基本持平的前提下实行，并按以下规定办理。

1. 对进口第 87 章以外的机电产品，按以下方法办理：

1）一次申报进口的机电产品零部件，当品种在 10 种以上、进口优惠税率在 15%及以下，且单项品种的总值不超过 1000 美元（航空、航

---

① 参见《海关总署关于进出口商品实行简化归类的通知》（署税函〔2002〕413 号）。

天器的零部件单项品种总值不超过2000美元）时，可一并归入其所属主机的零部件税目。

2）一次申报进口的机电产品零部件中，进口优惠税率在15%以上或单项品种的总值超过1000美元（航空、航天器的零部件单项品种总值超过2000美元）的，必须按零部件归类原则分别归类。在剔除分别归类的商品后，其他零部件可按简化归类办理。

3）一次申报进口、品种在10种及以下的机电产品零部件应按零部件归类原则分别归类。

2. 对第87章的一次申报进口的汽车零部件及配件，当品种在10种以上，且单项品种的总值不超过2000美元时，按以下方法办理：

1）单项品种的进口优惠税率在25%及以下的，可一并按汽车零件归入税目87.08，再按其中价值最大的零件归入税目87.08项下的一级子目，最后根据汽车类型归入该一级子目项下的相应子目。未列名车型的，合并归入一级子目项下的“其他”子目。

2）进口税目87.03项下车辆的零配件，则不论其税率是否高于25%，直接按其价值最大的零件一并归入税目87.08中一级子目项下的“其他”子目或相应子目。

3）其他进口优惠税率在25%以上或单项品种价值在2000美元以上的汽车零配件，不论是否与其他汽车零配件一同进口，均应按税则列名分别归类。在剔除列名归类品种后，其他零配件可按简化归类的原则归类。

3. 对进口饮料（不包括含酒精饮料）、零星食品、日用百货（塑料或玻璃制厨房用具等）、玩具、装饰用的物品等杂项货物，当一次申报进口品种在5种（不包括5种）以上、进口优惠税率在50%以下、单项价值不超过600美元的，可按以下方法办理：

1）杂项食品合并归入税则子目2106.9090。

2）其他杂项货物可按货物中价值最大的货品合并归类。

进口企业（纳税义务人）在实行简化归类的商品实际进口前应向海关申请，填写“简化归类商品清单”及其他有关单证，到进口口岸海关办理简化归类预审核手续。海关审核商业发票等单证后，认为符合实行简化归类要求，会向纳税义务人发放“海关简化归类确认单”，纳税义务人同意并签名后，交回口岸海关。货物实际进口时按以上原则对货物进行简化归类。纳税义务人也可以选择将其进出口货物按归类原则分别进行归类。

6.3 规划风险中“度”的把握——案例剖析

商品归类直接决定商品的关税税率、出口退税率、进出口监管条件等，还会影响商品的出口退税、检验检疫、进出口许可证件等。企业往往需要查阅《进出口税则》及相关规定，依据《协调制度》所确定的归类总规则、注释等，确定进出口货物在税则中唯一可归入的税目、子目。

在实践中，由于商品本身的多样性以及海关归类规则的复杂性，企业经常以自己的理解，或者有偏向性地将商品归入低税率的税号，而口岸海关则会因税收因素有偏向性地将商品归入高税率的税号。企业申报的商品归类与海关认定的结果不一致时，可能会被海关认定为申报差错、申报不实，甚至伪报走私，而三者之间的界限并不明晰。

1. 申报差错。只是在通关实践中一种约定俗成的说法，不是一个严格的法律概念。申报错误是指在申报环节纯技术性的失误。又可分两种情况：一是在逻辑审单环节由于笔误或失误导致填写错误被电脑退单。此时企业仅需重报就可，不构成申报不实。二是人工审单或查验环节发现企业申报错误，此情况下一般按申报不实处理，但特殊情况下也会认定为申报错误。

2. 申报不实。客观上是对进出口货物的品名、税号的错误认识，这些错误主观上绝大多数属于无心之过。

3. 伪报走私。其与申报不实有相似之处：主体都是收发货人，都发生在进出口贸易中，都是没有如实申报，都触犯了海关规定，都需要经过案件的处理。但二者有着根本的区别，那就是主观上是否有逃避海关监管、偷逃关税的故意。

伪报走私、申报不实、申报差错的认定，对海关来说也是一个难题，尽管法律概念上是有区别，但具体如何判定还在于取得的证据：

1. 在于海关调查取证过程，收到何种证据反映当事人当时的主观心理和客观行为。

2. 在实际操作中，对同一个问题，不同的主体、不同的关区、同一海关不同的职能部门，甚至同一执法者不同的时期会有不同的理解和处理结果。

案例 21：归类规划不当导致巨额处罚

【交易背景】

某生产视频投影仪的跨国公司，为了使其产品进入中国，1999 年在中国设立子公司。该公司了解到海关对投影仪的归类有数字（归入第 84 章）和视频（归入第 85 章）之分，而视频投影仪的税率（35%～30%）高于数字投影仪的税率（15%～0）。

【规划背景】

为了使进口的投影仪能归为数字投影仪，该公司委托某咨询公司和某贸易公司对“数字投影仪”的通关和归类进行调查和规划。根据各方面的信息和建议，该公司决定采取以下规划方案：

1. 进口前，在境外对原先生产的视频投影仪进行技术改造：去除视频接口、遮盖接口预留孔、更新按钮、去除元件晶振、更改产品软件、更换外包装、更换说明书和附件等，以隐藏投影仪的视频使用功能。

2. 委托贸易公司代理进口，并承担境内销售体系中贸易通关、运输、仓储、分拨、展示、售后服务。

3. 进口后，委托某电子公司进行安装、调试和检验。

4. 加工后，产品作为视频投影仪在国内销售。

这些改造都是使进口投影仪能符合中国海关数字投影仪归类、通关要求，达到降低税的目的。

【方案实施】

2000 年 12 月，该公司开始按照以上模式进口投影仪，并按照“数字投影仪”（税号 8471.6090）申报，海关也按此税号征税和放行。2001 年 12 月 5 日，海关就该商品的归类问题请示相关部门，获得答复“根据来文及随附资料，所报投影仪无视频接口，不能直接接收视频信号，只能与电脑连接使用并显示其图像，应作为自动数据处理设备的输出部件归入 8471.6010”。同年 2001 年 12 月 6 日该海关通关处收到上海归类分中心答复，进一步确认该商品归入 8471.6010。2001 年 12 月到 2002 年 5 月期间，海关按照 8471.6010 征税放行。2002 年 4 月 15 日该司就部分型号商品向归类分中心申请预归类，确认归类为 8471.6090。自此以后该商品一直按照 8471.6090 申报。

【海关稽查和处罚】

2003 年，当地海关发现该公司将具有视频功能模块的投影仪伪报为数字投影仪，予以立案调查。调查发现2000年12月至2003年5月该公司通过这种安排进口16380台投影仪。海关委托电子仪表标准计量测试所对涉案货物是否具备视频功能进行鉴定，鉴定结论为：部分进口状态的投影仪机内具有处理视频信号功能的集成电路，部分机内具有视频信号输入输出功能。海关归类分中心根据测试所作出的检测报告，以及商检局报告和其他证据，对进口的投影仪作出归类认定，明确涉案进口投影仪具有处理视频信号功能的芯片，进口后只需简单加装部分电器连接装置即可作为视频投影仪进行销售和使用，根据《协调制度》归类总规则二（一），应按视频投影仪的不完整品归入8528.3010。后经全国海关进出口商品归类中心最终认定，上述投影仪应按照视频投影仪归入8528.3010。

2006年底该案审理结束，海关认定该公司的行为构成申报不实，对当事人处以漏缴税款30％的罚款，共计人民币1500万元，补缴税款4915万元。

【案件评述】

该案件存在一个归类技术上的争议，即数字投影仪（税目84.71）和视频投影仪（税目85.28）的区别是进口时的报验状态是否具有视频功能，以及进口后的加工是否是实质加工。

案发以前，海关将是否有“视频接口”以及能否直接接收视频信号作为判断的依据，认定进口报验状态的投影仪虽然可以直接输入视频信号，但是无法观看正常的视频图像，因而不具有“视频功能”。在案发前，海关也没有考虑进口商品的最终用途以及进口后的再加工过程。

立案调查后，经咨询第三方专业机构，海关认定该商品进口时具有处理视频信号功能的芯片，进口后只需要简单加装部分装置就可以作为视频投影仪进行销售和使用，即投影仪进口时具有“视频功能”，进口后的加工是“简单加工”。

《协调制度》归类总规则二（一）规定：税目所列货品，应视为包括该项货品的不完整品或未制成品，只要在报验时该项不完整品或未制成品具有完整品或制成品的基本特征。投影仪进口报验时虽然不能接受或者输出正常的视频图像，但是具有处理视频的芯片，其后的加工也属于简单加工，因此进口报验状态的商品具有完整品（销售状态的投影仪）的基本特征。在某种程度上完整品的“基本特征”的认定，具有一定主观性，不同的海关关员可能有不同的标准：从价值上判断，不完整品价值占制成品价值60％以上；从结构或者部件上判断，具有实现功能的主要部件或者核心部件；从加工工序上看，制成品的实质加工已经在报验前完成，报验口只需要简单加工。

该案件从法律角度分析，存在以下争议：

1. 报验状态的认定。虽然从海关法规角度可以将报验状态简单理解为进出口申报时货物的实际状态，但是申报前将货物进行改装、分装，从而改变货物的实际状态，这是否相应改变了货物的报验状态，存有争议。

2. 归类的合理规划与伪报的主观故意的界限。海关内部有意见认为以上筹划是纯粹为了通关目的而将货物改装，逃避海关税收监管，具有明显的主观故意，应该按照走私行为查处。

3. “归类问答书”、“预归类确定书”的法律效力。以上案例中海关针对涉案货物发布了“归类答复”、“归类问答书”、“预归类确定书”等内外部法律文件，都认定涉案货物应该归入 8471.1060 或者 8471.1010，而不是 85.28。从程序上来说，已经获得海关的确认。但是，海关认为以上的认定都是基于进口企业申报“无视频接口”、“不能实现视频功能”等不真实信息的基础，因此，这些海关认定均不具有法律约束力。

从以上案例和相关分析可以看出，在进行归类规划时，稍有不慎，非常可能会落入申报不实甚至伪报的范畴，因此，在进行商品归类规划时一定要把握好“度”：正确运用归类技术，恰当地应用归类法规和规则，与海关保持良好的沟通，以获得海关的理解和确认。

7 进出口价格申报的规划和实施

7 JINCHUKOU JIAGE SHENBAO DE GUIHUA HE SHISHI

进出口货物完税价格是海关计征关税和进出口环节税的依据，其不是海关的内部价格，也不是一般意义上的实际成交价格，而是以该货物的成交价格为基础审查确定的价格。

7.1 进口货物完税价格：应税项目和不应税项目

进口货物完税价格以该货物的成交价格为基础审查确定，并应当包括货物运抵中国境内输入地点起卸前的运输及其相关费用、保险费。进口货物的成交价格是指买方实付或应付的，直接支付或者间接支付的价款总额。海关意义上的完税价格与商业上的成交价格还是有一些区别：有些费用项目不属于商业成交价格但必须是海关完税价格的一部分，即不应税项目；而有些费用可能包括在商业成交价格内却不是完税价格的组成部分，即应税项目。因此，商业成交价格的范围是根据双方谈判结果确定，进口商还需根据海关完税价格的定义和内涵，对商业成交价格作必要的调整后向海关申报。

7.1.1 进口货物完税价格的不应税项目

进口货物完税价格除了包括货物本身的价格外，还包括：

1. 除购货佣金以外的佣金和经纪费；

2. 与该货物视为一体的容器费用；

3. 包装材料费用和包装劳务费用；

4. 进口货物保修费用；

5. 应税的特许权使用费，即向境外供应商或第三方支付特许权使用费；

6. 向境外供应商或第三方支付部分进口货物在国内转售、处置、使用而获得的收益；

7. 为进口货物向供应商直接或间接地提供协助；

8. 装置在进口货物中的材料、部件、零件及其他类似项目；

9. 用于生产进口货物的工具、冲模、模具及类似项目（分摊）；

10. 用于生产进口货物所消耗的材料；

11. 为生产进口货物所必须，而在进口国以外所从事的工程技术、开发、工艺、设计、计划和规划。

但是，进口货物完税价格不包括以下费用，即使包括在发票中：

1. 与进口货物相关的配额、许可证及类似费用；

2. 进口关税和其他国内税；

3. 与进口货物相关的利息；

4. 进口后的仓储和运输费用；

5. 向国外供应商支付与货物进口后的安装、调试、建筑、技术支持相关的费用；

6. 为在境内复制进口货物而支付的费用；

7. 境内外技术培训及境外考察费用。

7.1.2 利用不应税项目规划完税价格

在进行完税价格规划的时候，可以将发票价格中的境内安装费用、利息费用、卖方佣金、境内复制费、培训费和境内考察费等单独分列，不作为完税价格，以减少进口税负。

案例 22：买方佣金不记入完税价格

某国际连锁零售超市，其设在中国的店铺 99％的货物从国内购买，1％的货物从境外进口。进口货物均通过其设在香港的区域总部统一采购，双方签订了购买代理协议，香港代理商承担根据委托方的指令选择产品、产品质量检验、编辑市场信息、推荐候选供应商、商议价格条款、代理发出订单、建议和安排支付条款、建议和安排货物装运、准备进出口单据等事宜。委托方按照货价的 10％支付买方佣金。

在该案例中，境内进口商直接向供应商支付货款，并单独向代理商支付购买佣金。在向海关申报进口时，进口商向海关提交供应商的商业发票，并按照支付给供应商的实际成交价格向海关申报，即买方佣金不计入完税价格。

7.1.3 申报和实施

向海关真实申报进口价格是基本要求，进口商应该完整申报应付和实付的价格，包括发票价格以及其他各项费用。如果发票价格包括不应税项目，应该在基于真实发生的基础上，按照以下方法申报：

1. 对不应税的运费、保费的填报，需要视成交方式是否包括运费和保费。进口发生在境外段的运费、保费要计入完税价格，如果成交方式中已包含了运、保费的就不用填写了，如果成交方式没有包括运报费，就需要填报该部分费用。

2. 不记入完税价格的设备安装费、维护费、培训费、手续费、佣金、回扣、折扣等属于杂费范畴。如果商品价格中已包含了这些杂费，则应该在“杂费”栏位输入“－××××”，注意在前面标上“－”，表示要从商品价格中扣除后再对剩下的价格进行计税。如：包含在成交价格中的设备安装费、维护费、培训费、折扣等。

按规定应计入完税价格的杂费应该填写在杂费栏，并在前面标上“＋”。如：码头作业费（Terminal Handling Charge，THC）、包装材料、包装劳务费等。

7.2 进口货物完税价格：特许权使用费是否应税?

境内企业为取得知识产权权利人及权利人有效授权人关于专利权、商标权、专有技术、著作权、分销权或者销售权的许可或者转让需要支付相应的费用。这种购买特许权的交易行为，在税法上称为“外国企业向境内转让无形资产”，需要代扣代缴营业税（税率为5%）以及预提所得税，预提所得税的税率一般为10%，具体依照我国不同国家税收双边协议而定。在海关方面，如果进口商对境外支付特许权使用费，在满足一定条件时，也会视同完税价格的组成部分，需要缴纳关税和进口环节税。

7.2.1 评估：特许权使用费是否属于完税价格组成部分?

根据规定，买方需向卖方或者有关方直接或者间接支付的特许权使用费应计入完税价格，但是符合下列情形之一的除外：

1. 特许权使用费与该货物无关；

2. 特许权使用费的支付不构成该货物向中华人民共和国境内销售的条件。

如何判断对外支付的特许权使用费是否应当计入完税价格，应该进行以下判断：

1. 对外支付的费用是否属于海关定义的特许权使用费。有些公司对外以特许权使用费、知识产权费、许可费等名义支付费用，可能包括海关定义的“特许权使用费”，也有可能包括管理费、安装费、售后服务费等，将与知识产权相关的费用和与提供服务相关的费用合并、混杂在一起。因此，在向海关申报时，首先就是要区分支付的性质。

海关法规中所指的“特许权使用费”，是进口货物的买方为取得知识产权权利人及权利人有效授权人关于专利权、商标权、专有技术、著作权、分销权或者销售权的许可或者转让而支付的费用。而买方对境外支付的管理费、服务费和利润都不属于特许权使用费的范畴，如：

1）为我国用户已有的信息系统（包括其受让的相关软件）的正常运行所提供的支持、维护和咨询服务。

2）境内外技术培训及境外考察费用。

3）未作为专利权或版权转让的计算机软件部分。

2. 特许权的支付是否与进口货物相关，如何判断各种对权利的支付是否属于“与该货物相关”，判断原则见下表。以下是一些例子：

1）进口货物根据制造商拥有或特许的专利进行生产，进口商支付该笔专利费。（计入完税价格）

2）进口货物根据第三方所拥有的专利进行生产，进口商支付该笔专利费。（计入完税价格）

3）进口货物根据卖方拥有的专利进行生产，进口商支付该笔专利费。（不计入完税价格）

4）国内生产货物的专利，进口商支付该笔专利费，同时进口中间材料。（不计入完税价格）

3. 进口货物构成该货物向中华人民共和国境内销售的条件，见表7－1。

表7—1 与货物相关的特许权使用费判断标准表

特许权＼判断	与该货物相关的情形	判断标准
专利权或者专有技术使用权	1. 进口货物含有专利或者专有技术的； 2. 进口货物用专利方法或者专有技术生产的； 3. 进口货物是为实施专利或者专有技术而专门设计或者制造的。	买方不支付特许权使用费则不能购得进口货物，或者买方不支付特许权使用费则该货物不能以合同议定的条件成交的，应当视为特许权使用费的支付构成进口货物向中华人民共和国境内销售的条件。 实质上：进口商不购买无形货物就不能以合同议定的条件获得进口货物； 形式上：购买合同或者文档上两者有相互关联。
商标权	1. 进口货物附有商标的； 2. 进口货物进口后附上商标直接可以销售的； 3. 进口货物进口时已含有商标权，经过轻度加工后附上商标即可以销售的。	
著作权	1. 进口货物含有软件、文字、乐曲、图片、图像或者其他类似内容，包括磁带、磁盘、光盘或者其他类似介质的形式； 2. 进口货物含有其他享有著作权内容。	
分销权、销售权或者其他类似权利	1. 进口货物进口后可以直接销售的； 2. 进口货物经过轻度加工即可以销售的。	

4. 特许权并未包含在成交价格中或者向海关的申报价格中。

如果经过以上四个步骤的评估，认定特许权使用费与进口货物相关、构成向境内销售的条件，就应该将这些特许权使用费纳入完税价格，向海关申报并缴纳税款。

在实际操作中，由于特许权使用费是否需要计入进口货物的完税价格需要专业性的判断，因此，建议纳税义务人向海关关税部门咨询或者进行预审核，另外也可以咨询有经验的中间机构。

许多企业由于不能作出正确评估，未向海关申报特许权使用费，而受到海关的稽查，补缴过去三年的特许权使用费的关税和增值税，并可能被处以一定的罚款。

7.2.2 案例剖析

特许权使用费是否需要计入进口货物的完税价格需要专业性的判断，又有一定的主观判断，以下是一些案例供读者参考。

7.2.2.1 世界海关组织的系列案例

世界海关组织海关估价技术委员会为此提供了一系列案例作为参

考，以下摘录一些案例：

案例 23：世界海关组织海关估价技术委员会咨询性意见 4.1

如果根据专利权制造的一台机器按不包括专利费的价格输往进口国销售，而且卖方要求进口商向持有专利权的第三者支付专利费，根据《海关估价协议》第 8 条第 1 款第（3）项①的规定，该项专利费是否应该加入有关的实付或应付价格中？

海关估价技术委员会提出以下意见：鉴于由买方支付的专利费与所估货物有关而且还是这些货物销售的一项要件，根据第 8 条第 1 款第（3）项的规定，该项专利费应该加入有关的实付或应付价格中。

案例 24：世界海关组织海关估价技术委员会咨询性意见 4.2

进口商向制造商购买录有音乐节目的唱机唱片。根据进口国法律，当进口商转售唱片时，应向第三者——持有版权的作曲者——支付销售额 3%的专利费。制造商没有直接或间接地收取专利费，而且支付专利费也不是销售合同项下的责任。此种专利费是否应该加入有关的实付或应付价格中？

海关估价技术委员会提出以下意见：在确定完税价格时，该项专利费不应加入有关的实付或应付价格中。当唱片在进口国销售时，支付专利费不是进口货物销售的一项要件，而是产生于该进口商向版权所有人支付款项的一项法律责任。

案例 25：世界海关组织海关估价技术委员会咨询性意见 4.3

进口商 I 获取了专利工序的使用权来制造某些产品，并同意依据使用该工序而生产的产品数量向专利持有人 H 支付专利费。在另一项单独合同中，I 向外国制造商 E 购买了一台机器，计划专门用于专利工序。因专利工序而支付的专利费是否构成该台机器实付或应付价格的组成部分？

海关估价技术委员会提出以下意见：虽然有关专利费的支付是为了该台机器所体现的工序——而且是单独使用该台机器的工序，但由于专

---

① 《海关估价协议》第 8 条第 1 款第（3）项规定："在按第 1 条规定确定海关估价时，对进口货物实付或应付的价格应加上……（3）作为被估价货物的一个销售条件，买方必须直接或间接地支付的专利费和许可证费，即未包括在实付或应付价格内的专利费或其他费用。"

利费支付不是该台机器输往进口国销售的一项要件，所以，该项专利费不能构成完税价格的组成部分。

案例 26：世界海关组织海关估价技术委员会咨询性意见 4.4

进口商 I 向既是制造商又是专利权所有人的 M 购买含有专利权的浓缩物。进口的浓缩物用普通水进行简单稀释和消费包装后，在进口国出售。除货价之外，制造商 M 还要求购买者为取得在转售产品中加入或使用该浓缩液的权利而支付专利费，并以此作为销售的一项要件。专利费依据最后产品的销售价格计算。

海关估价技术委员会提以下意见：该项专利费是一项与进口货物有关的支付款项，即要求买方支付并作为货物销售的一项要件。因此，根据《海关估价协议》第 8 条第 1 款第（3）项的规定，该专利费应计入有关的实付或应付价格中。

案例 27：世界海关组织海关估价技术委员会咨询性意见 4.5

外国制造商 M 拥有在进口国受保护的商标，进口商 I 根据 M 的商标制造、销售六种化妆品。M 要求 I 支付化妆品年度销售总额 5%的专利费。所有化妆品按 M 的配方使用进口国获取的配料制成。但其中一种化妆品的主要配料是按通常的方式向 M 购买的，对进口的配料，如何处理专利费的问题？

海关估价技术委员会提出以下意见：I 无论是使用 M 的配料还是使用国内供应商提供的配料，都应向 M 支付专利费，因此，该项专利费是货物销售的一项要件。进行海关估价时，不能适用第 8 条第 1 款第（3）项的规定，该项专利费不计入有关的实付或应付价格中。

案例 28：世界海关组织海关估价技术委员会咨询性意见 4.6

进口商分两次向外国制造商 M 购买浓缩液，M 拥有商标权。货物稀释后是否可以使用该商标进行销售取决于某一特定进口销售交易的条款。商标使用费按单位货物计算。进口的浓缩液在销售之前简单地用普通水进行稀释并经过了消费包装。

在第一次购货交易中，浓缩液稀释后转售时没有使用商标，因此，未被要求付费。在第二次购货交易中，浓缩液稀释后转售时使用了商标，作为进口销售的一项要件，被要求付费。

海关估计技术委员会提出以下意见：在第一次购货交易中，货物转售时使用商标而且又未付费，无须计入费用。在第二次购货交易中，M要求支付的费用必须计入进口货物的实付或应付价格中。

7.2.2.2 中国境内企业对特许权使用费的自我评估案例

案例29：某饮料连锁店进口商品的特许权使用费

2006年8月，某沿海海关对某饮料连锁店进行稽查，发现该饮料连锁店向境外关联公司支付多种形式的特许权使用费，同时向境外关联公司进口饮料原材料等系列产品。海关认为这些特许权使用费中的全部或者部分应记入完税价格，需补缴关税和增值税，因此，签发了稽查通知书。以下是该公司对海关的质疑所作的解释和回复。

××海关：

收到贵关的稽查通知书后，我们进行了自我审查，即自查我公司特许权使用费和进口采购间的关系，并根据现行的审价规定，判断该特许权使用费是否为应税项目。

一、技术和诀窍许可协议、费用和评估

（一）许可协议和费用介绍

境外关联公司（许可方）和我公司（被许可方）之间签订了一份技术和诀窍许可协议（见附件1）。

根据协议条款，许可方以非独占的、不可转让的形式授予我公司许可使用技术和诀窍，用于：(1) 商店的发展和经营；(2) 分销饮料、饮料杯以及其他类似的服务用品。

许可的技术和诀窍包括以下项目：(1) 技术信息和知识，配方以及可能与商店、产品的加工或生产有关的准备方法。(2) 以口头、书面等形式进行传授，如信息系统、经营手册、培训材料等。

作为授予权利的对价，我公司应每月向许可方支付净销售额0.5%的技术许可费。

（二）自我评估

该协议授予我公司的许可权是针对商店的经营方法，如制作、销售饮料及饮料产品，顾客服务方法，对员工的培训，以及质量保证信息等。

《中华人民共和国海关审定进出口货物完税价格办法》（以下简称《审价办法》）第十一条第（三）款规定：“买方需向卖方或者有关方直

接或者间接支付的特许权使用费应计入完税价格，但是符合下列情形之一的除外：

1. 特许权使用费与该货物无关；

2. 特许权使用费的支付不构成该货物向中华人民共和国境内销售的条件。”

第十三条第（一）款规定：“符合下列条件之一的特许权使用费，应当视为与进口货物有关：

（一）特许权使用费是用于支付专利权或者专有技术使用权，且进口货物属于下列情形之一的：

1. 含有专利或者专有技术的；

2. 用专利方法或者专有技术生产的；

3. 为实施专利或者专有技术而专门设计或者制造的。”

根据上述规定，若同时符合上述两种情形，特许权使用费应被认定为应税项目并计入向海关申报的进口价格中，且只有符合上述三项条件之一的用于技术和专有技术的特许权使用费才应被视为与进口货物有关。

在案本中，用于技术和专有技术的特许权使用费与饮料店的开发、经营及如何向中国顾客销售饮料和其他产品并提供服务有关，即与中国的经营和服务有关，与进口货物无关。进口货物不符合以上三种情形中的任意一种。

综上所述，我们认为用于专利和专有技术的特许权使用费（净销售额的0.5%）不符合与进口货物有关的任何一项条件，因此从海关估价角度来看，应为非应税项目。

二、商标许可协议和费用的介绍和评估

（一）许可协议的介绍

许可方和我公司（被许可方）于2003年7月1日签订了一份商标许可协议（见附件2）。

根据协议条款，许可方以非独占且不可转让的形式授予我公司将商标用于：（1）商品和服务；（2）开发和经营商店；（3）分销饮料、饮料壶、杯子以及其他类似的饮料服务项目。

作为授予权利的对价，我公司向许可方支付净销售额5.5%的商标许可费。

（二）我公司的自我评估

《审价办法》第十一条第（三）款的规定同样适用于支付商标权的

特许权使用费。

《审价办法》第十三条第（二）款规定："符合下列条件之一的特许权使用费，应当视为与进口货物有关：

……

（二）特许权使用费是用于支付商标权，且进口货物属于下列情形之一的：

1. 附有商标的；

2. 进口后附上商标直接可以销售的；

3. 进口时已含有商标权，经过轻度加工后附上商标即可以销售的。"

《审价办法》，第十四条规定："买方不支付特许权使用费则不能够获得进口货物，或者买方不支付特许权使用费则该货物不能以合同议定的条件成交的，应当视为特许权使用费的支付构成进口货物向中华人民共和国境内销售的条件。"

我们认为若要认定用于商标许可的特许权使用费为应税项目，必须证明该特许权使用费与进口货物有关并作为货物销售的条件。因此，基于对上述估价规定的分析，我们将分步骤地阐明为不同种类进口货物所支付的商标许可费的应税情况。

第一部分　进口零售饮料原材料的特许权使用费（应税项目）

我公司向许可方采购由特殊烘焙技术烘焙的饮料原材料产品，进口后在国内直接销售。对进口零售饮料原材料实物存货的核查显示，它们均附有被许可的标志和商标。

因此，在了解法规之后，我们现在认识到与进口饮料原材料有关的商标许可费应为应税项目：

1. 为这些销售支付的商标许可费应视为与进口有关——进口时已附上商标且直接在中国销售。

2. 我公司必须向许可方或认可的供应商购买这些核心产品—— 存在销售条件。

零售进口饮料原材料所得的净销售额 5.5%的特许权使用费需缴纳进口关税和增值税。我们将对过去三年支付的上述特许权使用费所应缴纳的税款进行计算，并尽快递交供贵关审阅。

第二部分　其他进口货物的特许权使用费（非应税项目）

除饮料原材料核心产品外，我公司还进口由全球第三方供应商供应的"一般商品"，如棒棒糖、瓷杯、玻璃杯等。该部分"一般商品"

的清单请详见附件。我们可以从任何符合标准的第三方供应商处采购，这些杯子会附上许可方的商标。但是，进口交易仍通过许可方实现，这是由于通过许可方进行全球采购服务节省采购成本。此外，我们在2003年至2005年期间已逐步扩大在中国采购这些产品的规模。例如，我们向国内供应商直接购买一些杯子和玻璃杯，且国内采购额在不断增加。

考虑到上述证明和情况，用于支付非核心产品的商标许可费应为非应税项目，因为：

1. 商标许可费的支付与这些非核心产品的购买无关。

2. 我公司可以且实际上的确向全球不同国家的第三方供应商购买非核心产品。第三方供应商不是许可方的商标使用授权方。第三方供应商没有义务保证我公司向许可方支付商标许可费，即我公司对“一般商品”的进口不存在销售条件。因此该部分商标许可费应为非应税项目。

第三部分　饮料店销售饮料所支付的特许权使用费（非应税项目）

除零售饮料原材料外，我公司饮料店的核心业务是销售饮料和其他水果饮料等。为此，我们向海外供应商进口多种原料，如：饮料原材料、糖浆、香草粉、香料和其他原料。根据规定步骤，这些原料被加工成饮料，供店内顾客饮用或外卖（加工的具体步骤、配方及方法请见附件3、4）。从该加工过程中可知，为加工成我们店铺内销售的饮料，必须对职工进行培训并使其遵循具体详细的操作步骤。为保证饮品口味的一致性和饮品的质量，制作特别饮料时也须遵循相应的方法。

支付于该部分业务的商标许可费应以饮料的销售额为依据，即以饮料销售额的一定百分比计算。进口饮料原材料和其他原料将被制成完全不同的产品，即进口饮料原材料的税号为0901.2100，而饮料的税号为2101.1200。

《审价办法》第五十六条规定：“轻度加工指稀释、混合、分类、简单装配、再包装或者其他类似加工。”

我们认为支付于这些进口原料的特许权使用费不应视作与进口有关，应为非应税项目：

1. 该特许权使用费的支付对象不是进口货物的销售，而是由这些原料加工而成的饮料；

2. 将原料制成向顾客供应的饮料的过程不是中华人民共和国海关估价规定中所定义的轻度加工。原料进口后发生了实质性的加工，事实证明，我公司销售的产成品与进口的原料分别归入税则的不同章节。该加工不是简单地如我们在家中所做的稀释或将饮料和糖进行混合。该加工涉及许多种原料，且必须按规定的顺序和规定的用量进行加工，以达到产品的一致性和高质量。该加工仅可由通过适当培训的专职员工完成。

基于上述评估，我们认为这部分商标许可费与进口原料无关，应为非应税项目。

三、附件

1. 特许权使用协议（略）
2. 进口商品清单（略）
3. 配方范例（略）
4. 饮料加工流程说明（略）

××饮料公司

××××年××月××日

7.2.3 申报：特许权使用费的分摊和申报

特许权使用费的评估需要向海关咨询和预审定，其申报也有自身的特殊性，从法规上来说，特许权使用费应该在货物进口时申报并缴纳税款。但是，由于特许权使用费的计提可能会根据进口货物或者其成品的国内销售业绩来决定，支付特许权使用费也往往是按月度来支付的，因此货物进口时可能都无法确知特许权使用费的金额。

7.2.3.1 申报和纳税的时间

在实践中，不同的海关、不同的进口商具体情况不一致，特许权使用费可以是货物进口时与货物一并申报，也可以在特许权使用费实际对外支付时申报，还可以按照一定周期（月、季度、半年、年度）向海关申报。具体如下：

1. 进口时申报。适用于进口时能够确定进口货物对外支付的特许权使用费金额。

2. 支付（计提）时申报。适用于无法在进口时申报，只能在事后支付或者计提特许权使用费时支付的情形。

3. 定期申报。这是目前海关使用最多的方法，通常采用每年或者每月申报一次的方法。

不管哪种申报方式，均需要与主管海关协商确定。比如，玫琳凯

(中国)化妆品公司 2006 年与杭州海关就特许权使用费征税的计算方法、申报时间以及双方的权利和义务签订了合作备忘录。①

7.2.3.2 特许权使用费的分摊

即便确定某一项权利使用费应当向海关纳税，但是要将特许权使用费分摊到所相关的货物却是一个难题，这是因为特许权使用协议通常与货物购销协议分别签订，特许权使用费支付金额的计算依据与进口货物无法一一对应。大多数情况下，特许权使用费的金额会是境内销售的一定比例，货物进口时不计提，而是在货物销售时计提。

在商业实践中，特许权可能只是知识产权合同或协议里多种权利许可中的一种或几种，协议费用也是合并计算和支付的，没有分别列明各项权利的比例。而与进口货物相关的权利使用费可能只是其中部分权利。另外，计提的使用费也可能与多种进口货物相关，需要在不同的货物之间分摊。

以下是在实践中被海关接受的一些分摊方法：

1. 直接对应法。进口时能够确定进口货物所需要支付的特许权使用费，这种情况下，可以在进口环节直接将特许权使用费加到货价中进行申报和纳税。

以上述“世界海关组织海关估价技术委员会咨询性意见 4.1”为例，如果根据专利权制造的一台机器按不包括专利费的价格输往进口国出口销售，而且卖方要求进口商向持有专利权的第三方支付专利费。该专利费与进口的机器设备可以直接关联，因此，向第三方支付的专利费和向出口商支付的货款都是进口货物的完税价格，可以在进口环节直接申报。

2. 进口货物价格加成法。在进口时向海关申报特许权使用费，所分摊的特许权使用费是进口货物价格按一定比例的加成。

以上述“世界海关组织海关估价技术委员会咨询性意见 4.6”为例，某成品进口商向外国制造商 M 购买浓缩液，M 拥有商标权。商标使用费按单位货物计算。进口的浓缩液在销售之前简单地用普通水进行稀释并经过了消费包装。浓缩液稀释后转售时使用了商标，作为进口销售的一项要件，被要求付费（假设为销售额的 5%）。

支付商标权使用费的计算公式是：

支付商标权金额＝进口原液金额×稀释比例×销售价格×5%

---

① 参见杭州海关网站，hangzhou. customs. gov. cn，2009 年 1 月 30 日访问。

=进口原液金额×稀释比例×进口价格×主营成本
毛利率×5%

如果稀释比例、主营成本毛利率在一段时期内是一个稳定的比例，则可以用一个固定的加成比例来计算出支付的商标费。

3. 分割法。进口一段时期后对支付（或计提）境外的特许权使用费按照双方接受的匹配原则以及客观量化的标准分摊到各项进口货物中，形成各项进口货物的完税价格。主要的分割方法有以下几种：

1）确定特许权使用费中各项权利的比例。我国境内企业，尤其是外商投资企业，往往按照整个企业（或项目）的销售收入计征，而且特许权使用费可能会包含多种权利或者涉及多种产品，而经过海关认定需要计入完税价格的部分只是部分特许权使用费。此时，就需要按照收益原则、企业的实际情况和行业惯例等，将特许权使用费进行区分，计算出其中需要征收关税的部分。

2）确定进口货物对特许权使用费的贡献率。例如，某许可合同规定的特许权范围包括货物采购（含进口采购与国内采购）、深度加工、销售的专利，专有技术和商标，且按销售价格的一定比例计提和支付使用费，但海关仅对进口货物有关的使用费进行估价。因此，需要计算进口货物所含特许权的贡献率。如果企业有证据表明各个环节的贡献率，则按照该贡献率进行分摊。大多数情况下，企业不能区分各个环节的贡献率，则只有采用平均分摊的方法。

3）确定本期进口货物的销售、库存及其特许权使用费。在特许权使用费按照销售额计算的情况下，除非有详细的 ERP 系统记录，否则无法确定销售货物与进口货物之间的对应关系。一般情况下采取“先进先出”的假定来确定本期进口的销售额及其相应的特许权费。

4）将特许权使用费分摊到应税货物中。简单的方法就是将特许权使用费平均分摊到各种应税的进口货物中。如果进口企业对不同项目和产品的特许权使用费采用不同的计征比例，则需要按照项目和产品对应的进口货物进行分摊。

5）根据应税货物的税率计算特许权使用费的税金。

以上计算和分摊方法都是基于一定的假定基础上，因此，分摊和计算方式需要与海关进行商议，根据企业的经营情况和海关的要求确定计算方法。

案例 30：特许权使用费如何分摊

ABC 百货公司是香港 ABC 公司的全资子公司，并负责香港 ABC 公司品牌鞋在内地的销售（见图 7－1）。香港 ABC 公司目前经营 10 个品牌的鞋：2 个是自有品牌；2 个是推广品牌；6 个需要支付品牌费，其中 2 个已经含在货款中，其余 4 个需要单独支付品牌费，比例分别为 10%、3.5%、7%和 5%。每季度末统一支付品牌费。经过海关认定，单独支付的这 4 个品牌需要缴纳海关税收。

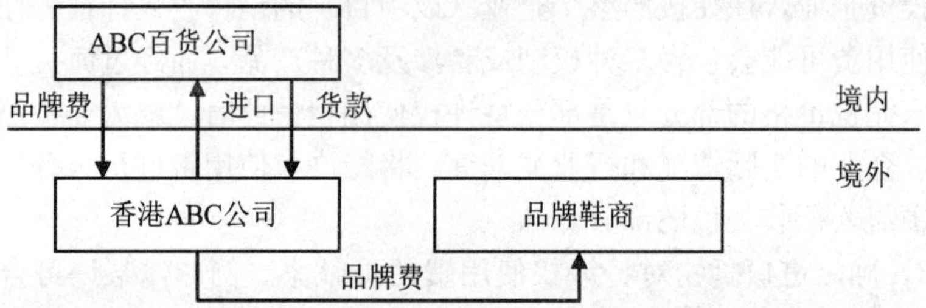

图 7－1 ABC 百货公司品牌鞋进口流程示意图

但是在缴纳税款时遇到计算和分摊困难：品牌费是以销售金额核定，进口时无法申报，且涉及品牌费的商品是多个品牌，涉及的商品也有多种税率和原产地。

经与海关商议，在完整的会计账册和支付清单基础上，按照以下计算和分摊方法执行：

1. ABC 百货公司将涉税商品的税号和税率合并为 9 种；
2. 计算统计合并后的进口货值；
3. 按照“先进先出”的方法计算进口货物对应的销售额和相应的特许权使用费；
4. 计算不同进口货物占进口总值的比例，作为该进口货物的贡献率；
5. 凭贡献率将应税的特许权使用费分摊到各种进口商品上；
6. 按照对应商品的税率，计征特许权使用费的税款；
7. 不计征进口之后缴纳特许权使用费的滞纳金。

以后每期的日常申报和纳税也均采用以上方法进行后续补税。

7.2.4 纳税：海关和税务部门的征税和免税

《中华人民共和国企业所得税法》（以下简称《所得税法》）第三条规定，外国企业提供在中国境内使用的专利权、专有技术、商标权、著作权等而取得的使用费都应当缴纳20%的所得税，实行源泉扣缴，以支付人为扣缴义务人，税款由扣缴义务人在每次支付或者到期应支付时，从支付或者到期应支付的款项中扣缴。需要注意的是，这里所指的特许权包括专利权、专有技术、商标权、著作权等，但仅指中国境内使用部分，而不是对外支付的所有特许权使用费。如果外国企业与中国签订了双边税收协议，所得税的税率由双边税收协议约定，税率一般为5%至10%不等。

另外，在发展农、林、牧、渔业生产方面，为科学院、高等院校以及其他科研机构进行或者合作进行科学研究、科学实验，在开发能源、发展交通运输方面，在节约能源和防治环境污染方面，在开发重要科技领域方面，提供指定的专有技术所收取的使用费可以减按10%的税率征收所得税，其中技术先进或条件优惠的，可以免征所得税。

《中华人民共和国营业税暂行条例》规定，在中国境内未设立机构的外国企业向中国境内转让无形资产取得收入应当征收营业税，营业税的税率为5%。

因此，向境外支付特许权使用费，需要向税务部门和海关分别纳税（见表7—2）。

表7—2 特许权使用费纳税列表

类别/税种	同时满足两个条件的特许权使用费	不同时满足两个条件的特许权使用费	
		技术转让	其他
管辖权	海关/税各部门	国税和地税	国税和地税
关税	必须缴纳，与相关货物的关税税率相同	无须缴纳	无须缴纳
增值税	必须缴纳（17%）	无须缴纳	无须缴纳
营业税	如包含在货款中不需要缴纳；如果货物与无形资产使用分立，则需要缴纳	满足条件可以免税	必须缴纳（5%）
所得税	如包含在货款中不需要缴纳；如果货物与无形资产使用分立，则需要缴纳	满足条件可以减免	必须缴纳（5%～20%）

注："两个条件"，即一是特许权使用费用与该货物有关；二是特许权使用费的支付构成该货物向中华人民共和国境内销售的条件。

7.2.4.1 税务征税与海关征税存在双重征税的问题

与进口货物相关且成为进口销售必要条件而支付的特许权使用费应

当缴纳海关关税和进口环节增值税，但是如果无形资产使用与货物销售分立，则还需要缴纳营业税和企业所得税。从某种程度上讲，存在双重征税的问题，即同一交易在流转环节既按照货物的形式纳税又按照无形资产的形式纳税。

《WTO估价协定》第8条第1款第（3）项规定，将特许权使用费纳入海关征税的范围，这是为了防范进口商品的交易价格被买卖双方人为地分割设定，即将有形商品的价值与无形资产的特许权使用费分列，以致一笔有形货物的交易就被人为的设定为有形资产与无形资产的分别交易；或者将本来分开的有形资产交易与无形资产交易合并，从而利用有形资产和无形资产交易税负的不同，进行避税，降低税负。为了防止这种偷税行为，《WTO估价协定》规定，在特定情况下，海关也要对特许权使用费进行征税。当然其实质是有效地防范了税收征管上存在的漏洞，因此，WTO关于海关对特许权使用费征税的规定的本质还是在完善海关对有形资产交易征税的规定。

海关对此问题的解释是：关税和进口环节增值税的纳税义务人是进口货物收货人，而营业税和所得税的纳税义务人是境外企业，两者的纳税义务人不一致。笔者认为营业税和增值税分开是我国税制的一个特点，国际上在流转税上有三种模式：全部为营业税、全部为增值税、营业税和增值税并存。营业税和增值税都属于同一性质的流转税，只是征税对象不同而已，营业税的征税对象是服务、无形资产和不动产的交易，而增值税的征收对象是货物和劳务。但是不管采取什么模式，在税制设计上，一般不会对同一交易既征收增值税又征税营业税。

双重征税情况的存在，无疑增加了纳税人的税收负担，不利于从境外获取无形资产，也增加了纳税义务人的不确定性。如果营业税和增值税合并，重复征税的问题可以在一定程度上得到缓解。

7.2.4.2 特许权使用费的减免

1. 国家规定对部分从境外引进的无形资产给予减免税优惠，具体如下：

1）引进属于《国家高新技术产品目录》所列的先进技术，按合同规定向境外支付的软件费，免征关税和进口环节增值税。

2）技术转让、技术开发业务和与之相关的技术咨询、技术服务业务取得的收入，免征营业税，减免预提所得税。

3）外商在农牧业、科研、能源、交通运输、防治环境污染以及开发重要技术领域等方面提供专有技术所取得的特许权使用费，可以减按10%的税率征收所得税，其中技术先进、条件优惠的，可以免征所得税。

4）外国企业向我国境内企业单独销售软件，或者随同销售的邮电、通讯设备和计算机等货物一并转让与这些货物使用相关的软件，或者出租以上设备并单独收取软件费的，无论国内受让企业是否缴纳了关税和进口环节增值税，均不再扣缴外国企业的营业税。①

2. 特许权使用费需要分摊到关联的进口货物上，并以货物所适用的税率征收关税和进行环节增值税的，如果进口货物是免税货物或者保税货物，则相应的特许权使用费也无须缴纳关税和进口环节增值税。

7.3 海关完税价格：特殊关系和转移定价

无论是税务部门还是海关，都关注交易双方的关系，如果交易双方存在特殊关系，其价格操纵的可能性就大大增加，从而影响企业利润、海关完税价格的审定、税务部门所得税的计征以及股东利益。

海关基本上是根据《WTO估价协定》来对企业的转移定价进行管理的，中国海关制定了与《WTO估价协定》基本一致的估价法规体系，所用特殊关系的条款基本上与《WTO估计协定》一致；而我国的《所得税法》中关于关联企业和转移定价的条款则深受OECD主导和制定的《跨国企业和税务部门转移定价准则》的影响。海关对转移定价的研究和实施应该是在加入WTO之后才开始的，而转移定价多年来一直是国内税务部门研究的重点，实施时间较长，法规也相对完善。海关在关联关系概念和界定、申报流程、资料准备、审核依据、申报权利和义务等的可量化和可操作性方面与税务部门的处理有很大的不同。

7.3.1 概念："特殊关系"的海关特殊定义

海关对交易双方"特殊关系"的界定与税务部门对"关联关系"的界定并不一致（见表7—3）。

---

① 参见《国家税务总局关于我国境内企业向外国企业支付软件费扣缴营业税问题的通知》（国税发〔2000〕179号）。

表7—3 “特殊关系”与“关联关系”对照表

名词 对照项目	特殊关系①	关联关系②
股权关系	1. 一方直接或者间接地受另一方控制的； 2. 买卖双方都直接或者间接地受第三方控制的； 3. 买卖双方共同直接或者间接地控制第三方的； 4. 一方直接或者间接地拥有、控制或者持有对方5%以上（含5%）公开发行的有表决权的股票或者股份的。	一方直接或间接持有另一方的股份总和达到25%以上，或者双方直接或间接同为第三方所持有的股份达到25%以上。
家族/合伙关系	1. 买卖双方为同一家族成员的； 2. 买卖双方是同一合伙的成员的。	一方对另一方的生产经营、交易具有实质控制，或者双方在利益上具有相关联的其他关系，包括虽未达到25%的持股比例，但一方与另一方的主要持股方享受基本相同的经济利益，以及家族、亲属关系等。
管理层关系	1. 买卖双方互为商业上的高级职员或者董事的； 2. 一方是另一方的雇员、高级职员或者董事的。	1. 一方半数以上的高级管理人员（包括董事会成员和经理）或至少一名可以控制董事会的董事会高级成员是由另一方委派，或同为第三方委派。 2. 一方半数以上的高级管理人员（包括董事会成员和经理）同时担任另一方的高级管理人员（包括董事会成员和经理），或者一方至少一名可以控制董事会的董事会高级成员同时担任另一方的董事会高级成员。
资金借贷	无。	一方与另一方（独立金融机构除外）之间借贷资金占一方实收资本50%以上，或者一方借贷资金总额的10%以上是由另一方（独立金融机构除外）担保。
经营活动控制	买卖双方在经营上相互有联系，一方是另一方的独家代理、独家经销或者独家受让人。如果符合《审价办法》第十六条第一款第（一）至（八）项的规定，也应当视为存在特殊关系。	1. 一方的生产经营活动必须由另一方提供的工业产权、专有技术等特许权才能正常进行。 2. 一方的购买或销售活动主要由另一方控制。 3. 一方接受或提供劳务主要由另一方控制。

① 参见《中华人民共和国海关审定进出口货物完税价格办法》（海关总署令第148号）、《中华人民共和国进出口关税条例》。

② 参见《中华人民共和国企业所得税法》及其实施条例、《国家税务总局关于印发〈特别纳税调整实施办法（试行）〉的通知》（国税发〔2009〕2号）。

由此可见，税务上的关联关系与财务上的基本一致，而海关对特殊关系的界定与这两者之间却有较大的区别：

1. 税务上的关联关系的范围更为广泛，除了股权、管理权和控制权外，关联关系还包括资金借贷、经营活动中有重大影响的关系。海关的特殊关系应该在交易发生时申报，而在交易时无法获取资金往来、购销活动、技术和劳务供应依赖性的信息，因此，资金往来等交易虽然会影响双方的关系，但在操作上却不能作为特殊关系处理。

2. 税务上的概念借鉴了成熟的财务概念，因此，界限更为明晰和量化，如股权控制“25%”和“半数以上的高级管理人员”，更具备可度量性。而海关的特殊关系更多是“控制”或“影响”等主观的描述性界定。

概念上的区别必然会导致信息的获取或者提供。财务信息是法定的、成熟的、可信度较高的信息系统，如果摈弃财务信息而另辟蹊径，会增加企业获取信息的难度，从而导致特殊关系判断的不规范、不完整。当然，我国海关的估价法规基本符合《WTO 估价协定》，因此，改革这一问题需要从《WTO 估价协定》开始。

7.3.2 申报：是否需要申报和如何申报

境内企业向税务部门报送年度企业所得税纳税申报表时，需要同时申报关联关系和关联交易的资料①，如“企业年度关联业务往来报告表”，由“关联关系表”、“关联交易汇总表”、“购销表”、“劳务表”、“无形资产表”、“固定资产表”、“融通资金表”、“对外投资情况表”和“对外支付款项情况表”等 9 个表组成。

特殊关系虽然是影响海关估价的重要因素，然而海关对特殊关系的主动申报却没有系统的规范，从海关制定的规章中便可见一斑：

1. 《中华人民共和国海关进出口货物申报管理规定》（海关总署令第 103 号），没有规定特殊关系须主动申报。

2. 《海关总署关于修订〈中华人民共和国海关进出口货物报关单填制规范〉的公告》（海关总署公告〔2004〕第 34 号），没有规定特殊关系申报的内容。

3. 《审价办法》第四十八条规定：“海关……认为买卖双方之间的

① 参见《关于印发〈中华人民共和国企业年度关联业务往来报告表〉的通知》（国税发〔2008〕114 号）。

特殊关系影响成交价格时，应当制发《中华人民共和国海关价格质疑通知书》（以下简称《价格质疑通知书》），将质疑的理由书面告知纳税义务人或者其代理人，纳税义务人或者其代理人应当自收到《价格质疑通知书》之日起5个工作日内，以书面形式提供相关资料或者其他证据，证明其申报价格真实、准确或者双方之间的特殊关系未影响成交价格。”这一规定明确了纳税义务人是在受到质疑时进行自我证明式的被动申报，也只是规范了海关发现交易是特殊关系时应该采取的估价程序，仍没有规定纳税义务人具有主动申报的义务。

4.《关于进出口货物补充申报有关问题》（海关总署公告2009年第49号）规定，海关对申报货物的价格、商品编码等内容进行审核时，为确定申报内容的完整性和准确性，或者海关对已放行货物的价格、商品编码和原产地等内容进行进一步核实时，可要求进出口申报进行补充申报，补充申报的内容包括特殊关系。另外，该公告要求收发货人、报关企业可以主动向海关进行补充申报，并在递交报关单时一并提交补充申报单，仍然没有明确规定纳税义务人具有主动申报特殊关系的义务。

在实践中，有些海关在必要时会要求进口商填报“中华人民共和国海关进口货物价格补充申报单”，在补充申报单中申报是否有特殊关系和特殊关系是否影响成交价格，填报补充申报单并不是一项必需的步骤，而是海关在初步审核之后认为必要时要求进口商填写的。有些海关只是根据商业单据判断交易双方是否存在特殊关系，并对存在特殊关系的交易进行质疑。因此，根据法规和实际操作，企业对特殊关系只是应海关要求进行被动解释和申报。

从关务筹划的角度，笔者认为纳税义务人还是需要主动向海关申报特殊关系，原因如下：

1. 特殊关系毕竟是影响成交价格的重要因素因素。

2. 如果不主动申报，海关一旦实施价格质疑程序，企业可能无法在规定的时间（5个工作日）内向海关提供充分的资料和圆满的解释。

3. 海关在货物进口时具有价格质疑权利，进口后还有价格稽查权利，如果是事后稽查，不确定的特殊关系可能会给成本核算带来较大的不确定性。如果经稽查，还需要调整转移定价，补缴税款，而进口的货物已经销售了，则税收成本无法记入已经销售的货物上。

在目前的法规环境下，纳税义务人可按照以下流程和方法准备特殊关系资料向海关申报：

1. 建立供应商档案，在供应商资料中增加与供应商关系的信息，包括股权关系、管理影响力、合伙和家族影响等。

2. 如果与供应商有特殊关系，则需要获取双方的定价协议和定价政策。

3. 自我评估与特殊关系供应商的定价政策的合理性。

4. 如果与主要（重要）的供应商具有特殊关系，可以在自我评估基础上，向海关和税务部门申请价格预先确定。

5. 货物进口时，向海关补充申报与供应商的关系，并提交相应的定价政策说明书和价格预审、确定书。

6. 将提交给海关关于价格方面的资料保留存档。

主动申报的一个直接结果就是海关在单证审核时会更为关注进口价格的合理性，质疑特殊关系是否影响了进口完税价格，从而影响通关速度。进口企业应有这方面的心理准备，在海关质疑时，及时提供转相关资料，或者提供担保申请先行放行货物，以减少货物在通关环节所耗用的时间。

7.3.3 评估：转移定价能否被海关接受

进口商从境外关联公司（特殊关系企业）进口货物，海关接受的价格是未受特殊关系影响的成交价格。法规规定，买卖双方之间存在特殊关系，但是纳税义务人能证明其成交价格与同时或者大约同时发生的下列任何一款价格相近的，应当视为特殊关系未对进口货物的成交价格产生影响：

1. 向境内无特殊关系的买方出售的相同或者类似进口货物的成交价格；

2. 按照倒扣价格法所确定的相同或者类似进口货物的完税价格；

3. 按照计算价格法所确定的相同或者类似进口货物的完税价格。

同时法规规定在使用上述测试价格时，应当考虑商业水平、进口数量、买卖双方承担费用差异等。

从法规和实际操作上分析，关于转移定价，海关和纳税义务人的权利和义务简单说是：海关具有质疑的权利；纳税义务人具有自证的义务。

7.3.3.1 海关如何运用质疑权

如果进口商是从与其具有特殊关系的境外公司进口货物，海关在口岸价格审核、后续价格核查或者后续稽查时，经常可以发现进口价格的“不合理”之处，并提出“特殊关系影响进口成交价格”的质疑，其理由主要有：

1. 进口价格低于其他公司的进口价格（不管是关联还是非关联）；

2. 进口价格低于内部的“风险参数价格”；

3. 进口价格与市场变化的波动不一致；

4. 进口价格长期不变。

有时，进口发票价格与原产地证明的价格不一致也会成为海关的质疑理由。

加入WTO后，海关虽然不会以内部价格来进行估价，但还是会用“内部风险价格”来对进口价格提出质疑。海关的“内部风险价格”形成的主要来源有：

1. 海关申报数据库中提取的同期相同或者相似货物的进口价格；

2. 从互联网或者第三方中介机构获取的行情价格；

3. 市场调研取得的价格信息；

4. 市场调研取得的成本数据。

7.3.3.2 纳税义务人的困境

根据法规，一旦海关发出质疑通知书，进口商必须在5个工作日内举证关联交易并未影响交易价格。如果仅仅是提供证明成交价格真实性的资料在5天之内还是可以的，如成交的合同、订单、费用支付等，但是如果需要证明特殊关系不影响成交价格，则需要提供上述所说的测试价格，实践中无论提供哪种测试价格在5个工作日内都是非常困难。

作为进口商，基本上是不可能在短时间内提供测试价格来证实转移定价的合理性，这是因为：

1. 国外供货商可能没有近期对中国境内的非关联企业的销售记录。

2. 国外供货商出于商业考虑，并不一定会让境内的进口商获知其他销售信息，即使关联企业也是如此。

3. 探听或者取得其他进口商的相同或者类似的进口价格，可能不会被海关认为是合法证据，即使是合法的，获取这一价格信息也需要相当长的时间。

4. 计算价格需要较高的专业技能以及境外供应商的财务数据，即使具备这些数据，由于进口商不清楚海关所能接受的比较标准，可能费尽心思准备的报告，仍得不到海关认可。

5. 倒扣价格也需要较高的专业技能，还需要进口商内部财务数据，而货物在进口时往往没有它自身的再销售价格，也没有其他相同或类似商品的再销售价格，海关又没有公布其可以采纳和接受的数据库和基准数据，往往花费很多精力得来的倒扣价格，也得不到海关认可。

不像为税务部门准备转移定价文档是以年度为单位，准备过程中并不会影响企业正常生产经营，为海关准备的解释资料是以交易为单元，每次从关联方的进口都需要向海关解释，而且解释的过程会直接影响货物的通关时间。现代国际物流错综复杂，一个交易的解释往往需要牵扯多个国家、多个企业、多个部门，解释得越详细、越清楚，海关越是要花费时间去理解，从而降低进口货物的通关速度。

7.3.3.3 企业自我评估

为了减少海关对特殊关系的质疑的不确定性，纳税义务人应对与供货商之间的特殊关系和转移定价进行评估。《WTO估价协定》提供了两种审核的方法：

1. 广义的审核方法。海关审核进口货物销售的外部环境，其中包括行业普遍的定价模式，内部定价的依据是否合理，内部定价模式的执行是否有一贯性等。

2. 狭义的审核方法。海关审查进口货物的成交价格是否非常接近于相同或类似货物的成交价格。只要以上审查得以通过，海关就认为特殊关系未影响成交价格。中国海关基本上也采纳这一审核方法。

根据海关的审核方法，内税义务人可以从以下三个途径评估其进口的转移定价是否没有受特殊关系的影响：

1. 行业正常定价惯例。关联公司在定价时，不但要考虑进口国的关税影响，同时还要受到出口国国内税务当局的制约，以及公司内部不同部门之间利益的平衡。因此，在通常情况下，关联公司在定价时会参照同类产品行业普遍的定价模式。许多行业的企业均会采纳第三方机构公布的价格指数。例如，石化行业的最终原材料都是原油价格，该行业采取原油国际公开市场的平均价格作为参数，来确定成交价格。作为进口商，需要收集本行业的定价惯例，评估进口价格的定价方式是否与行业定价惯例一致。

2. 卖方向无关联方的销售价格。进口商应获取与境外关联企业交易的定价方法和定价政策，获取境外关联企业向中国境内非关联企业销售的定价方式和定价政策。比较关联企业向自己销售和向非关联企业销售的定价政策是否一致，如果不一致，则需要进一步分析是否产生于以下因素：

1）商业水平。从最初生产到最终消费之间一般需经历以下过程：

生产商→批发商→零售商→消费者。通常情况下，货物每向下移动一级，其价格都要加上上一级对应的利润水平。

2）进口数量。通常情况下，如果购买方一次性或累计购买的数量较大，卖方在销售价格上会给予购买方一定的减让。

3）运输距离和运输方式。在使用相同或者类似货物成交价格进行估价时，可能会出现贸易国别存在差异，或者运输路线存在差异导致产生运费调整因素的情况。

4）不同交易承担费用的差异。不同交易在保修期限、保险费、安装费用、附带服务和培训费用、零配件的免费赠送等都有差异，这也会造成价格差异。

如果关联采购价格与非关联价格不一致，又不能通过以上因素解释，则海关就很有可能认定以上买卖双方特殊关系影响了进口价格。

3. 测试价格。寻找测试价格是一个比较专业的问题，测试价格包括以下价格：

1）向境内无特殊关系的买方出售的相同或者类似进口货物的成交价格（简称无关联价格）；

2）按照倒扣价格法所确定的相同或者类似进口货物的完税价格（简称倒扣价格）；

3）按照计算价格法所确定的相同或者类似进口货物的完税价格（简称计算价格）。

测试价格需要满足严格的条件，具有一定的专业性，很多概念还有一定模糊性，需要对海关估价技术有深入的理解和把握，需要咨询有经验的关务人员和海关关员。笔者并不想在此对海关估价进行全面阐述，只是按照以上三个测试价格的思路，从进口商的角度，基于经营中所能提供的信息，提出一些可以自我评估的要点：

1）尽可能向供应商要求协助提供销售给中国客户的价格信息，当然，这类信息可能会被供应商拒绝。关于这一测试价格，前面已经充分阐述。

2）以倒扣价格作为测试价格，则可以选用进口前45天内相同货物的国内销售价格作为测试价格，减去通常利润和一般费用以及其他进口后发生的费用，以确定进口价格的合理性，或者销售价格与进口价格的加成率是否在行业毛利率的合理区间。

3）以计算价格法作为测试价格，则可以选用进口前45天内进口商进口相同货物的采购价格，加上进口商通常的利润和一般费用，以确定进口价格的合理性，或者进口商采购价格与进口价格之间差率是否在合理区间。

税务部门大量使用“可比性分析”的方法来确定价格和利润的合理性。可比性分析，是指通过筛选与其功能、承担风险、经营环境相似的非关联企业的利润和价格水平作为参照，判断转移定价的合理性。部分海关也在尝试采用可比性分析的技巧来计算价格、测试价格以及认定估价法规中的“通常利润和一般费用”等。

7.3.4 比较：转移定价合理性的海关视角与税务视角

无论是《WTO 估价协定》还是《跨国企业和税务部门转移定价准则》都是以经济实体的公平和独立核算为基础①，它们分别是海关估价和税务纳税调整的理论依据，但是，转移定价政策如果被税务部门接受是否意味着海关也会接受呢？其实不然。虽然税务部门和海关同时以公允交易价值为目标，但各自的角度和方法却大不相同，国此不能认为被税收机关认可的价格，也必然为海关所接受。

1. 海关关注转移定价的出发点是进口税款和出口税款，其中主要是进口关税，因此主要在进口环节关注进口货物的完税价格，防止通过低报进口完税价格减少进口关税；而税务部门主要从所得税或增值税出发，其中更为关注企业所得税，在《所得税法》中专门设了一章（第六章“特别纳税调整”）对有关反避税内容作出规定，因此，更为关注进出口价格的差异和出口价格的高低，因为进出口价格差异会影响利润，出口价格的高低会影响出口退税。

税务部门要求企业对关联交易进行申报以及关于转移定价的同期文档准备，都是从所得税的角度出发，这些申报和资料能够被税务部门接收，也仅仅代表税务部门认为企业的利润水平与非关联交易是一致的，但并不意味着，其对进口价格或者出口价格的水平是认同的。

由于两个部门的关注点不一致，导致双方对进出口价格的关注点也不一致，在进口价格的认定上甚至是冲突的。海关的目的是进口价格最大化，而税务部门是进口价格最小化。因此，被税务部门接受的价格还会被海关质疑也就不足为奇了。

2. 海关和税务部门对转移定价的评估和调整方法并不完全一致

---

① 参见大卫．特洛、马克．阿特金森著：《国际转移定价》，电子工业出版社 2002 年版，第 27 页。

(见表 7—4)。两个部门对各种方法的定义、具体做法是不相同的。在实际操作中，两个部门的数据库和数据来源也有差异，还没有形成相互认同的条件、做法。

表 7—4　税务部门与海关的对转移定价合理性的确认方法对照表

税务部门	海关	说明
无	成交价格法	成交价格法是海关估价最优先的方法，若关联关系影响交易价格，不能使用成交价格法。
可比非受控价格法	相同（相似）货物成交价格法	税务上的可比非受控价格更多是指具有可比性企业的利润水平，是税务部门和企业使用最频繁的方法。
再销售价格法	倒扣价格法	再销售价格法以关联方购进商品再销售给非关联方的价格减去可比非关联交易毛利后的金额作为关联方购进商品的公平成交价格。定义与倒扣价格法相似。
成本加成法	计算价格法	成本加成法以关联交易发生的合理成本加上可比非关联交易毛利作为关联交易的公平成交价格，主要指销售价格。计算价格法是指生产进口货物的成本加上通常利润和一般费用，即其他费用。因此，前者是指境内企业的销售价格，后者指进口购买价格，两者的关注点不一致。
利润分割法	无	海关估价没有对应的方法。

注：“税务部门”一栏所列方法是用来判定转移定价是否公允合理的，在应用上不分先后顺序；而“海关”一栏所列方法是用来判定进口货物定税价格的，在应用上分先后顺序。

3. 税务部门更为关注企业一个周期内的整体利润水平，不关注具体每一个交易的价格和利润水平；而海关既关注企业整体进口价格水平，也会对每一个交易进行逐一审核（见表 7—5）。因此，即使企业一段时间的整体利润水平能够被税务部门接受，海关仍然会逐一审核每笔交易的价格水平。

表 7—5 税务部门与海关对转移定价的不同关注点对照表

顺序＼部门	税务部门	海关
评估对象	产品、服务和资金	产品
评估范围	整个公司	逐笔交易
征税基础	净利	进口价格

4. 海关和税务部门对转移定价的质疑和询价的程序不一样，详见表 7—6。

表 7—6 税务部门和海关的质疑和询价流程差异对照表

顺序＼部门	税务部门	海关
正式询价通知	制发“关联企业关联关系认定表”、“关于提供与关联企业业务往来有具体资料的通知”。	制发“价格质疑通知书”。
回复和材料递交期限	通知上显示回复期限，一般不超过 60 天。	5 个工作日。
延期程序	向主管税务部门提交书面延期申请，根据主管税务的批准，企业可获得不超过 30 天的延期，以递交相关材料。主管税务局应在收到企业延期申请后 5 天内予以书面回复。	在到期日前提交书面延期申请，除特殊情况外，延期不超过 10 工作日。

案例 31：进口价格合理性的海关质疑和举证

【稽查背景和海关质疑】

国内某外商独资企业（下称南方公司），隶属于某国际集团（下称南方集团），生产该集团的品牌钢制品，原材料从南方公司设在新加坡的关联公司（下称新加坡南方公司）进口，在境内加工后销往国内商家。由于进口是关联交易，该公司曾对其利润水平与同行进行比较，近三年该公司的平均利润率高于行业平均水平，但在可接受的范围内，在每年的所得税申报中都得到当地税务部门的口头肯定。

2007 年海关内部分析，该公司进口价格大幅度低于同一品牌相同货物的另一家企业（下称北方公司）的进口价格，相同产品的价格差异 5％～50％，平均差异约为 20％。北方公司的货物是从南方公司设在香港的关联公司（下称香港南方公司）进口的。2007 年 6 月，海关对南方公司过往三年进口货物情况实施稽查，并制发“价格质疑通知书”，要求南方公司对与新加坡南方公司的关联进口价格作出说明并提供相关资料，时限是5天。

【交易分析和企业的解释】

由于涉及的资料非常多，需要联系的部门和单位也较多，南方公司向海关申请给予1个月的宽限期。在海关批准后，南方公司对自身进口交易和价格进行了分析，同时也联系了香港南方公司对其与北方公司之间的销售价格进行了解。

经了解，南方公司与北方公司的交易流程如图7—2所示：

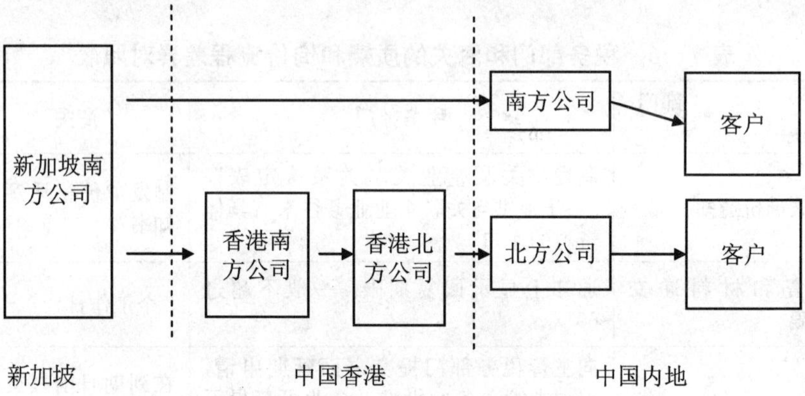

图7—2　南方公司与北方公司的交易流程示意图

新加坡南方公司是南方集团的亚洲总部和分销中心。新加坡南方公司向欧洲的集团工厂采购原材料后存放于设在新加坡的中央仓库。所有亚洲区的子公司均直接向新加坡南方公司购买原材料，包括南方南方公司和香港南方公司。新加坡南方公司不对非关联公司直接销售产品。

南方公司采购的货品绝大部分是直接从新加坡仓库提取并发运至中国内地的，只有少量货品是由欧洲发货至中国内地的。南方公司进口的货品，经过生产加工增值后销售给中国内地的最终客户。同时，也承担品牌的市场推广及技术支持。

香港南方公司也是向新加坡南方公司下订单，所不同的是，所购货物一般都是由欧洲工厂直接发货至香港再转运至中国内地。香港南方公司本身不从事加工生产，只负责向北方公司（非关联方）在香港注册的香港北方公司销售该品牌钢材产品。

新加坡南方公司根据长期以来执行的转移定价政策和市场行情，向亚洲区所有子公司实行统一的相同价格。也就是说，南方公司和香港南方公司在相同时间点的进口价格是一致的。成交价格＝基准价×（1＋尺寸附加费）＋合金附加费＋废钢附加费＋运输费，其中基准价格和尺寸附加费是整个集团统一制定的，每年或每季度调整一次，两个附加费则基于国际相同商品的行情价格，每月调整一次。

香港南方公司代理批发合约价格的确定既考虑了采购价格成本，又预估了相关采购价格组成部分（包括基准价、尺寸附加费、合金附加费、废钢附加费、运输费）的可能变动风险和市场因素，原则上是每年于岁末年初双方谈判确定。香港代理批发合约价格组成包括：（折扣后）代理批发净价（产品批发牌价表中的价格）、合金上调附加费。

经过分析，南方公司认为：

1. 双方的进口商不在同一个商业层级上。南方公司应该与香港南方公司在供应链中属于同一个商业层级，即上家（卖方）都是新加坡南方公司，下家（买方）都是中国内地的非关联客户，两者的价格事实上是一致的。而北方公司是在南方公司下一个商业层级上，因此两者价格不一致也是正常的。

2. 双方的功能和风险不一致。南方公司承担了香港南方公司与北方公司两者的功能和风险，如采购、接订单/安排船运/开发票、生产/加工、产品市场推广、产品零售、技术支持及售后服务、产品应用培训、产品测试等。因此北方公司与南方公司的利润水平应该是不一致的。

3. 从定价过程来看，首先，南方集团制定的内部关联公司交易价格符合《跨国企业和税务部门转移定价原则》；其次，进口价格的组成是由占相当比重的而又不受双方控制的客观因素组成，如合金附加费、废钢附加费及运输费，均是直接由国际合金商品期货市场的合金成交价格、国际废钢市场公布的废钢价格和船运公司的报价确定。

4. 从公司治理和内部管理的角度来看，南方公司也不会设置脱离市场实际的转移定价。因此人为设置与市场价格脱离的内部转移定价会扭曲集团各公司实际业务表现情况，不利于内部管理和激励，最终会使整个集团失去竞争力。

【海关的进一步质疑】

海关肯定南方公司对进口价格进行解释的努力和思路，但是对企业的说明和解释仍存在怀疑的理由：

1. 海关进行价格对比的主要依据是可比商品进入中国境内时申报环节的价格，而非集团内同一商业环节价格。在可比商品进口价格基础上，再调整由于数量、时间、运输距离、商业水平等不同所带来的差异。南方公司与北方公司进口数量相当、时间接近、运输路线相同、商业水平接近，属于可比范畴，可作为对比的依据。而南方公司与南方香港公司的采购价格一致，是源于集团内部定价政策的规定，并不能作为测试价格，不能作为特殊关系未影响成交价格的举证，应该举证同一卖方销售给无特殊关系方的价格与销售给特殊关系方的价格相当。

2. 香港南方公司应当获得的合理利润尚需进一步资料证明。南方公司认为香港南方公司承担了产品市场推广、产品零售、技术支持及售后服务、产品应用培训、产品测试等功能和风险，应当享有与之相当的利润水平，需南方公司进一步提供客观量化的资料予以支持。因此，海关要求量化举证香港南方公司承担以上功能和风险的量化支出数据，以及评估香港南方公司承担职能是否与其利润率一致。

【量化测试的结论】

经过进一步协商，海关答应聘请权威中介机构对香港南方公司承担的功能和风险进行评估，量化确定其实际承担功能和风险所应有的利润水平。

中介机构从全球数据库查找并确定了的 18 家与香港南方公司有相似职能与风险的可比公司。评估结果表明，这 18 家可比公司的加权平均毛利率的四分位区间为 8.96%至 24.33%，中位值为 17.15%。香港南方公司近三年的平均毛利率为 20%，在合理区间范围内。因此，香港南方公司的利润与其承担的功能相当。

【案例评述】

1. 税务部门所接受的一些方法，如可比性分析，也逐渐被海关所接受。关联交易的审核和评估在两个政府部门之间具有一些共同性。

2. 与税务部门一样，客观的真实的量化资料和信息是举证的必要条件。获取进口交易流程、交易原则以及具体的财务数据都是应对质疑的关键。本案中，海关并不仅仅需要一些描述性和推理性的解释，而是需要具体的财务数据和资料。

3. 海关对转移定价的审核范围很广，进行质疑的切入点也很多，如本案中北方公司的进口价格成为质疑南方公司进口价格的证据。因此，解释和举证时也可以从对比双方两个价格中任何一个进行切入，如本案中最后争论的焦点既不是北方公司也不是南方公司，而是香港南方公司的利润水平是否合理。这与税务部门转移定价可能不同，税务方面，纳税义务人只需要证明自己的利润水平合理就可以了。因此，应对海关关于转移定价的质疑应具有更强的灵活性。

4. 公共数据的利用和采信。对转移定价来说，不管是海关的质疑，还是企业的解释，应采用双方均可以接受的数据资源。如本案中，经过香港南方公司转售给内地公司的货物是否应该在其采购价格基础上加价，加价的比率应该是多少，这要视香港南方公司所承担的职能和风险来确定，如果仅仅是一些“皮包”公司、“开票”公司，其加价应该很低甚至不需加价。双方有了共同接受的数据来源，在此基础上进行分析，确定其平均利润率的合理性，这就能减少双方的交涉成本。

7.3.5 案例剖析

案例32：肇庆市某外贸公司诉肇庆海关进口价格案①

【案情】

2002年11月27日，广东省肇庆市某外贸公司（下称“外贸公司”）以一般贸易方式向肇庆海关申报进口3单模拟式集成电路，报关单上载明收货单位为外贸公司。该批货物的买方是肇庆市翱思科技有限责任公司（下称“肇庆翱思”），卖方是香港翱思科技有限公司（下称“香港翱思”）。

肇庆海关经审核报关单及随附单证，向外贸公司发出“价格质疑通知书”，称外贸公司申报价格明显低于海关掌握的相同或类似货物成交价格及国际市场价格行情，要求其提供有关单证及说明资料。外贸公司、肇庆翱思随后向肇庆海关提交了“进口货物价格申报单”等信息资料，肇庆海关也通过询问、价格磋商、审价谈话等方式了解价格信息。肇庆翱思称其与香港翱思是总公司与分公司的关系，外贸公司和肇庆翱思均称货物进口申报价格由香港翱思决定。

肇庆海关经审核资料后，认为进口货物的买卖双方存在特殊关系且影响成交价格，外贸公司提供的资料不能证明买卖双方的特殊关系未影响成交价格，决定不接受申报价格，遂使用合理方法估价，并于2003年5月20日向外贸公司发出“海关代征增值税专用缴款书”，对上述集成电路征收增值税13172.11元。另外经外贸公司申请，肇庆海关于2003年5月28日发出“海关估价告知书”。

外贸公司不服海关上述估价征税行为，于2003年8月28日向广州海关申请行政复议。2003年11月23日，广州海关复议决定维持其中的5份“代征缴款书”和10份“估价告知书”，撤销了其中使用价格行情资料作为估价依据的2份“代征缴款书”及2份“估价告知书”。

外贸公司仍不服复议决定，向肇庆市中级人民法院（下称“肇庆中院”）提起诉讼，请求撤销肇庆海关所作出的估计决定和征税决定，判

① 根据《最高人民法院公报》（2006年第5期，总第115期）及相关媒体报道整理而成。

令肇庆海关重新估价和征税，并返还多收税款。

【法院判决】

肇庆中院于 2004 年 6 月 15 日一审判决：被告肇庆海关使用合理方法进行估价，事实清楚，证据充分，适用法律、法规正确，程序合法，维持被告作出的估价决定和征税决定，本案受理费由原告负担。

原告对一审判决不服，认为一审判决遗漏了行政法律关系主体，不公开审理程序违法，于 2004 年 7 月 7 日上诉至广东省高级人民法院（下称“广东高院”）。

广东高院于 2004 年 12 月 20 日裁定：原审法院认定事实不清，且遗漏了必须参加诉讼的当事人，撤销肇庆中院的判决，发回重审。

肇庆中院对案件进行重审，并追加肇庆翱思为第三人参加诉讼，最终判决：维持肇庆海关所作出的估价决定和征税决定，驳回外贸公司其他诉讼请求。

外贸公司和肇庆翱思仍不服一审判决，向广东高院提起上诉，请求撤销一审判决，撤销海关的估价决定和征税决定，判令肇庆海关重新估价和征税。

广东高院审理认定，肇庆海关估价决定和征税决定适用法律正确，程序合法，判决驳回上诉，维持原判。

【控辩要点分析】

1. 肇庆翰思与香港翰思之间是否存在“特殊关系”？

本案中，在向肇庆海关出具的资料中，肇庆翰思称其与香港翰思是总公司与分公司的关系，两公司合作开发内地市场，肇庆翰思部分流动资金及所有经营费用由香港翰思负责，双方口头协议肇庆翰思所得利润分红由肇庆翰思与香港翰思按三七开。肇庆海关据此认定肇庆翰思与香港翰思之间存在特殊关系，符合《审价办法》第四十二条第一款第（三）项规定的“买卖双方一方直接或间接地受另一方控制的，应当认定买卖双方有特殊关系”。

香港翱思与肇庆翱思均认为：肇庆翱思提交的验资报告证明，香港翱思不是肇庆翱思的股东，他们之间不存在控制关系。但肇庆翰思的验资报告只是对该公司注册资本情况的反映，未能反映肇庆翰思在实际经营中与其他公司之间的关系。肇庆翱思在其出具的《关于翱思科技公司与香港翱思公司的业务说明》中，承认其与卖方香港翱思是分公司与总公司的关系，肇庆翱思的部分流动资金由香港翱思提供；在肇庆海关制作的询问笔录和肇庆翱思出具的《关于翱思科技公司购销集成电路的说明》中，肇庆翱思公司还承认，其与香港翱思存在着共同经营、利润分红的事实。所以，肇庆翰思后来的主张不能否定其在经营上受香港翰思控制的事实。

根据这些证据，肇庆海关认定买方肇庆翱思与卖方香港翱思存在特殊关系，法院也认定买卖双方存在特殊关系。

2. 肇庆翰思与香港翰思之间的特殊关系是否影响成交价格？

肇庆海关在审价和估价过程中向海关总署广州商品价格信息办公室（下称“价格办”）咨询集成电路价格信息。价格办认为外贸公司向海关申报的成交价格明显偏低，明显低于海关掌握的可比价格（其他口岸相同规格产品实际进口价格、权威网站报价、通用型集成电路生产成本等）。由于价格办是为海关提供价格信息及相关技术支持的专门机构，肇庆海关依据价格办提供的价格资料，认定肇庆翱思与香港翱思之间的特殊关系影响了成交价格，并未超出其职权范围。

外贸公司和肇庆翱思虽在肇庆海关发出“价格质疑通知书”后，提供了销售合同、订单、询价单、增值税发票等价格资料，以证明货物申报价格的合理性，但肇庆海关认为这些价格资料存在矛盾和瑕疵：

1）部分增值税发票存在进价高于卖价的价格倒挂现象，有违常理。

2）部分订单上载明的含税价格与增值税发票上的不含价格相同，不符合逻辑。

3）与肇庆翱思交易的国内其他公司，有的存在走私、价格瞒骗行为，企业经营存在诚信问题，这些公司提供的材料不足为据。

因此，外贸公司和肇庆翱思提供的价格资料不足以证明进口申报价格的真实、合理。

但原告认为：

1）海关审核企业格价应考核其整体水平。

2）肇庆海关对增值税发票的内容存疑，肇庆中院对增值税发票内容的真实性和合理性也均“不予确认”，则是否意味着各企业均虚开增值税发票、提供假内容发票，或者是税务部门存在行政执法问题？

3）海关从未提供过所谓“与肇庆翱思交易的国内其他公司，有的存在走私、价格瞒骗行为”的证据。

海关认定这些资料无法否定价格办提供的价格信息的效力，无法否定肇庆翱思与香港翱思之间的特殊关系影响到成交价格，因此，肇庆海关不接受申报的成交价格。

法院也对原告提供的价格资料的真实性不予确认。

3. 海关的估价程序是否合法?

肇庆海关对外贸公司提供的价格信息资料进行审查，认为其存在诸多瑕疵，不能作为估价的基础。由于外贸公司未能提供适用的相同或类似货物成交价格以及构成倒扣价格法、计算价格法所需的相关可量化的数据，而肇庆海关也未能掌握使用相同或类似货物成交价格法、倒扣价格法和计算价格法的相关价格资料，2003 年 5 月 20 日，肇庆海关制发 7 份“代征缴款书”，对相关集成电路按海关估定的完税价格征收进口增值税，并依外贸公司申请，于 5 月 28 日作出 12 份“估价告知书”。

肇庆外贸公司观点：肇庆海关在向其发出的“价格质疑通知书”中指出“申报价格明显低于海关掌握的相同或类似货物成交价格或国际市场价格行情”，这表明海关掌握了相同货物成交价格，肇庆海关在进行估价时应使用已掌握的相同货物成交价格进行估价，使用合理方法估价程序违法。

海关观点：《审价办法》第七条第一款规定，海关应当依次使用下列方法估定完税价格：相同或类似货物成交价格法、倒扣价格法、计算价格法、合理方法。《审价办法》第八条至第十一条，分别规定了各种价格方法的适用条件：

1. 相同或类似货物成交价格法。应当“以与被估的进口货物同时或大约同时进口的相同或类似货物的成交价格为基础”，“应当首先使用同一生产商生产的相同或类似货物的成交价格，只有在没有同一生产商生产的相同或类似货物的成交价格的情况下，才可以使用同一生产国或地区生产的相同或类似货物的成交价格”。肇庆海关虽然掌握同型号集成电路的价格资料，但与被估货物不是同时或大约同时进口，也不是同一生产国，不能满足这种方法的适用条件；而在外贸公司、肇庆翱思提供的价格资料中，没有同一生产商生产的相同或类似货物的成交价格。因此，海关不能使用这种方法。

2. 倒扣价格法。外贸公司、肇庆翱思虽然提供了同型号集成电路的增值税发票，但这些发票难以反映贸易实际，且不能证明其主张的价格是在境内销售合计总量最大的、是向境内无特殊关系方销售的，也没有提供应扣减费用的客观可量化资料。肇庆海关虽然掌握同型号进口集成电路的销售价格，但这个价格不是在境内第一环节按照进口时状态销售的、合计货物销售总量最大的、在被估货物进口时或大约同时销售的价格，因而无法适用倒扣价格法。

3. 计算价格法。需要掌握境外生产商成本、利润、费用等方面的客观可量化资料。由于外贸公司、肇庆翱思提供的资料未能反映贸易实际，同时海关也不掌握这方面资料，因此缺乏适用计算价格法的条件。

4. 合理方法。在依次排除了前四种估价方法后，肇庆海关以海关掌握的国内其他口岸相同型号产品的实际进口成交价格资料为基础，采用合理方法进行估价。

法院审查后认为肇庆海关使用合理方法估价符合《审价办法》第七条第一款规定的程序，也符合《审价办法》第十一条规定的估价原则。

【案件评述】

1. 关于特殊关系的争议

纳税义务人从投资和注册等证据认为买卖双方不属于海关法规定义的特殊关系，从肇庆翱思提供的验资报告、工商注册资料，税务登记表等，均显示肇庆翱思是一家独立的法人公司，从法理上讲，公司的投资和收益与香港翱思毫无关系。而海关从共同经营和利益分享的角度认定二者存在特殊关系。

笔者认为出现这一争执的原因，还在于法规对特殊关系的模糊性。虽然，海关法规关于特殊关系的规范完全由《WTO估价协定》翻译而来，但只是概念性的，界定也较为抽象，缺乏可操作性。而法规的模糊性，无论对海关执法和纳税义务人申报都存在较大的不确定性。

2. 关于估价流程

如果进口商不能举证相同商品价格、类似商品价格、倒扣价格和计算价格，海关就会实施估价，按照法规，海关估价的方法按顺序排列也是相同商品价格、类似商品价格、倒扣价格和计算价格，但是多了一个合理方法。如果进口商不能举证前四种方法，海关也不能使用这四种方法，自然会使用合理方法。

合理方法，没有相同或类似商品价格法那么多限制条件，没有倒扣价格法和计算价格法那么复杂。理论上讲，合理方法是一种无奈的选择，是其他价格无法实施情况下采用的，所以无论是《WTO估价协定》还是中国海关的法规，对合理方法的定义都非常简单，如《审价办法》中的定义为："海关以客观、公平和统一的原则，以客观量化的数据资料为基础审查确定进口货物完税价格的估价方法。"

3. 关于第三方认证

在本案中，肇庆海关申请由价格办的专业人员出庭说明情况，对海关估价资料的来源、收集、筛选过程，集成电路型号代码代表的内容，以及如何正确使用海关估价方法等问题进行说明并回答提问。尽管进出口货物价格的职能管理部门是海关，相关专业人员在海关内部是富有经验的权威专业人士，但专业人员并不具有社会认证或等级认证资格，且作出估价行为的机关（肇庆海关）和进出口货物价格主管部门（价格法）同属海关系统，从法理上讲，这自然会引起纳税义务人对专业人员的专业能力、公正性表示质疑和异议。

在本案中，原告也没有试图从其他可以替代的第三方取得证据。作为事后评论，笔者不能保证提供其他第三方的价格会获得胜诉，但至少是一种值得尝试的思路。

8 加工贸易的规划和实施

8 JIAGONG MAOYI DE GUIHUA HE SHISHI

8.1 加工贸易手册的发展

8.1.1 加工贸易手册发展概述

20 世纪 70 年代末至 1984 年，加工贸易以来料加工及补偿贸易为主。在此期间，海关对加工贸易备案管理的形式较简单，主要使用“加工装配和中小型补偿贸易进出口货物登记手册”管理来料加工及补偿贸易，对进料加工采用“进料加工合同备案申请表”签注备案意见，口岸海关凭以放行。

1985 年至 1995 年，加工贸易以鼓励“进料加工复出口”为主要内容，以海关进口料件保税监管为政策核心。全国海关均推行使用“进料加工登记手册”取代“进料加工合同备案申请表”作为加工贸易管理的重要凭证。则在此期间，有“加工装配和中小型补偿贸易进出口货物登记手册”和“进料加工登记手册”两种加工贸易手册，分别对来料加工（含“三来一补”）和进料加工进行管理。

1996 年，国家出台了加工贸易银行保证金台账制度及一系列加工贸易规范管理措施。海关切实加强了口岸海关与主管海关的联系配合，实现了登记手册电子数据在全国海关范围的计算机联网，实现了登记手册和进出口报关单电子数据的相互印证，完善了对登记手册的管理。

加工贸易手册是以相应的进出口合同为基础，根据合同确定手册的进口料件和出口成品的数量，以及每项成品耗用料件的比例，即单耗。备案后，在备案额度内进口料件，出口成品，每次进出都在手册上登记。在规定期限（一般为一年）内，向海关申请核销，即海关审核出口成品数量和进口料件的数量，并根据备案的单耗，辅以企业物流和财务记录，确认保税的原材料是否均已加工后复出口。

1995 年后，加工贸易企业的产业结构发生变化，高新技术产业的比例逐渐增大，原有基于合同的纸质手册已经越来越不适应经济的发展。海关总署及地方海关进一步探索借助电子化和互联网技术，实现联网监管。联网监管是海关借助加工贸易企业自身比较完善的信息化管理系统，对企业实行“电子账册＋联网核查”的加工贸易监管模式。

在联网监管的模式下分别开发电子账册、电子手册，在技术上有海关总署统一开发的基于 H2000 系统的版本，也有各直属海关开发的基于 H883 系统的版本，但是在趋势上，各个地方版本都会过渡到统一的总署版本。2006 年起，非联网监管模式的纸质手册也开始转化为电子化手册。由于手册种类较多，2008 年经过重整后，纸质手册将会逐步停止使用，地方版本逐渐过渡到总署版本，各种手册分别转换为电子化手册、电子手册（分段式）或电子账册。（见图 8—1）

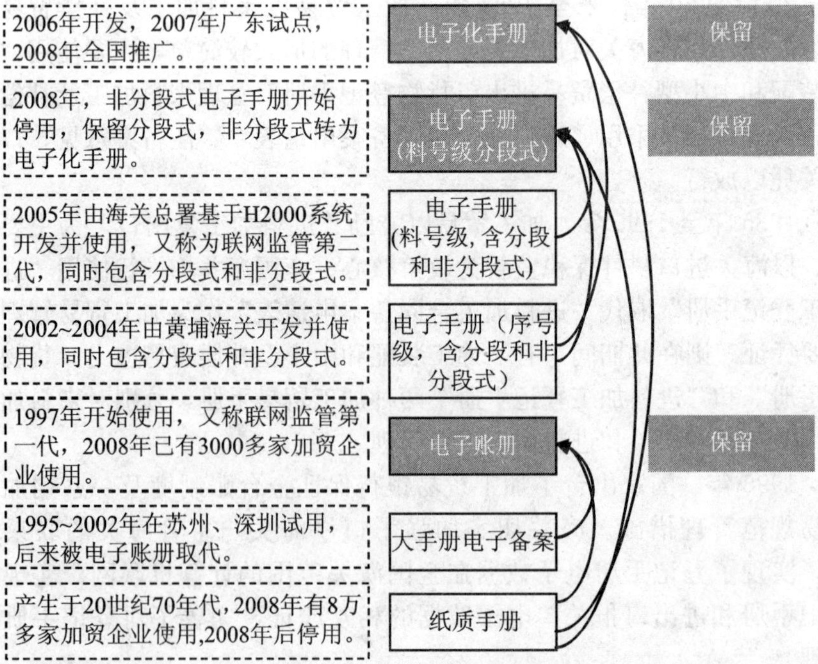

图 8—1　加工贸易手册的发展历程示意图

8.1.2 加工贸易手册的选择

2009年开始，加工贸易手册整合为以下三种：电子化手册、电子手册（分段式）和电子账册。

8.1.2.1 不同加工贸易手册特点概述

1. 电子账册

电子账册联网监管模式的基本管理原则是“一次审批、分段备案、滚动核销、控制周转、联网核查”，其具有以下特点：

1）对经营资格、经营范围、加工生产能力一次性审批，不再对加工贸易合同进行逐票审批，也取消了“加工贸易批准证”的审批发放①，既简化了程序，又节省了时间。

2）电子账册的备案分为在经营范围账册（IT账册）中备案经营范围和在便捷通关电子账册（E账册）中分段备案料件和成品两个过程。经营范围备案，只需一次性备案经营范围内商品编码的前4位，在账册运行中，可以变更和增加经营范围。料件和成品的分段备案，只需要在料件进口前备案进口料件，在生产成品出口前备案成品，以及申报实际的单耗情况，因此，可以灵活地掌握生产计划和进度，可以根据成品生产后的耗用情况备案单耗。

3）建立以企业为单元的电子账册，取代以合同为单元的纸质手册。一个企业只有一本手册，不再需要“手册调度”，也不会有手册之间的料件“串换”。

4）电子账册实行滚动核销制度，无须办理余料结转手续，余料可以直接滚存到下一期。电子账册核销期间可以正常通关。

5）保税货物的总价值按照企业生产能力进行周转量控制，取消对进出口保税货物备案数量的控制，不再对每一项料件的周转量进行单独控制，相比传统纸质手册可以灵活地配置料件。

6）企业进出口申报的是料号级数据，需要转化为海关管理的HS编码数据，因此还需要备案料号级数据与海关HS级数据的归并关系。

7）企业通过计算机网络向商务部门和海关申请办理审批、备案及变更等手续，可以全天候进行网上备案、变更和申报。

8）凭电子身份认证卡实现全国口岸的通关，可以在全国范围内安排进出口通关事务，而无须调度手册。

---

① 参见熊斌：《加工贸易企业关务作业统筹》，中国海关出版社2009年版，第58页。

电子账册联网监管模式适用于A类及以上企业，某些关区也对B类企业实行联网监管。

2. 电子手册

电子手册联网监管模式，也是一种联网监管方式。与电子账册一样，可以采取分段备案，根据实际订单进行备案，适应企业的“网络订单，即时生产，零库存”需求；可以全天候进行网上申报和备案；也可以在全国口岸通关。其与电子账册的区别主要有以下几方面：

1）电子手册联网监管模式以合同为单元，一本电子手册只对应一个合同，有的地区合同可以合并（比如在广州地区）。企业根据合同备案加工商品的范围和料件总价值，经过计算逻辑监控后可以直接办理通关手续。

2）根据备案数据的层级，可分为两种方式：有的地区的电子手册要求备案料号级数据，因此需要备案物料表、BOM表和归并关系；有的地区的电子手册要求备案序号级数据（HS编码），因此需要备案归并后的料件和成品名称，以及归并后的成品料件耗用关系。以料号级数据为备案层级的电子手册，在通关时，提供报关清单，上传后，根据备案的归并关系生成报关单。

3）备案方式也有两种类型：一是分段式备案，需要经历合同备案和通关备案两个阶段，合同备案是根据合同备案表头、料件表和成品表，通关备案是系统自动进行，人工增加或变更料件和成品；二是非分段式备案，只有通关备案，业务操作流程与纸质手册相同。

3. 电子化手册

电子化手册是在现有纸质手册运作模式基础上，利用电子数据库和网络的方式取代纸质手册。电子化手册包括两部分：一是建立备案资料库，以企业为单元建立，以加工单位的名义开设，每家企业只能建立一个备案资料库，长期有效，企业可根据需要随时增补备案资料库中有关料件、成品的品名等数据；二是建立通关手册，以合同为单元建立，且企业应在备案资料库的范围内向海关申请通关手册备案。

使用电子化手册的企业可以凭IC身份认证卡，在网上办理手册备案、进出口申报和数据报核等手续，可以在网上进行备案和变更，可以使用同一本手册在不同口岸同时办理进出口通关手续。

电子手册和电子化手册都没有限制企业的等级。

8.1.2.2 如何选择适合的加工贸易手册

加工贸易企业可以根据自己的业务特点和操作需要来选择加工贸易

手册，在选择时需要考虑以下因素：

1. 企业的规模大小。一般来说，电子账册的推出主要是为了适应大中型企业的通关需要，而中小企业主要考虑选择电子手册和电子化手册。

2. 企业经营的复杂程度。企业的加工工序简单，产品单耗稳定，主要考虑使用电子手册或者电子化手册；反之，则需要考虑使用电子账册。

3. 原材料和制成品的数量。如果成品和料件的品种规格繁多，成品对应的料件也复杂多变，主要考虑使用电子账册；反之，则考虑使用电子手册或电子化手册。

4. 是否有满足监管条件的ERP系统。电子账册联网监管的一个先决条件就是企业必须有满足监管条件的ERP系统，使用计算机对采购、生产、仓库、财务、销售等实行管理，能够按照海关要求及时提供料件的物流数据。

5. 加工贸易管理资源和能力。理论上电子账册最能够反映企业生产实际，有效的管理可以达到海关数据和企业数据的一致。但是在实际运用中，如果企业不具备相应的管理能力，电子账册的数据可能会是一团糟，比如归并关系错乱，仓库库存与手册结余存在大量的非正常差异等。这种情况下，选用电子化手册，可在一定程度上规避这些风险。

另外，操作的便利性也是主要考虑要素之一。比如，电子账册和电子手册需要申报料号数据，如果申报的系统运行缓慢，则进出口申报和手册核销可能需要很长的时间，而如果采用电子化手册，数据量就相对较小，数据传输的速度就会快很多。

以下是两则选择合适的加工贸易手册的例子：

1. 某加工贸易企业生产特制的印刷机器，每个型号系列的机器的构架基本相同，但是每台机器都会根据客户的需要做一些调整，因此，任何两台机器之间的BOM都不完全相同。该公司一直用电子化手册或者电子手册，但是无法备案机器的调整部分。因此，该公司改用电子账册，根据客户的订单，每个订单的不同机器都在手册上备案不同的成品，在出口前备案其BOM。

2. 某五金制品厂，保税进口的料件为卷板铜，然后根据客户的要求切割成不同形状，所以其单耗基本为1，边角料也基本退运出境。业务量和规模虽然很大，但是非常简单，该公司采用电子化手册便能够有效管理保税料件。

8.1.3 电子账册管理的潜在风险

电子账册“一次审批、分段备案、滚动核销、控制周转、联网核查”的优势是其他两种手册无法比拟的，但是也不是说申请到电子账册就万事无忧，电子账册也有风险，如果管理不善，将带来的负面影响。以下是笔者注意到的关于电子账册管理的特点和风险：

8.1.3.1 电子账册管理更透明

原来的纸质手册监管模式，海关以手册为单元进行管理，关注于单本手册的运行状况，不会对企业总体的保税物流进行监控。在实践中，过去企业的关务部门只要把每本手册做平，一本本手册不断滚动就可以通过海关的核销。但是，使用电子账册后一个企业只有一本账册，任何问题都会在核销时反映出来，盘亏和盘盈对企业来说都是不正常的，需要向海关提出合理解释。

另外，电子账册监管到企业料号级保税物料，比纸质手册监管模式更加细化，大企业日常运转环节繁复，监管越细越容易发现纰漏。

8.1.3.2 不准确的 BOM 仍会存在

企业的 BOM 在不同环节有不同的概念，比如：

1. 工程 BOM，用于试验和制作样品；
2. 加工 BOM，用于形成加工单、生产工单；
3. 计划 BOM，用于制作物料需求表；
4. 标准 BOM，用于了解标准成本。

各个环节的 BOM 都有差别，如何将正确的 BOM 发送海关备案也是比较难把握的问题。即使生产时企业严格按照 BOM 定义来操作也会产生相当的损耗报废情况，比如，海关要求企业申报净耗，而损耗可能不被海关接受，这样一来企业的实际生产和理论数据会有一定比例的差距。

此外，企业在日常申报 BOM 时不可避免地会发生与生产及出口不相一致的情况，产品越多、规格越细、出货批次越多，问题就越突出。

8.1.3.3 投料及出货的随意性将会导致手册与实际耗用不一致

企业的生产部门可能不按照设定的 BOM 投料，转而根据市场情况、客户需求、料件供应情况临时调整领料和投料，或者成品的出货不分批次的堆放及出运，这些都会造成实际出口产品的 BOM 与备案的 BOM 产生差异。

8.1.3.4 错误的料件归类归并将会对手册核销产生不利影响

企业料件多且匆忙上电子账册、海关归类人员的疏忽、各地口岸海关对归类认识上的差异、《协调制度》每年作修订可能导致商品归类变化等原因，不可避免地造成企业料件在归类归并上产生差错。这些差错可能在以后的执行中会得到调整，但是却不能调整数据库中的历史数据，因此纠正与否，对最后的核销都产生负面影响。

8.1.3.5 大数据量可能将单位转换产生的小偏差无限放大

由于企业使用料号级数据，成品不允许归并且还有不同版本，随着企业产品的增加而产生大量的料件、成品和 BOM。某种情况下，哪怕 BOM 相差只有 0.001，但大量的进出口会对整个理论数据造成一种累计的大偏差。

此外，海关只对 BOM 中料件的耗用精确到小数点后 5 位，而实际情况是某些料件进口时以“千克”为单位，实际生产时却以“克”甚至“毫克”为单位，它们在 BOM 中往往需要占用更多的小数位，这样就造成了精度不够的情况，同样如果出口量大的话也会造成累计的偏差。

8.1.3.6 牵涉系统过多容易导致差错

现在全国范围内使用的电子账册，基本上可以分为两类版本：海关总署基于 H2000 的标准版本（第二代联网监管）和地方海关基于 H883 的版本（第一代联网监管）。加工贸易企业联网监管利用电子口岸加工贸易联网监管平台与海关实现数据交换及报关申报。企业方除了 ERP 、ERP 适应性改造模块以外，还有海关的企业端公共接口软件、电子口岸数据传输系统、电子口岸申报系统等一系列软件，至少涉及 3 个以上相互独立的数据库，10 个以上相关软件工具，多台服务器及客户端，5 个以上的重要数据流转结点。企业、电子口岸数据中心、各地电子口岸数据分中心、海关等四地数据交互，相关涉及部门有企业、海关、商务部门、电子口岸等，企业又涉及物流、仓储、生产等部门，海关又涉及加工贸易管理部门、通关管理部门、技术部门等，环节多越多，差错率越高。

8.1.3.7 系统结余与实际库存可能产生异常的差异

海关在核销的时候将盘库数、企业 ERP 库存数、企业报核数、海关系统理论数等多方面数据相比对后得出核销结论。在此过程中几乎每组数据都有不一致的地方，海关的原则是以海关数据及实际盘库数据为基准，允许企业解释合理差异。但一些对联网监管操作不熟练的企业和海关经办人员在具体操作中容易造成异常差异。

8.1.3.8 国内替代品与保税料件未作区分

大多数企业在生产过程中会使用国内采购的料件作为一些高价进口料件的替代品，而国内料件和保税料件在系统上或者投料过程中并没有进行区分，这就会导致企业日常上报数据和实际生产出口不符的情况产生。

8.1.3.9 人员的流动性造成电子账册运作的不连贯

电子账册系统复杂、关务培训力度不够、没有完整的操作手册和文档、系统又处于不断变化等原因，导致一旦企业电子账册操作人员更换或者离职必定给企业电子账册的运作带来各种各样问题和麻烦。

8.1.3.10 不同的报关公司对电子账册数据操作的不一致影响数据的准确性

有些企业往往委托多家报关公司代理报关，或者由于异地结转、与出口加工区的特殊区域结转而委托异地报关。而多家报关公司代理业务的风险就在于对电子账册的操作不统一，或者报关公司操作人员对电子账册申报的关键点不了解，这会给企业报关数据的准确性带来负面影响。比如，上海某电子账册企业在异地委托当地报关公司出口业务，由于报关公司操作人员对电子账册并不了解，只是当作一般的手册申报出口，结果将该企业一个核销期内所有的异地出口数据全部报错，导致该企业需要进行大量事后删单重报，造成严重影响。

案例 33：电子账册管理不善带来料件巨额短少

某来料加工电子厂，生产规模较大，产品全部出口，料件全部以进口或者转厂方式取得。该公司是深圳关区首批实施电子联网的企业，2002 年开始使用电子账册。由于该公司有涉案的纸质手册未能正常核销，直到 2006 年才开始对电子账册进行核销，核销期从 2002 年至 2006 年。在报送核销数据时，该公司发现，许多料件的出口耗用数高于进口数，而另一些料件的理论库存结余数据奇高，远远高于正常的库存数。经过自查，该公司发现存在以下问题：

1. 归并关系混乱。该公司主要生产风扇、加湿器、暖风机等，除主要料件外，也分别备案了风扇配件、加湿器配件、暖风机配件，但是很多料件和零件并没有明显的标志，甚至可以是不同产品的通用件。料件进口时，报关人员会将料件随意地归入某个类别，结果手册显示风扇配件的出口量大于进口量，而加湿器配件和暖风机配件有大量的理论结余，这些理论结余远远高于正常库存。

2. 单耗和 BOM 的变更不及时。比如，该公司部分矽钢片（手册备案项号 1）由台山某供应商转厂提供，2005 年以前均按照“矽钢片（税号 7226.1900）”与其办理转厂手续。2005 年初接该厂通知，其所备案的“矽钢片（税号 7226.1900）”已按当地海关要求变更为“有涂层非合金钢板（税号 7212.5000）”，要求该公司作相应的变更以便转厂。对此该公司向海关提交了备案料件变更报告，增加了第 87 项“有涂层非合金钢板（税号 7212.5000）”和第 88 项“矽钢片，硅含量＜0.6%，碳含量 0.08%（编号 7226.999090）”。但是该公司没有相应变更 2005 年至 2006 年期间电子账册的 BOM 表，导致在电子账册中项号 1 的“矽钢片”的理论库存有大额负数，而项号 87 的“有涂层非合金钢板”和项号 88 的“矽钢片，硅含量＜0.6%，碳含量 0.08%”的理论库存却有大额正数。

8.2 加工贸易手册管理

海关对加工贸易货物的管理既包括对实际货物（物流）进行管理，也包括对保税货物的进、存、用、出记录（信息）进行管理。加工贸易手册是海关对信息进行管理的基本工具，通过手册审批确定可以进口和出口的商品，通过核销保证保税进口的料件在海关监管之下并最终出口境外。对海关来说，对加工贸易手册管理，包括手册审批和备案（前期管理）、进出口管理（口岸管理）、保税货物实地外勤和核查管理（后续管理）、手册核销管理以及事后稽查管理，海关的监管覆盖整个保税货物经营过程。

对加工贸易企业来说，不同的手册有不同的管理流程（见表 8－1），因此企业，也应该有一套完整的对加工贸易手册和物流进行系统管理的规划策略。任何环节的违规和不规范，都可能受到海关的处罚。企业利用加工贸易方式的初衷是利用保税进口的方式节省和降低税负，但是往往由于手册管理不善，导致不应有的罚款和补税，从而加大企业的实际税负。

表 8－1　不同手册的管理流程对照表

手册类型	流程					
电子化手册	—	资料库备案	通关手册备案	进口口报关	手册报核	—
电子手册	物料备案	合同备案	通关备案	进出口报关	手册核销	中期核查
电子账册	经营范围账册备案	归并关系备案	便捷通关账册备案	进出口报关	账册报核	中期核查

加工贸易的手册管理和物料管理比一般贸易更为严格，加工贸易也更容易在手册管理和物料管理方面有意或无意地违规。复杂的管理流程

和规定，实际上是向加工贸易企业征收了"手册税"。

8.2.1 手册备案管理

手册备案是加工贸易的起始步骤，但是这一阶段却要确定加工贸易性质、手册形式、进口金额、进出口商品名称、商品编码，以及初步确定出口商品的单耗。笔者并不想在这里描述备案、核销的流程、手续和所需资料，而是从管理的角度探究如何规划手册的备案和核销以实现管理者目标。当然，像所有关务规划的目标一样，加工贸易手册管理和规划的主要目的是降低税负、加速物流和降低运作风险。

在合同登记和手册备案环节，涉及多个部门，主要包括以下审批步骤（见图8—2）。

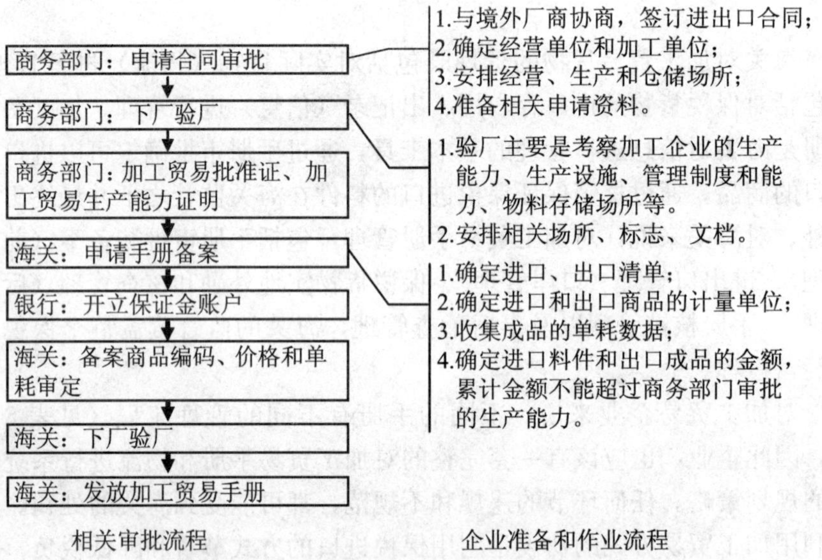

图8—2　手册备案的办理流程示意图

为了顺利获得批准，便于当前和后续的加工贸易管理，加工贸易企业应从以下几方面进行规划和管理。

8.2.1.1 商业合同或协议的签订和备案数据的准备

加工贸易有来料加工和进料加工两种方式，在现有的审批模式下，需要加工贸易企业先行签订相应的合同或协议，经审批后，才能获得"加工贸易批准证"。

从事来料加工需要提交来料加工的协议，协议一般包含以下条款：

1. 合作原则；

2. 加工品种和数量；

3. 生产管理；

4. 工缴费的计算和结汇方式；

5. 运输费用和保险条款；

6. 技术培训和产品质量验收；

7. 知识产权；

8. 争议的解决；

9. 协议期限；

10. 其他，如视乎业务发展方向，以后双方可以加签续约协议、补充协议等。

进料加工有两种合同，即进料加工非对口合同和对口合同。

1. 进料加工非对口，是指我方有外贸进出口经营权的企业动用外汇购买进口原料、材料、辅料、元器件、零部件、配套件和包装物料（简称料件），加工成成品或半成品再返销出口的交易形式，简称“进料非对口”。非对口合同的进口合同和出口合同没有关联性，可以是不同主体。

2. 进料加工对口，是指买卖双方分别签订进出口对口合同，料件进口时，我方先付料件款，加工成成品出口时再向对方收取出口成品款项的交易形式，包括动用外汇的对口合同、不同客户的对口联号合同以及对开信用证的对口合同，简称“进料对口”。对口合同的进口和出口合同存在对应的关系。

在实际生产中，提交审批时可能有多个进口合同和出口合同，可以将多个合同正本提交审批。商务部门也可能会出于管理上的方便要求将多个合同分别合并成一个进口和出口合同，这时仍应将合同正本提交审批部门过目。还有一种情况，加工贸易企业在实际生产中不会与供应商和客户签订合同，而是根据各种短期/小批量的订单进行生产，则在实际操作中可以提交基本合同或者与境外关联公司的合同向商务部门申请备案。

也有一些地方，并不要求提供实际的来料加工或进料加工合同，而只是提供商务部门的标准合同，企业会与自己的境外关联企业签订“形式合同”，笔者认为这种“潜规则”可能存在一定的法律风险。即使在这种情况下，也需要销售、计划和采购部门将销售成品和采购数量、金额等的数据提交给关务部门做“形式合同”，不至于货物到港后，料件没有备案。

8.2.1.2 自我评估加工贸易从业资格

1. 主体资格

商务部门和海关要求企业只有具备以下条件才能从事加工贸易业务：

1）完成了进出口经营者备案手续，具有进出口权；

2）已经在海关登记备案；

3）开展的加工贸易业务符合其营业执照规定的经营范围。

自《中华人民共和国对外贸易法》出台后，除了特殊行业，政府对外贸易经营权的资格实行备案制而不是审批制，只要企业的工商登记营业范围有相关的经营权，就可以办理进出口经营者备案登记手续。而海关注册备案的手续，同样是通过备案的方式获得报关资格。因此，除非特殊行业，以上资格并没有很高的门槛，只需要办理正常的备案登记手续。

另外，根据海关对企业进行分类管理办法，D类企业不能开展加工贸易。

2. 进出口商品资格

加工贸易禁止类商品不得开展加工贸易，禁止类商品有禁止进口和禁止出口两种，加工贸易企业不得以加工贸易的方式进口禁止进口类商品，也不得以加工贸易方式出口禁止出口类商品。

8.2.1.3 确定加工贸易方式

加工贸易方式主要有两种，即进料加工和来料加工。企业应根据自身实际情况选择合适的加工贸易方式。

8.2.1.4 确定申请加工贸易手册的种类

加工贸易手册的种类有三种，即电子账册、电子手册和电子化手册。企业应根据自身实际情况选择合适的加工贸易手册。

8.2.1.5 确定加工贸易手册的数量

对电子账册企业，一个企业就一本手册。但是对电子手册和电子化手册，则需要考虑手册的数量。手册的数量是根据现场通关便利需要和后续管理需要来确定。一般来说，手册数量越多，办理海关手续和现场通关就会方便一些。但是手册数量过多也容易导致管理混乱，不知道用哪本手册去登记进出口，手册之间串料，手册之间混用，从而使得进出口时间出现“倒挂”现象（出口成品在料件进口之前）。从提高手册管理效率的角度，应尽量减少手册的数量，一个产品系列申领一本手册，保证产品和料件不会串用。为了保证前后手册之间的过渡和衔接，应该在前一本手册到期之前一至两个月提前申领新的手册。

8.2.1.6 确定加工能力和手册进出口额度

加工贸易企业需要在“加工贸易申请表”中填报以下指标，商务部门和海关通过这些指标来确定企业的加工能力：

1. 资产和资金状况；
2. 历史经营状况；
3. 进出口状况；
4. 企业人力状况；
5. 生产技术和研发状况；
6. 厂房和仓库面积；
7. 历史生产规模；
8. 设备投资总额。

商务部门和海关根据以上指标确定手册（电子手册和电子化手册）的进出口额，以及电子账册的周转额（一次核销期内的所有料件容许库存最高金额，一般为企业年度出口总金额的20%，不能超过加工生产能力的1/2，也可根据具体情况由海关核定）。

加工贸易企业可以根据未来业务发展趋势，申请增加或者减少额度。如果预计未来业务量增加比较大，企业可以以扩大生产计划、扩建和投资计划、外发协作资源等名义，向主管部门申请更高的进出口额度和周转量。

但是，进出口额和周转量并不是越多越好，太高的额度会对企业库存管理提出更高的要求，比如不能及时处理边角料、残次品、呆滞料/品等，既会加大保税料件缺失的风险，又不利于资金的有效利用。

8.2.1.7 手册的进出口清单

加工贸易手册备案时，需要确定进口和出口清单，清单主要包括商品名称、编码、数量、计量单位、价格等。海关要求进出口物料的编码、名称及计量单位要规范，价格合理，需审价的商品应先送通关部门进行审价。

1. 归并商品名称

手册中一项商品名称可能会包含企业的多种商品，往往需要将企业的商品进行归并。

2. 确定进出口商品数量

出口商品的数量是根据合同和生产计划确定的，进口商品的数量则是根据出口商品和相应的单耗折算出来。

3. 确定进出口商品的计量单位

计量单位也是一个关键的申报指标，海关的法定计量单位多为“千克”，而企业实际的计量单位可能是“个”、“米”、“块”等。两者之间并不一致，如果完全按照海关的法定计量单位进行申报，则需要将企业的计量单位折算成法定计量单位，其折算系数即为“单重表”或者“单位转换因子”。即使是同一个料号的“单位转换因子”，都不会是稳定不变的，可能不同批次之间的转换关系会有变化。在料件进口时，可以按照实际件数或重量申报，满足企业所用单位和法定计量单位的一致性，但是在进行出口成品折料时，则要采用一个稳定不变的“单位转换因子”进行折料，因此“单位转换因子”的变化会导致出口成品折料与实际耗用的不一致。为了解决这一问题，企业应尽量采用企业的计量单位进行备案；单重有一定变化时及时调整，必要时可以增加备案不同的料件。

4. 确定进出口商品的备案单价

备案商品清单中的商品价格，只是一个备案价格，在实际进出口时需要按照实际的成交价格向海关申报。成交价格与备案价格一致是非常重要的，否则会导致增值税出口退税以及外汇核销出现问题。比如，进料加工出口退税，如采用“实耗法”，税务部门会利用备案价格来确定“计划分配率”。

5. 备案国内料件

国内采购料件也需要备案。如果来料加工合同部分料件属国内购料，企业还应提交商务部门批准的“三来一补企业国内购料申请表”及其随附清单。进料加工，原则上，需要在备案环节备案国内采购料件的数量和金额，在核销时向海关提供国内购买发票（普通发票或增值税发票）。如果手册执行期间需要将保税进口料件改为国内采购料件，也需要办理变更手续。如果没有办理备案和变更手续，而采用国内料件，可能被认定为“串料”。

8.2.1.8 不能保税进口的料件

目前，有两类为加工贸易所用的商品不能获准免税进口：

1. 禁止进口类商品，这在前文已经作了说明。

2. 加工贸易企业进口消耗性物料，除按规定可予以加工贸易保税备案的以外，一律不再纳入加工贸易手册管理。

消耗性物料，是指加工贸易企业为加工生产复出口（含深加工结转）产品而进口的，在加工生产过程中直接用于，但又完全不物化于（部分物化的纳入单耗管理）产品中的物料。《海关总署关于加工贸易进口消耗性物料监管问题的通知》（署加发〔2006〕497号）规定，可以申请保税备案的消耗性物料包括：

1. 对外商投资企业加工贸易项下进口的消耗性物料，属于署监一〔1992〕1099号文列名的数量合理的触媒剂、催化剂、磨料、燃料，可予以保税备案。

2. 对非外商投资企业，随加工贸易保税料件一同进口，直接用于加工成品出口，并在加工过程中全部或部分消耗掉，或者物化在成品中，数量合理的石墨电极、石油焦、煤以及染化料、洗涤剂、催化剂、触媒剂，可予以保税备案，海关按核定的耗用量进行监管核销。

案例34：小小包装物料的重新关务筹划，带来巨大的经济效益

小徐是某美资著名品牌企业在中国的制造企业的物流和报关经理，其所在公司从事来料加工，每年进出口额2～3亿美元，产品基本全部复出境外。该公司是关区知名企业，最早一批实行电子联网管理。

小徐分析公司的纳税产品主要是边角料和包装物料，海关会按照毛重与净重之差来征收包装物料的关税和增值税，每年的税款都有近百万元。公司管理层对此的理解是，海关法规只要求将包装物料纳税后作为废物处理，卖给废物收购站。

小徐发现公司的包装物料可以分为三类：一是铁制的，可以反复使用；二是塑料制的，不能直接反复使用；三是纸质包装，不能直接利用。经过研究，并征得当地海关同意，小徐将第一种包装物料备案为“可重复使用容器”，直接退运境外原供应商再利用；将第二类包装物料，外发到塑料包装厂家加工成公司成品所需要的包装物料，随成品复出口境外；对第三类包装物料，仍然按照现有处理方式。

小徐的建议直接为企业节省了包装物料的购置费和关税近百万元。

8.2.2 商品归并的规划

所谓“归并”，即将多个货（料）号归并成经海关核定的同一备案序号商品。归并可以实现企业的通关数据与企业内部数据的对接，实际上是一个“翻译器”。这是电子联网监管后的新概念，但实际上，不管联网监管还是纸质手册都需要归并。只是，在纸质手册的监管模式下，海关并没有将料号级数据纳入直接监管范围。

8.2.2.1 归并原则

以下是办理料件归并的主要原则：

1. 料件归并应以《协调制度》为基础，对商品编码不相同的商品，不得归入同一备案序号。

2. 对商品编码相同的商品，参照以下原则处理：

1）对品名相同、规格/型号和价格相同（或相近）、产地不同的，可合并为同一备案序号；

2）对品名不同，但商品属性或用途相近，并可替换使用的，可合并为同一备案序号；

3）对规格/型号或价格差异较大的，应根据监管的需要按其价值、重量或规格范围进行分类后，归入不同备案序号。必要时可在备案申请表的“规格/型号”栏填入分类范围；

4）对商品编码相同、规格型号不同的，其分类范围可参照以下原则处理：单价 100 美元以下、价差 5 倍以内、单品重量 2 位以内的料件，在能够满足口岸海关查验和主管海关核销要求的前提下，可归入同一备案序号；单价 100 美元以上、价差 50%以内、单品重量 2 倍以内的料件，可归入同一备案序号；价差 50%以上、单品重量 2 倍以上的料件，应归入不同备案序号。

5）容易引起海关通关审单歧义或导致统计差错的商品不作归并。

6）因企业结转等业务导致上下家企业有特定要求的特殊商品不作归并。

3. 同一备案序号项下可对应企业管理系统中多个料号的商品，但一个料号只能对应一个备案序号。

4. 国家贸易管制商品与非管制商品，以及备案环节确定为应税商品与保税商品不得合并备案。

成品的归并原则基本上与料件一致。另一个重要的要求就是：单耗应该一致。在电子账册的模式下，笔者不赞成对成品进行归并；而在电子化手册的模式下，需要对成品进行归并。

目前关于电子账册的归并已经是比较成熟了。但是，电子化手册的归类仍处于无规范状态，下面这个案例即反映了这一问题。

案例 35：某公司电子化手册的料件和成品归并方法

某外商投资企业的主要产品为金属保险管（玻璃保险管系列、陶瓷体保险管系列、贴片式保险管系列）、电子保险管、电感线圈及小型变压器。产品 100%外销，80%的料件从海外进口（包括部分通过转厂方式转入的料件），20%的料件在国内采购。加工贸易项下的料件和成品有数千个料号。该公司一直为保税料件短少或盈余所困扰：

1. 2003年11月，因保税料件短少而被海关处以罚款410861元人民币，并对短少货物补缴税款；

2. 2004年12月，因保税料件盈余而被处以罚款204000元人民币；

3. 2005年3月，因保税料件短少而被处以罚款12500人民币。

因此，该公司决定对所有料件和产品进行梳理，以进行科学的归并。

该公司的内部料件有2000多个，主要料件是磁环和其他电子元器件，同一种元器件价格差异较大，如磁环的最高价格是数万元每千克，也有几十块钱每千克的。成品的料号有数万个，是归并的一个重点，不能像有些公司，一个成品单独作为一类。根据成品的类型、材质、特性和重量可以进行以下划分：

1. 成品类型，主要有金属保险管和变压器。

2. 产品主要材质，如保险管有玻璃保险管系列、陶瓷体保险管系列、贴片式保险管系列。

3. 成品重量，如100～200克，200～500克，500克以上。

【归并方法】

1. 料件归并

第一步（主料）：如果料件属于生产成品的主料，应单独作为一类。例如，磁环作为生产电感器的主要材料，应单独列为一个类别。

第二步（品名、税号）：区分料件的税号（品名），不同税号（品名）的料件归为不同类别。

第三步（计量单位）：对相同品名但不同计量单位的料件进行分类，不同计量单位的料件不能归为一个类别。例如，料号为“12008900”的“某产品”的单位为“PC”，而料号为“12011600”的“相同产品（不同规格）”的单位为“SET”，两者应归为不同类别。

第四步（价格）：价格差别较大的类别再进一步分类，将价格接近的归为一类。例如，在实际生产中可以比照联网监管的归并原则执行。

2. 成品归并

第一步（税号、品名）：区分产品的品名和税号，不同品名和税号的产品归为不同类别。例如，电感器的税号为“8504.5000”，变压器的税号为“8504.3190”，两者应为不同类别。将公司全部产品归并为以下几个品名：电感器、电解电容、涂碳铝箔、塑胶保险丝、玻璃管保险丝、陶瓷管保险丝、贴片保险丝和导线型保险丝。

第二步（系列、用料）：对相同品名的不同系列（用料）进行分类，用料不相同的产品归为不同类别。如果相同系列产品的用料不一致仍需要进一步分类，直至每一类的用料均相同。例如，玻璃保险丝与陶瓷保险丝的用料不同，应为不同种类。根据用料的不同将电感器分为九大系列：UP、OP、CMS、TP、MP、SD、SR、FP 和 HC。

第三步（用量、单耗）：对相同系列、料件用量不同的商品进行分类，将用料量相同的产品归为一类。例如，电感器 IA 的跨度是“200～800pcs/kg”，包含料件 300 多个，跨度较大，应予缩小。

第四步（单位）：对用量相同、计量单位不一致的产品进行分类，将相同计量单位的产品归为一类。

【增加归并的种类】

企业确定归并种类时，通常考虑两方面的因素：一是备案和通关的便利性；二是理论单耗（手册备案数据）与实际单耗（BOM）尽可能接近。归并种类数量的多寡往往难以同时满足上述两方面的考虑（见表 8－2）。企业只能权衡两方面的影响，确定归并种类的数量。

表 8－2　归并类别多寡的优缺点对照表

特点＼归并	归并类别多	归并类别少
优点	1. 备案单耗更接近实际单耗； 2. 实际库存与手册记录更接近。	1. 进出口通关更便利； 2. 备案过程更为简单。
缺点	1. 进出口申报更为仔细，需要将进口商品对应到相应的备案商品项； 2. 备案过程较为复杂； 3. 如果每一个料号备案一种商品，每个料号商品都需要填写报关单的商品项，很可能一批货物要填写多份报关单，备案和核销数据庞大，影响数据的传输速度。	1. 备案单耗仅仅是一个估计数，可能与实际单耗有较大的差异； 2. 实际库存可能偏离手册理论库存。

【磁环的归并举例】

该公司生产所用的磁环有近 300 个料号，目前的归并方法是将所有保税进口磁环归为一类——“磁环 A”。现有的归并做法没有考虑到规格差异和价格差异等因素，不能符合海关的监管要求。因此应按科学的流程进行归并（见表 8－3）。

表 8—3 磁环归并流程表

影响因素	产品特征	归并或分类
是否主料	磁环是主要料件。	不应与其他料件归并在一起，至少应单独归为一类
品名和归类	所有磁环的名称均为 CORE TOROID 或 CORE 等，商品编码为 8504.909000。	不需要再分类。
规格和型号	不同产品系列所需要的规格差异较大，品质和价格也有较大的差异。	应该进一步分类。
单位	所有料号的交易计量单位为“个”，法定单位为“千克”。	不需要再分类。
价格	169 个商品料号的价格区间为 0.023 元/千克～27.8 元/千克，相差 1000 多倍。	应该进一步分类。

根据上面的分析，按料件的价格进行分类，以联网监管的归并原则所述的价差不得超过 5 倍为基准，考虑相应规格差异，从便于现场通关的角度出发，可以将 169 个商品分为四类。

8.2.2.2 归并规划的要点

归并是企业内部管理单元与海关管理单元之间的桥梁，是一个极其重要的“翻译器”。如果该“翻译器”错误，就会导致本来真实合规的海关数据变得异常或违规，甚至导致本不应有的补税或者罚款。以下是一些处理归并关系的要点：

1. 不同手册的归并关系应该一致

如果企业存在多本手册，不同手册之间相同的商品名称的归并关系应该一致。如果不一致，既会导致现场报关信息混乱，也会导致无法对理论库存与实际库存进行监控，无法编制相应的料件平衡表。

2. 备案确定的归并关系应有利于执行

企业的不同料号的部件，应有利于现场报关员归并到手册上的不同商品项目，这一方面要求报关员应该有相应的知识和素质，另一方面也要求所作归并要易于辨认和操作。

有些企业在料件或者成品进出口时，随意归并为手册中的商品。而备案时的归并关系会与 BOM（单耗）直接关联起来，当成品出口时会按照设定的 BOM（单耗）计算耗用的料件。因此，实际归并与设定归并不一致时，就会导致料件已经在进口时归并为 A 料件，报关单和手册均显示为 A 料件进口，而在成品出口时错误地扣减 B 料件，其直接结果就是 A 料件盈余，而 B 料件短少。

例如，某公司是生产电器的来料加工厂家，有电风扇、暖风机、加湿器等三大产品系列，对一些小部件，该公司手册上备案三个料件项：电风扇零部件、暖风机零部件、加湿器零部件。但实际进口时，有很多部件是通用件，或者报关员根本无法区分这些零部件属于哪一类产品的零部件，因此随意归并到某一商品项号下，这就直接导致这三类产品的盈余和短少不平衡。

3. 成品出口前和核销前应对归并关系进行整理

在实际执行中，料号和海关编码都会有更新，或者会发现实际执行的归并关系与备案的不一致，因此，应该在成品出口前或者手册核销前对归并关系进行整理，减少由于归并关系而导致差错的。

4. 料件和成品归并应该由多个部门参与

研发部门、工程部门、生产部门、关务部门等都应该参与到归并工作中，产品内部特性、制造特点、进出口规律都是归并所应考虑的因素，只有了解这些因素，才能更为准确地确定商品的归类，便于报关员进出口申报。比如某企业料号“32MC”开头的料号都是纸箱，报关员根据发票和装箱单上的料号就能确定商品的种类。

8.2.3 BOM和单耗的管理和申报

单耗管理应当遵循如实申报、据实核销的原则。无论是电子账册还是电子化手册，单耗与实际生产的耗用一致，是最大的关务管理挑战。

8.2.3.1 单耗的确定

单耗是指加工贸易企业在正常加工条件下加工单位成品所耗用的料件量，单耗包括净耗和工艺损耗。

海关意义的单耗与生产中的成本和耗用（投入产出比）概念，既有一致的地方，即单位成品耗用的料件量，也有不一致的地方，主要有以下两点：

1. 单耗是“正常加工条件”的耗用，人为的、不可抗力造成的生产或库存上的损失，不记入单耗。

2. 海关意义的单耗，会有单耗标准的限制，企业实际生产中的单耗或者损耗不能超出单耗标准。

测定加工贸易产成品的单耗是一项技术性要求非常高的工作，需要企业生产、技术研发等部门的参与。由于各个行业的产品和工艺特点千差万别，单耗测定的方法千差万别，笔者不能一一列举各个行业单耗确定的方法，只想提出一些测定的原则和流程：

1. 获取原始资料

1）获取计划和研发部门的配料表、设计图、BOM 表等，同时获得生产部门的实际领料标准，辅之以财务部门的成本核算资料，这三方面的资料，分别是计划的耗用标准、执行的耗用标准和事后核算的耗用标准；

2）选定一些有代表性的产品进行称量、测量、清点，与以上资料数据进行核对；

3）保留样品，供海关复核。

2. 将工业（企业）耗用数据转化为海关单耗

1）将耗用转化为净耗和损耗。从计划和研发部门获取的耗用和领料数据，可能会包括净耗和损耗。净耗，是指在加工后，料件通过物理变化或者化学反应存在或者转化到单位成品中的量；工艺损耗，是指因加工工艺原因，料件在正常加工过程中除净耗外，必须耗用、但不能存在或者转化到成品中的量，包括有形损耗和无形损耗。两者的关系是：单耗＝净耗/（1－工艺损耗率）。在技术和工艺设计上，两者可能会作区分也有可能不作区分，但是在向海关申报时需要将两者区分。一般来说，通过设计和研发部门的设计图、BOM 表等关于产品结构、成分、配方资料，可以获得净耗数据；而在领料、排料资料和会计核算资料上，两者是不作区分的，扣除其中的净耗部分，就可以得到损耗。有时候，净耗的数据不会出现在以上资料中，则需要实际称量和测量。

2）将工业意义上的耗用转换为海关意义上的单耗。我们前面分析过两者的差异，每个企业定义耗用、领用的范围可能不同，因此，需要进一步调整。比如，某五金企业生产部门在领用铝板时，都会比 BOM 表上多领用 0.3%～0.5%作为切头，这可以作为额外的损耗；再如某电子厂的生产部门在领用电子元器件时，为预防元器件破损，往往每 100 个会多领用 1 个，根据海关的规定，这一个不能作为损耗。

3）单位转换。配料表、设计图、BOM 表等的单位往往是企业内部单位，如“米”“个”等，这些单位可能会与海关法定计量单位不一致，因此，需要将非法定计量单位进行转换。这就需要制作“单位转换因子表”或“单重表”。

4）单耗平均化。由于手册上备案的一项成品往往是由多种型号规格不同的商品归并而成的，因此，需要将这些型号规格不同的商品的单耗进行加权平均，确定手册备案成品的单耗。在电子手册和电子化手册中，这种做法较为常见。平均的结果简化了成品的种类，但是增加了备案单耗与实际单耗不一致的风险。

3. 及时变更单耗数据

在生产过程中，单耗数据可能会发生变化，如：

1）配方和设计变化；

2）材料质地发生变化，用量也会随之变化；

3）即使用量没有变化，单重发生变化，也会影响单耗。

在变更单耗的时候，有一点需要特别注意，即变更的时刻，并不是生产中的用料有变化就马上变更，由于手册的单耗是用于对出口成品进行折料，因此，应该在新产品出口前进行变更。

另外，在实际操作中存在着一种基于库存平衡的单耗确定法，具体操作各有千秋，但基本思路是：定期监控实际库存与手册结余库存的差异，根据该差异确定新手册的单耗，如果实际库存偏高，则调高新手册的单耗，如果实际库存偏低，则降低新手册的单耗。笔者认为这种不基于真实数据基础上的单耗确定方式，轻则可以说是“擦边球”，重则是伪报单耗数据。

8.2.3.2 单耗的申报

企业向海关申报单耗的常规环节是发生在保税加工的成品出口前、深加工结转前或者内销前。但一些生产工艺流程简单、产品净耗比较稳定、产品单耗关系不太复杂的企业，可以在合同备案环节一并向海关申报单耗，以便海关在合同备案和核销时给予便利。企业确实无法在成品出口前、深加工结转前或者内销前申报单耗，改为在合同报核前申报的，属于特殊情况，须事先报经主管海关批准。

海关会对申报的单耗进行审核，审核包括两方面内容：

1. 真实性审核，即审核单耗是否属实。海关会通过以下几种方法进行审核：

1）数据逻辑检查法，如检查成品的重量与组成料件的重量（单耗）之和是否一致；

2）工程资料检查法，即检查工艺流程图、排料图、工料单、配料表、质量检测标准等能反映成品的技术要求、加工工艺过程以及相应耗料的有关资料；

3）会计资料检查法，即检查加工合同、订单、加工计划、加工报表、成本核算等账册和资料；

4）样品测试法，比如合同报核前的单耗申报，需要在出口前保留样本，并对样本进行测量，以及必要性从保税料件和成品中提取货样进行检验或者化验；

5）现场观摩法，即进入加工贸易企业的货物存放场所、加工场所，检查与单耗有关的货物以及加工情况。

2. 审核是否在单耗标准范围内。单耗标准是指供通用或者重复使用的加工贸易单位成品耗料量的准则。单耗标准设定最高上限值，其中出口应税成品单耗标准增设最低下限值。单耗标准有全国标准（由海关总署制定）、直属海关关区标准、隶属海关关区标准。这些标准是由海关牵头、行业协会参与制定的，以本行业的先进水平、部颁标准和加工企业的实际水平为依据，并经海关实际考核认定为耗料标准。作为企业来说，一方面应该直接或者通过行业协会向海关反映本企业的单耗水平，另一方面应提高技术水平减少实际耗用。

海关如果对申报的单耗不认可，会对单耗进行核定。如果加工贸易企业对海关作出的单耗核定结果有异议，可以向直属海关提出书面复核申请。

案例 35：单耗和 BOM 的变更不当带来的理论库存与实际库存差异

某企业从事加工贸易生产剃须刀，使用电子账册，其中一个料件是刀柄料（归入税则第 82 章），所有规格的刀柄料均归为"刀柄料"一项。后来某些型号刀柄料的转厂供应商的主管海关认为该商品应归入第 39 章，并要求作相应更改，经过两地海关协调后改第 39 章商品，因此该商品在电子账册上被分为两项，即一个为第 39 章商品，一个为第 82 章商品。该企业同时将进口料件作了改变，也调整了电子账册的相关 BOM。

后来主管海关下厂核查，发现归入第 39 章的商品出项大量短少，归入第 82 章的商品出项大量盈余，短少和盈余的绝对数一致。经查发现，这些型号的物料税号更改后原有的库存没有改变，而在变更时将原有电子账册的 BOM 一同更改了，使得产品出口时在手册上反映的耗用料件是新的物料（见表 8—4）。

表 8—4 SAP 系统数据与电子账册数据差异对照表

类别＼数据	SAP 系统数据				电子账册数据				库存数据
	期初数	进口	出口	结余	期初	进口	出口	结余	
第 39 章商品	2000	5000	6000	1000	0	5000	6000	－1000	－2000
第 82 章商品	3000	8000	6000	5000	5000	8000	6000	6000	＋2000

8.2.4 手册核销管理

加工贸易手册的核销，是指加工贸易企业加工复出口或者办理内销等海关手续后，凭规定单证向海关申请解除监管，海关经审查、核查属实且符合有关法律、行政法规、规章的规定，予以办理解除监管手续的行为。

8.2.4.1 手册核销的要求

办理海关核销手续有以下几点要求：

1. 报核时限要求（程序性要求）

1）电子化手册有一定的期限，通常为1年，到期则要进行核销；电子账册也会设定核销周期，如6个月为一个核销期。

2）加工贸易企业应当在规定的期限内将进口料件加工复出口，并自加工贸易手册项下最后一批成品出口或者加工贸易手册到期之日起30日内向海关报核。

3）对外签订的合同因故提前终止的，应当自合同终止之日起30日内向海关报核。

手册按期报核是企业关务管理的基本要求，逾期未报核会被海关认定为高风险企业，并暂停办理深加工接转、异地加工等海关手续。对逾期未报核手册，海关一般进行催核，如果仍未报核，海关会下厂核查乃至稽查等。企业是否有过期合同是影响企业评级的重要因素，直接关系企业的分类结果。

2. 资料和数据完整性要求（形式上审核）

加工贸易企业申请核销加工贸易手册应提供加工贸易手册、进出口及内销的报关单、“核销申请表”和“行政许可受理审核作业表”等。如果出口产品耗用国内料件和一般贸易进口的料件，还需要提供发票和税单。如果加工贸易手册项下的货物涉及受灾物品，则还需要商务部门的证明和保险公司的赔偿资料等。

企业提供的纸质单证的数据应与海关内部数据库（如H2000）的电子数据一致，如存在不一致，则需要企业提供相关单证加以证明。造成数据不一致的主要原因是不同地区海关数据不能同步共享、企业单证遗失等。

只有经审核单证齐全有效，海关才受理报核；否则企业应补充资料和数据，甚至需要申请海关内部技术部门从数据库中进行核实，经核实后重新报核。

3. 平衡性要求（实质审核）

加工贸易手册核销的一个基本要求就是进出口平衡。进出口平衡核算是加工贸易手册核销的实质性审核，如果海关核销采取纸质单证核销和电子数据核销结合的方式，进出口平衡核算是核销中主要的程序。

平衡性要求包括两层内容：数量上的平衡和金额上的增值。金额上的增值就是出口成品的金额必须大于进口料件的金额，否则就会被认为“倒挂”。数量上的平衡就是加工贸易进口料件均复出口或办理内销、结转手续，复出口的形式可以是成品出口、料件退运等方式，内销除了成品内销还有边角料等内销。

海关通过加工贸易手册进行监管的目的是保证进口的保税料件能够以各种形式复出口（成品出口，边角料、残次品的出口或者退运），对留在国内市场的保税料件进行征税，对结转到下一本手册的料件继续监管，从而达到进出口的完全平衡。

4. 合规性要求（实质性审核）

在合同执行过程中，如果加工贸易手册涉及违规、走私，或者遗失，则不能办理核销手续，只有在案件结案后才能执行核销。

在核销过程中，海关还是要对手册的合规性进行检查，如保税货物内销手续是否齐全，保税货物的放弃是否符合规范等。必要时，海关会下厂核查，调阅有关申报资料和单耗资料等，实地盘点保税货物。

8.2.4.2 手册报核和核销的流程

加工贸易手册核销是加工贸易关务管理的重头戏，涉及多种资料，平时需要分门别类地整理；也涉及多个部门的数据，如物流部门的转厂和收发货数据、财务部门的内销和内购单证、仓库部门的实际库存情况。

一般来说，核销的流程有以下几个阶段：

1. 资料准备和完整性自查。
2. 核销数据录入和稽查。
3. 包装材料、边角料和残次品的征税。
4. 核销表的调制和分析。如果手册平衡数为负数，即出口耗用料件大于进口料件，则需要向海关解释。比如在国内购料的，必须经海关同意并在核销时向海关提供买卖双方的购销合同或增值税发票；再如深加工结转导致的时间差，则要提供转厂报关或收发货单据。
5. 余料结转申报。
6. 出口退税手续的办理。
7. 核销资料的提交（递单）。
8. 台账核销。
9. 结案。

具体流程见本书附表4。

8.2.4.3 核销过程中边角料、残次品和库存的处理

1. 边角料的处理

边角料，是指在海关核定的单位耗料量内、加工过程中产生的、无法再用于加工该合同项下出口制成品的数量合理的废、碎料及下脚料。这里所说的边角料，并不是实际加工中产生的边角料。边角料，可以是已经补税的，也可以是出口退运的。比如说某企业进口保税钢材1吨生产模具，实际的损耗为8%，即损耗量为1吨×8%=80千克；而根据单耗标准的备案损耗只能为5%，那么边角料的数量就应该是1吨×5%=50千克，而多余的30千克可能被当作残次品处理，在其内销时按照原材料价格补缴关税和增值税。(见图8—3)

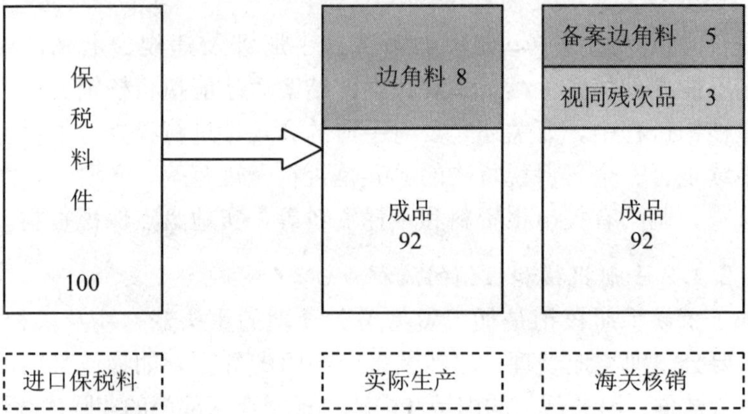

图8—3 海关意义的边角料与实际边角料对比图

2. 残次品的处理

残次品，是指加工贸易企业在生产过程中产生的有严重缺陷或者达不到出口合同标准，无法复出口的制品（包括完成品和未完成品）。残次品，在加工贸易手册中不能备案为损耗，不能作为边角料处理。

残次品的处理方法有三种：补税内销、退运出口、放弃。但是无论哪一种方式，都需要将其还原为所耗用的料件，然后分别按照料件进行补税，或者出口时核扣进口料件，或者放弃。对完成品来说，这个还原过程相对简单，即可按照备案的单耗比例进行还原；如果是半成品，还原过程则较为复杂，海关可能需要企业提供更多的支持文档。

关于残次品的出口方法，在公开的海关文件中规定得比较简单笼统，以下是实际操作总结：

1）残次品出口，最好是完成品，而不是半成品。如果备案商品中有半成品，则可以以半成品残次品出口。

2）出口的贸易方式与正常成品出口一致。

3）残次品出口，是很正常的业务，不需要事先经海关审批，正常申报即可。

4）残次品的外观和包装要完整、整洁，以便清点、计数，否则海关会要求退回，不让出口。

5）残次品出口，按正常的合同品名申报，只需在“规格”栏内注明“残次品”。

6）残次品“单价”按“残次品实际价值申报”，而不是按良品的“成品价值申报”，如果该残次品没有利用价值，就虚拟申报为“1”、“0.1”、“0.01”均可（因为0价值无法申报）。

7）残次品出口报关时，先准备一份与外商签订的形式“残次品回收协议”提交给海关。

8）残次品出口完成后，要进行外汇核销，三资厂一样要作“免、抵、退”操作。所以出口价格应与实际成交价格一致，如果没有实际成交，应以极低的象征价格申报，否则会产生实际价格与报关价格不一致的麻烦。

3. 剩余料件的处理

剩余料件是手册的进口料件减去出口成品耗用及内销的料件的余额。对于电子化手册，剩余料件通常会以余料结转的方式进行处理。余料不得作二次以上结转，只进口不出口的合同按规定也不能办理余料结转，只作退运处理。对电子账册而言，本期的剩余料件（保税料件的期末库存）将作为下一期的期初库存。

4. 实际库存的调整项

实际库存的调整项，主要是针对电子账册而言，如果手册结余的库存（理论库存）与实际库存不一致，海关将要求根据实际库存调整理论库存，经补税和补登记后，将实际库存作为下一期的起初库存。

8.2.4.4 电子账册核销的特殊考虑

电子账册核销的基本流程和要求与传统手册是基本一致的，只是由于电子账册是以整个企业为对象、以生产料号为基础的滚动核销，所以相对于传统手册而言，电子账册核销有以下几点特殊性：

1. 强制性的库存盘点

对核销时点的保税料件及其成品进行实际盘点，盘点需要海关或者指定的中介机构抽盘或者监盘，因此，需要与海关商议具体的盘点时点。在盘点前，应该整理ERP中的料件料号与手册上商品项号之间的归并关系，因为执行一个周期之后，料号和海关编码都会有更新，应在盘点前重新整理。

2. 特殊的联网监管核销方法

由于电子账册是以料号为单元的，核销也需基于料号数据，因此，核销时也不仅仅是基于申报的单耗数据，更多地运用以下两种方法：

1）BOM核销法。用每个成品料号的出口数量乘以相应的BOM数据，就得出出口成品耗用的料件。海关要求，每一个成品在出口前必须进行BOM申报。如果BOM申报后，BOM又发生了变化，可以以新版本的成品替代，视作一项新产品。很多企业在BOM发生改变时，都不作处理，造成实际库存与理论库存产生差异。

2）工单核销法。生产工单就是企业的生产作业指令单。工单一般由计划或者工程部门根据订单或者预测制作，系统自动根据BOM生成工单中成品所需要的料件，生产部门接到工单后，按照工单的料件数向仓库领料生产。核销时，将核销期所有工单汇总，按照“先完工先出口”的原则，按照出口量找出出口产品的工单集合，再对工单的料件进行汇总求和，得出口产品耗用的料件。这种方法，可以消除因BOM频繁变化造成困难，充分利用了企业的内部信息，将变化的BOM用工单固化下来。因此，工单核销法实际是BOM核销法的一种延伸。

3. 期末库存的调整和结转

与传统手册的“清零式核销”不同，电子账册可以有结余料件，这些结余料件全部结转到下一期作为“期初库存”。但是在结转前，必须按照实际库存的数量进行调整，如果实际库存高于手册结余数，则将差额部分补登在手册上，使调整后的期末库存与实际库存一致。如果实际库存少于手册库存，则短少部分视同内销，需要全额征税，如果不能解释短少原因，还需要罚款，调整后的期末库存与实际库存也一致。

8.3 保税物料和物流的管理

8.3.1 保税物料仓储的关务管理

仓储是对原材料和产成品供需起缓冲和平衡作用的体系，能够提高产品的时间效用。仓储管理包括仓库的选址、物流设备的配备、库存管理和库存控制等。海关对保税货物仓储管理的规定及保税物流体系或多或少会影响以上各方面的企业仓储管理，例如，仓库选址，是在工厂里面还是在工厂外面，是租用第三方仓库还是自建仓库，是自建加工贸易备料仓库还是保税仓库。

8.3.1.1 仓库的选址及规划

1. 成品仓库的选址及规划

成品仓库选址，在商业上，可以分为市场（客户）定位、制造（自身）定位和中间定位三种。

1）市场（客户）定位的仓库在地理上接近客户，第一程（从制造点到仓库）的距离较远，而向客户运输的第二程则相对较短，这适合用户或者零售商只有分散的小批量的需求，但对时效要求非常严格的情况。

2）制造（自身）定位的仓库是在地理上邻近自己的生产工厂，这种选址更好地支持制造工厂，可以用集运的方式将产品混合运往客户。

3）中间定位的仓库，坐落于客户与制造商之间，与制造定位的仓库相似，可以为广泛的库存品种提供集运。

在考虑仓库选址时，应该在确定仓库定位的基础上，全盘考虑从工厂到仓库的运输费用、仓库的储存费用和仓库到用户的费用。

2. 料件仓库的规划

成品生产后就应尽快送往客户，加快货物周转，减少资金占用，与之不同的是料件库存应折中于安全库存保障生产与减少资金占用这对矛盾。任何企业都必须保持一定安全库存，应该有自己的备料仓库。在自有的备料仓库应确定专门人员负责管理，实时记录仓库进出口情况，专门仓库堆放保税货物或单独堆放保税货物，不得与国内原料混在一起。企业生产按工序每日（第班次）详细记录领料（同品种原料）串换、混合生产。

8.3.1.2 保税仓库和第三方仓库的利用

加工贸易企业的保税货物存放可以有以下选择：

1. 厂区的自己仓库；

2. 厂区外的自有仓库；

3. 厂区外租用的仓库；

4. 公共保税仓库；

5. 海关特殊监管区内的仓库。

以上各种仓库在海关监管上各有差异，海关手续的办理也不尽相同(见表 8—5)。

表 8—5 不同类型仓库对照表

仓库类型	海关手续	商业上的考量
厂区的自有仓库	在加工贸易手册备案时填报仓库的种类和面积； 报关后，记录在企业的加工贸易手册上，进入自有仓库。	紧靠工厂，便于货物的存取，自己管理，安全便捷。 需要有较大的存放场所。
厂区外自有仓库	加工贸易手册备案时报告厂外仓库的种类、面积和位置； 报关后，记录在加工贸易手册上，进入自有仓库。	布局灵活，利于生产能力扩张。 货物存取不便，对仓库的管理要求比较高。
厂区外租用的仓库	需要向海关报告租用厂外仓库的种类、面积和位置，如果与其他公司合租仓库可能不会被海关批准。 报关后，记录在企业的加工贸易手册上，进入租用的仓库。	商业安排灵活，减少资金占用。 需要对第三方仓库进行有效的管理，包括合同安排、事前事后评估和考核。 可以完全利用本公司的人员进行仓库管理。
公共保税仓库	保税料件进境后由保税仓库向海关申报；需要货物时从仓库提取，并记录在手册上。 对出口货物，先进行出口申报并记录在企业的手册上，货物随后入库，等待出口。 货物存放期间的关务管理，由仓库负责。	商业安排灵活，减少资金占用，但租金可能会比普通仓库高。 需要对第三方仓库进行有效的管理，包括合同安排、事前事后评估和考核。 在仓库内可以进行简单加工。
海关特殊区域内的仓库	保税料件进境后由仓库向海关申报；需要货物时从仓库提取，并记录在企业手册上。 对出口货物，先进行出口申报并记录在手册上，货物随后入库，等待出口。 货物存放期间的关务管理，由仓库负责。	商业安排灵活，减少资金占用，但租金可能会比普通仓库高。 需要对第三方仓库进行有效的管理，包括合同安排、事前事后评估和考核。 在仓库内可以进行流通性简单加工、检测和维修等。

注：“简单加工”是指分级分类、分拆分拣、分装、计量、组合包装、打膜、加刷唛码、刷贴标志、改换包装、拼装等辅助性简单作业。

加工贸易企业，可以根据商业需要以及第三方物流供应市场情况决定选择何种仓库。在中西部地区，保税仓库和海关特殊监管区域比较少，更多地依赖自有仓库；在东部地区，尤其是加工贸易密集的珠三角和长三角地区，保税仓库和海关特殊监管区域等第三方物流服务比较完备和充分，可以更多地考虑依赖第三方物流。

8.3.2 保税和非保税货物分开管理的规划方法

许多公司在中国建立加工基地，既面向国外市场，也面向国内市场。一般的安排是外销产品利用加工贸易的方式，内销产品利用一般贸易和内销采购原材料的方式。同一个公司如果既要生产供国内市场的产品也要生产供应国外市场的产品，那么保税和非保税料件之间的串换、“借用”，以及保税料件有意或无意的内销就会成为企业最容易“中招”的地方。因此，如何建立内销和外销之间的“防火墙”是关务管理的重点，在实施上，目前比较盛行方法有：

1. 实际工厂分开法。设立加工贸易工厂专门从事外销生产，同时设立内销工厂专门从事内销生产。

2. 虚拟工厂分开法。在同一工厂内，在 ERP 系统中设立两个虚拟工厂，即一个保税业务工厂，一个内销工厂。

3. 料号分开法。在同一个工厂里面既有生产内销产品，也生产外销产品，内销和外销的产品和料件的编码不相同，从信息上将两类产品进行区分。

4. 币制区分法。对保税和非保税的产品和料件按照币制不同进行区分，所有国内销售的产品和相应的料件均采用人民币作为币制，所有保税出口或转厂销售的产品和相应的料件均采用外币作为币制。

以上每一种方法适用不同的管理模式和业务规模。以下是各种模式的实施要点：

8.3.2.1 实际工厂分开法的实施要点

生产内销产品和外销产品的两个工厂在地理位置上分开，可以是隔壁，也可以是在不同地区。两个工厂可以是同一个法人主体，只是在不同的地址，在区位、地理或者物理上分开，甚至可以是“厂中厂”的模式。两个工厂也可以分开为两个法人主体。

实际工厂分开管理能够较好地满足海关对保税和非保税物料分开管理的要求，物料在物理上和系统核算上彻底分开，料件串换和保税料件“无意”内销的风险较低。

该方案需要两套生产设施、仓储设施，因此如果内销与内销均有足够大的规模，或者产品的生产不需要昂贵和复杂的设施，可以考虑应用这一方法。当然，如果使用这一方法，还可能需要两套的管理班子。

案例36：分设不同工厂，规避海关风险

某家用电动工具公司产品有家用、园艺用等不同系列电动工具，其全球的生产基地全部集中在东莞，年生产经营额达到几十亿美元。为了便于海关管理，该公司将设在东莞的生产基地分列7个工厂，其中6个加工贸易工厂，产品全部外销，每个公司都做不同系列或者品牌的产品。另外设立一个内销工厂，内有不同系列产品的生产线。这就是典型的“实际工厂分开”的管理模式。

8.3.2.2 *虚拟工厂分开法的实施要点*

在ERP和会计核算上，两个虚拟工厂的需求计划、订单、采购单、工单安排、领料单、产品和料件的入库单和出库单都要分开，收入和成本的财务核算也要分开。在实物管理上，将物料和成品的储存分开，在物料和产品的外层包装上，也可以标注所属工厂。

在生产过程中，如果内销的订单，只能用内销工厂料件生产，领料也只能从内销工厂的虚拟仓库提取。如果内销仓库没有需要的料件，而外销仓库内有相应料件，则需要“借用”保税料件，系统上要办理“借用”的调库手续，并办理补税手续。在控制上，一定要做调库处理，同时对内销库调到外销库的操作严格控制，并报由关务主管人员批准。报关员要及时统计内销与外销之间的调库操作，对外销库调到内销库视同“内销”，办理内销补税工作；对内销库调到外销库，也要作统计，在加工贸易手册核销时向海关申报。

虚拟工厂是利用管理系统的方法区分保税和非保税，不需要建立另外一套生产设施和管理班子，在组织管理和经营成本上比较有利。但是，虚拟的保税和非保税的“防火墙”可能需要海关的认可，并需要经常地监控。

案例37：分设虚拟工厂，实现保税料件与非保税料件分开核算和管理

某知名品牌电动个人用品制造商，在中国设立一间规模较大的工厂，产品95%外销，5%内销。外销采用来料加工的模式。由于内销业务较小，没有必要设立一间工厂。该公司利用SAP系统，设立两个虚拟工厂，即一家外销在工厂（CN1）和一家内销工厂（CN2）。所有来料加工的订单、工单、发票、领料单等均标示有CN1，料件、成品的外包装上也标注有“Plant：CN1”。在料件和成品的仓库和货架上，CN1 和 CN2 的料件和产品也分开存放。

8.3.2.3 料号分开法的实施要点

保税和非保税的成品和料件料号分开，即使是相同的产品和料件，在保税和非保税状态，也用不同的料号。一般情况下，保税的成品只能用保税的料件，非保税的成品用非保税料件，强制规定和实施这种耗用关系的“匹对关系”。对保税和非保税之间料件的“串换”设置控制点，且需要较高层级的管理人员的审批，以保证“串料”可以得到较好的控制。

8.3.2.4 币制区分法的实施要点

国内销售的产品和国内采购的料件均采用人民币作为币制，所有出口或转厂销售的产品和相应的料件均采用外币作为币制。利用币制既可以控制报价和结算，又可以区分保税和非保税，是一种经济的控制方式，ERP 内部的设置也比较简便。

但是，利用币制区分，需要具备一个重要的条件，即国内销售产品的料件全部国内采购，而出口或者转厂销售的成品的料件全部是转厂或者直接进口。如果不能满足这个条件，比如境内销售用一般贸易进口（币制为外币）就可能需要调整。

以上只是保税和非保税“分开核算和分开存放”方式的一些举例，其实各个公司的管理系统和管理方式千差万别，实现“分开核算和分开存放”的方法和途径也各不相同，不同的公司应采用适合自身管理特点的关务管理模式。

案例 38：工厂已分开，料件仍混用

【公司背景】

甲公司是台商独资企业，投资总额 2980 万美元，主要以加工贸易方式保税进口裸铜线、矽钢卷材、塑胶原料等料件，以加工贸易方式出口电源线、漆包线、塑胶制品等产品，产品 97%外销。

乙公司是甲公司的关联企业，投资总额 28 万美元，以国内采购及一般贸易方式进口铜板、塑胶原料等料件，产品种类与甲公司相同，且全部内销。

两家公司虽为两个独立的法人实体，但企业法人代表均为洪某。其设立两家企业就是希望能够从根源上消除料件串换、不作区分的现象。

为了管理的方便，实际上两家企业的生产经营管理模式是“一套人马，两块牌子”。

【海关稽查】

某海关稽查组调取了甲公司2002年1月至2004年6月保税料件的进口情况，该公司共进口57种保税料件，价值5026万美元，其中裸铜线、钐钢卷材、塑胶原料等通用性强、敏感度高的料件价值3773万美元，占进口料件总值的75%。稽查组通过分析，将上述料件是否擅自内销及高报单耗等行为确定为本次稽查重点，并以径行稽查的方式对甲公司展开稽查。稽查的方法和流程如下：

1. 考察生产流程。稽查人员对甲公司进行径行稽查，通过听取该公司介绍，按照生产流程下厂参观，了解到在该公司生产厂区内，还有一家乙公司。甲公司与乙公司虽为两个独立的法人实体，但两家企业法人代表均为洪某，且两家企业在产品的种类、生产管理、厂房设备及材料的使用等方面均无严格的区分，稽查组认为两家企业的生产经营管理模式实际上是一套人马两块牌子。根据分析两家公司的关联关系、管理模式和内外销情况，稽查小组认为乙公司内销产品存在挪用甲公司保税料件的可能性较高。

2. 寻找突破口。稽查组调取了甲公司、乙公司2002年、2003年的年度审计报告及2004年有关财务报表，发现甲公司2002年的审计报告指出，“本公司本年度出借给乙公司原材料22850492.46元”。这引起稽查人员的高度重视，并及时调整取证方向，随后在甲公司成本会计岗位的资料夹里发现一份“2003年度乙公司借用甲公司材料归还情况表”及呈董事长和执行董事的“乙公司内销耗用材料征税案”。“乙公司内销耗用材料征税案”的结论中显示“以上材料皆以乙公司接单销售，但材料先向甲公司暂借。为平衡进销项实际反应成本，应由乙公司购入归还甲公司”。至此，稽查小组确信甲公司存在擅自挪用保税料件的行为。

3. 修正稽查方案。稽查组根据发现的新情况立即修正稽查计划，将原计划主要核实甲公司有无擅自内销保税料件、高报单耗等行为修正为核实乙公司内销产品是否耗用甲公司保税料件，从而核实甲公司是否存在挪用保税料件的行为。

4. 稽查取证。稽查人员通过分析甲公司及乙公司的“原材料”、“其他应收款－乙公司”和“其他应付款－甲公司”等账册，发现2002年1月至12月，甲公司和乙公司在“原材料”和“往来账”上有体现彼此的借还料记录及2002年1月至8月借还料的原始凭证。而2002年

9月至12月仅有借还料记账凭证，没有原始凭证，2003年以后在公司账上没有借还料的任何记录，企业对此无法作出合理的解释。

经核实2002年1月至8月的原始凭证，乙公司内销产品耗用甲公司的保税料件涉及31个品种，价值979.82万元人民币。

2002年9月以后，由于这两家公司对借还料记录只有记账凭证或没有任何记录，究竟甲公司将多少保税料件借给乙公司生产内销产品，成为下一步稽查工作的重点和难点。为此，稽查小组在全面、仔细地分析了甲公司和乙公司的生产运作模式后发现：乙公司虽然名义上有自己独立的生产线和独立的材料、成品仓库，在财务上也独立核算，但是在生产经营的实际运作过程中，生产部门凭发料单、催料单、领用单、溢领单、借料单等向物料课领料时，物料课人员只知其为制造部门生产所需的材料，而不管是甲公司生产外销产品还是乙公司生产内销产品所需。因此，物料课发料时，结合两家公司材料的进料时间，不管材料是保税料件还是非保税料件，按"先进先出"的原则发料，即生产现场所需领用的材料，仅其中一家公司有库存，就按有该库存材料的公司名义发料。乙公司通过一般贸易进口和国内采购原材料，备料期需5～8周，而客户订单所限定的交货期一般为一周，这造成乙公司经常备料不及而挪用甲公司的料件，包括保税料件和非保税料件。

从两家公司的发料方式可知，两家公司的料件实际上是混合在一起使用的。

在确定了甲公司与乙公司的生产运作模式后，稽查小组继续对甲公司和乙公司的会计账册、原始凭证、物料流程、生产成本计算方法进行全面、细致的核查、比对、分析，与企业充分沟通，设计出2002年9月至2004年6月期间乙公司耗用甲公司保税料件的计算方法：

1. 根据乙公司当月"现场半成品（产成品）生产入库存量表"中产品的生产数量，按BOM表（生产配料表）计算出产品所耗用的各种材料用量，并汇总计算出当月乙公司生产产品所耗用的各种材料总用量。

2. 根据乙公司当月生产产品各种材料的总用量减去乙公司生产产品的本期耗料（本期耗料为乙公司"现场原材料收料耗用存量表"中当月生产的产品所耗用的乙公司自己的料件），计算出乙公司当月生产产品所耗用的甲公司原材料数量，并按年度汇总出原材料总数。

3. 根据甲公司材料的采购情况确定乙公司产品耗用甲公司原材料的性质（保税料件或非保税料件），计算出乙公司生产的产品所耗用的甲公司保税料件数。

4. 根据甲公司当年度各种料件的发料数及金额，计算出当年所耗用的各种料件的加权平均单价。

5. 以此单价为基础计算出乙公司生产的产品所耗用的甲公司保税料件价值。

【稽查结论】

经查，甲公司未经海关批准，自2002年1月至2004年6月擅自将价值人民币7823万元的保税料件移作他用，涉税1890万元人民币。经征求甲公司意见，甲公司对上述认定的事实无异议。

根据以上事实，对甲公司处理如下：未经海关批准，擅自将保税料件移作他用，造成海关少征进口环节税人民币1890万元，依据《中华人民共和国海关法》第六十二条的有关规定，决定向甲公司追缴进口环节税人民币1890万元，并加征缓税利息。对甲公司违反《中华人民共和国海关法》第二十七条的规定，未经海关许可，将保税料件移作他用的行为，由缉私局另行处理。

8.3.3 实际库存与海关手册结余差异管理

在控制手段上，海关对保税货物不仅采取过程管理还实行结果控制。

过程管理，即加工过程的管理，要求对保税货物的进口、出口、外发，以及边角料和残次品等的处理进行申报和审批，对加工过程中的料件消耗比例（单损耗）进行管理，要求以上申报的数据均与实际数据一致，以此监管进口保税货物复出口。

结果管理，就是对加工贸易料件的结果进行管理，要求按照申报的进出口数据和单耗计算的结余料件与仓库库存料件一致。

理论上，如果以上变量都能够按照实际申报，按照申报数据测算的结余料件（理论库存）就会与实际库存一致，但是在实际经营中，海关理论库存与实际库存不一致却是经常的，即企业短缺、溢料情况是普遍存在的，尤其在塑胶、电子、五金及服装行业，企业成立时间越长，差异的数量与金额往往越大。

8.3.3.1 库存差异的原因分析

库存平衡的计算公式如下：

手册结余(理论库存)＝上期余料结转＋进口－出口×单耗…… (1)

实际库存＝期初库存＋入库－出库…………………………………… (2)

理论库存与实际库存差异＝手册结余－实际库存

=（上期余料结转－期初库存）＋（进口－入库）－（出口×单耗－出库）

=历史因素或其他因素＋进口因素－出口因素－单耗因素……………………………………………………（3）

根据上述公式，对库存差异的分析可以在表 8－6 的框架内进行。

表 8－6 手册结余与实际库存之间差异分析框架表

比较项目	进口（与实际采购的差异）	单耗（与实际 BOM 的差异）	出口（与实际销售的差异）	其他
时间性差异（在途货物）	1. 转厂：已报关未送货； 2. 转厂：已送货未报关； 3. 集中报关时间差异； 4. 已经进口报关，但未入库； 5. 货物已入库，但未计入 ERP 系统。	—	1. 转厂：已报关未送货； 2. 转厂：已送货未报关； 3. 集中报关时间差异； 4. 已经出库，但未报关出口； 5. 货物已经报关内销，但未送货； 6. 货物已实际出库，但在 ERP 系统中未作出库处理。	存放在外地仓库，未作统计。
永久性差异	1. 进口短溢装（贸易管理或者非惯例）； 2. 物流单证数量差错，如发票数量与实际数量不一致； 3. 未申报的进口，如旅检途径携带，或者夹藏； 4. 快递进口，未登记在手册； 5. 其他的有意的低报或者高报； 6. 料件的归并关系前后不一致，如将应归并为“加湿器零件”的螺丝在进口时归并为“风扇零件”。	1. 手册的成品由多个料件归并而成，没有准确的 BOM，单耗只是平均值； 2. 手册采用的 BOM 不是实际生产的 BOM，而是试验 BOM 等； 3. 生产 BOM 变化了，没有及时更新手册的 BOM； 4. 料件或成品的归并关系变化了，但是手册的 BOM 没有变化； 5. 生产的 BOM 与出口的 BOM 不能直接对应； 6. 单重差异，即海关计量单位与实际计量单位转换的差异。	1. 出口短溢装； 2. 未申报的出口，如旅检途径携带，或者夹藏； 3. 快递出口，未登记在手册； 4. 制作样本或者广告品，没有出口，或者出口未申报； 5. 残次品未申报即作处理； 6. 成品的归并关系前后不一致。	1. 偷盗等不正常损失； 2. 料件或者成品测试不合格； 3. 生产过程中以国内料件代替进口料件，造成进口保税料件的大量盈余。

8.3.3.2 库存差异的监控

关务人员应协调仓库管理人员定期进行海关理论结余与实际库存差异的监控，表 8－7 是一般统计格式。

表 8—7　料件短溢控制表（样表）

料件序号			88
料件名称			刀柄/胶
单位			千克
保税货物盘点库存	库存原料	(1)	2046
	残次品（不良品）	(2)	0
	半成品/在制品折成原料	(3)	121
	成品折原料	(4)	2940
	外发加工/厂外存放数/其他在途货物	(5)	1
盘点库存总数		(6)=(1)+(2)+(3)+(4)+(5)	5108
手册和仓库登记的时间差	已转厂未收货数	(7)	0
	已送货未转厂耗料数	(8)	0
	已转厂未送货耗料数	(9)	0
	已收货未转厂数	(10)	28807
	其他时间差异项目		
应有库存数		(11)=(6)+(7)+(8)-(9)-(10)	-23699
手册(合同)执行情况	期初数量	(12)	0
	进口总数	(13)	0
	出口耗料数	(14)	88040
	结余数	(15)=(12)+(13)-(14)	-88040
短溢情况	短（—）/溢（+）	(16)=(11)-(15)	64341

8.3.3.3 盘存和核算的要点

1. 实物盘点的范围应该完整。盘点时如果没有纳入盘点范围，事后补充申报可能不会得到承认。容易被忽略在盘点之外的主要有外发加工、存放在厂外、已经报关但未入库的料件，已出库但未报关的成品等。

2. 残次品的折料。残次品应进一步区分完工的残次品和非完工的残次品，如果是完工品的残次品则按照成品折料，如果是非完工残次品，则按照完工程度折料。

3. 在制品和半成品的折料。因在制品和半成品的完工程度各异，无法按照BOM或者单耗折料，可以按照以下公式来操作：折料=生产线期初库存数+领料单的料件数量—料件退仓数量。

4. 库存成品的折料。库存成品的折料是按照实际的BOM还是按照备案的单耗来操作呢？这确实是一个值得考量的事。如果企业没有完整的BOM和耗料标准，成品的折料可按照海关备案的单耗来操作。

5. 转厂和收发货的差异调整。一般而言，收发货应先于转厂报关。在核算和清点时，应综合仓库的收发货记录和转厂报关记录，以及与转厂供应商和客户的转厂对账单，如果内部数据与外部数据不一致，应核查原因。

8.3.3.4 **短缺和盈余的处置**

针对不同原因产生的短少和盈余，采取不同的申报方式和处理方式（见表8—8）。

表8—8 不同差异的处理方式对照表

差异原因	办理海关手续	企业内部处理方式
时间性差异	向海关说明。	在规定时间办理海关手续或者内部作记录。
永久性短少	补缴相关税款，如无合理解释需要罚款，如果是进出口时申报不实，还可能移交缉私处理①。	冲减“料件短溢控制表”的短少数，并针对不同原因健全内部管理。
永久性盈余	补缴相关税款，或者补登手册、退运、放弃盈余部分料件。	扣减“料件短溢控制表”的盈余数，将盈余保税料件转为非保税料件，并针对不同原因，健全内部管理。

表中所列处置方式还有很多可以完善的地方，仅作抛砖引玉之用。

企业可以通过变更海关备案的耗量，也可以采用不同的贸易方式进口相应的保税料件，或者及时处理企业生产过程中出现的残次品，以使企业库存与海关库存都处在合理的状态，从而既能满足生产的需要，又能有效降低关务风险。

8.4 区外保税物流规划：深加工结转和外发加工管理

纯粹意义的加工贸易，应该是（保税）料件境外进口，产品出口境外，产品在本工厂加工。但是，在中国对加工贸易的管理中，海关允许加工贸易的保税货物在海关监管下进行不同的特殊物流安排：

1. 料件无须全部从境外或者特殊监管区域直接进口，还可以购买国内加工贸易企业的成品，以深加工结转方式进口；

2. 产品无须在本工厂加工，可以将部分工序或者全部工序委托给第三方进行加工，即“外发加工”、“异地加工贸易”；

① 参见苏州工业园区海关编：《加工贸易与保税监管——企业实务操作技巧与案例》，中国海关出版社2007年版，第148页。

3. 产成品无须出口境外或者特殊监管区域，还可以销售给国内加工贸易企业，以深加工结转的方式出口。

笔者将以上加工贸易企业对保税货物的特殊安排，称为“加工贸易企业区外保税物流”，以下是海关法规中对这些特殊安排的解释：

1. 深加工结转，俗称“转厂”，是指加工贸易企业将保税进口料件加工的产品转至另一加工贸易企业进一步加工后复出口的经营活动。

2. 外发加工，是指经营企业因受自身生产特点和条件限制，经海关批准并办理有关手续，委托承揽企业对加工贸易货物进行加工，在规定期限内将加工后的产品运回本企业并最终复出口的行为。

3. 异地加工贸易，是指加工贸易经营单位将进口料件委托另一直属海关关区内加工生产企业进行加工的行为。不包括加工出口产品过程中某一加工工序的外发加工业务。

以上概念，在海关管理和办理海关手续上是不同的，但是在实际的商业安排中并没有明显的界限，比如可以以“深加工结转”的方式处理“外发加工”，而“外发加工”和“异地加工贸易”基本不存在本质上的区别。

8.4.1 外发加工的管理

外发加工，在商业上，又称为委托加工、生产外包、代工生产(OEM)，这是与自行加工相对应的一个概念，即由委托方提供原料，加工方负责按照委托方的要求组织生产加工，并将加工后的产品全部返还委托方，加工方收取加工费的一种生产方式。外发加工是社会化大生产、大协作的产物，利用外发加工可以有效利用社会的生产资源，减少重复建设，减少生产企业的经营风险，是常用的商业安排。

商业上的外发加工对应多种海关意义上的监管方式：

1. 如果委托方在境外，受托方在境内，海关有“来料加工”的监管方式与之对应；

2. 如果委托方在境内，受托方在境外，海关有“出料加工”的监管方式与之对应；

3. 如果委托方和受托方都在境内，委托方自己从事保税货物的生产，同时将保税货物的部分工序或少部分订单外发，海关有“外发加工”的监管方式与之对应；

4. 如果委托方和受托方都在境内，委托方自己不从事保税货物的生产，仅仅从境外接收订单，然后委托受托方生产加工，海关有“异地加工”的监管方式与之对应。

如果委托方委托受托方加工的货物不是海关监管货物，则这种外发加工不属于海关监管范围。

来料加工和进料加工的贸易方式的规划已经在前面的内容进行阐述，这里笔者就境内加工贸易企业的外发加工和异地加工的规划进行阐述。

8.4.1.1 外发加工的规划和管理

《加工贸易货物监管办法》对外发加工的定义是："外发加工，是指加工贸易企业因受自身生产工序限制，经海关批准并办理有关手续，委托承揽企业对加工贸易货物的某道工序进行加工，在规定期限内将加工后的产品运回本企业并最终复出口的行为。"

而《海关总署关于修改〈加工贸易货物监管办法〉的决定》对外发加工的定义是："外发加工，是指经营企业因受自身生产特点和条件限制，经海关批准并办理有关手续，委托承揽企业对加工贸易货物进行加工，在规定期限内将加工后的产品运回本企业并最终复出口的行为。"

前后两个概念的不同主要集中在"某道工序"，在于将"经营企业不得将主要工序外发加工的"的限制去掉了。

海关对保税货物的外发加工的管理在于"加工企业的资格审核"和"外发后的事后监管"两个环节。

外发加工中常见的关务风险有①：

1）擅自外发。侥幸地、有意地、无意地没有向海关申请，获得海关批准，擅自将保税货物外发加工。

2）超量外发。尽管获得海关的批准，但是实际外发超过批准的数量和种类。

3）超期外发。外发加工超过手册使用期限或者超过审批的期限。

4）收发不平衡。外发加工料件、产品、边角料等未完全运回企业。

1. 外发加工准备和申请

海关法规规定，经营企业经海关批准可以开展外发加工业务。因此，外发加工是经申请获海关批准后才能进行的商业活动，未经批准擅自外发加工是违反海关规定的。海关往往从以下几个方面进行审核：

1）经营企业开展外发加工业务，不得将加工贸易货物转卖给承揽企业。

2）经营企业或者承揽企业如果涉嫌走私、违规，且已被海关立案调查、侦查，案件未审结的，不能获得批准；

---

① 参见熊斌：《加工贸易企业关务作业统筹》，中国海关出版社 2009 年版，第 129 页。

3）经营企业或者承揽企业生产经营管理是否符合海关监管要求的。

从上述几点可以看出，外发加工的交易性质是委托而不是买卖关系；经营企业，即委托方，必须满足没有涉嫌走私违规和未审结的案件，对外发加工的管理也符合海关监管；承揽企业，即加工方，也必须满足没有涉嫌走私违规和未审结的案件，对外发加工的管理符合海关监管。当然，地方海关可能根据企业管理风险不批准某一类企业的外发加工，如有些海关对有逾期未核销手册的、被要求整改的、加工贸易手册被暂停进出口的企业，不予准许外发加工，或者对跨关区的外发加工有更高的审批条件。

因此，作为加工贸易企业，为了顺利获得海关审批，应该在外发加工前加强对加工方进行资格、生产能力和管理制度等方面的预审核。

1）筛选和培育加工企业（加工方）。为了使加工贸易获得海关批准，要选择合格的加工方，比如：

①经工商注册登记，对外加工在其经营范围内，如果经营特殊行业还需获得主管部门的批准；

②具有一定的生产能力和条件，不得将加工贸易货物再次外发至其他企业进行加工；

③具有存放和保管保税货物的条件；

④没有走私和违规的历史；

⑤没有被海关调查或稽查的未结案案件。

当然，如果加工方仅仅是在内部管理方面存在缺陷，作为委托方可以要求和协助加工方建立完善的管理制度。

2）实地验厂。验厂的内容包括：环保、劳工制度等的合规性，工厂人员、供水供电设施等是否齐备，重要生产设施是否满足要求，质量管理体系是否完善等。

3）委托加工（外发加工）合同的签订。合同明确双方权利和义务，为满足海关的监管要求，首先明确委托加工的性质，随后是对保税货物管理的要求。

2. 外发加工的管理

海关对外发加工的管理有以下规定：

①外发加工应当在加工贸易手册有效期内进行。

②承揽企业不得将加工贸易货物再次外发至其他企业进行加工。

③外发加工的成品、剩余料件以及生产过程中产生的边角料、残次品、副产品等加工贸易货物，经营企业所在地主管海关批准，可以不运

回本企业。

海关对外发加工的管理模式是“管住一头”，即只管住经营企业，即使加工方违反海关监管的要求，也需要经营企业承担责任。因此，委托方不仅自身应该在物流和记录上满足海关对保税货物监管的要求，还应要求加工方建立完整的保税货物保管和记录制度。

1）外发加工的物料收发记录

虽然只有部分直属海关强制要求委托方建立外发加工专门记录，但是无论是委托方还是加工方建立专门的外发加工台账，不但是对保税货物进行管理的基本要求，而且能够有效满足财务部门、税务部门、海关的核算要求。笔者建议在外发加工记录方面应注意以下要点：

①作为委托方，应按加工方分别建立收发记录。发货记录应包括料件名称、规格型号、内部编码、所属加工贸易手册、发出时间、发出数量等；收货记录应包括货物名称、规格型号、内部编码、所属加工贸易手册、收货时间、收货数量等。

②作为委托方，应同时记录外发过程的料件损失、废料等。

③作为加工方，应该按照委托方的不同，建立单独的收发存记录。

④作为加工方，应记录生产中的损耗、边角料、残次品、损失等。

⑤如果有由加工方自行购料的情况，加工方和委托方应该记录自行购料部分的数量、重量，即使该部分金额已经包含在加工费中。

⑥如果委托方对同一加工方既有保税货物也有非保税货物的外发，应该分别记录。

2）外发加工的物料管理

海关没有关于外发加工物料管理的明确要求，但是从加工贸易有效管理的角度出发，笔者建议：

①加工方应该具备储存保税货物的条件，不得再将保税货物存放或者外发其他第三方。

②加工方应对委托方的保税货物单独和区分存放，不得与其他委托方或者本企业的货物混合存放。

③加工方应配合委托方的盘点和核销，对料件进行盘存。

④外发加工的成品如需要直接出口，不运回本企业，或者残次品等不运回企业，须向海关提出申请。

3）加工方内部各部门之间的协调

外发加工涉及以下部门，各部门间应协调一致：

①计划部门，安排好生产和外发加工计划；

②采购部门，寻找和筛选承揽加工企业；

③生产和技术部门，对外发加工进行技术指导和质量控制；

④仓储部门，对发出的料件、回收的成品和边角料进行统计；

⑤财务部门，对外发加工物料和外发加工费进行会计处理；

⑥关务部门，了解外发计划，取得外发合同，参与管理外发物料和成品，获取海关的批准，确保外发货物在规定的时间足额运回或者出口境外。

4）H2000 系统下的管理

海关正在试行采用 H2000 系统对企业的外发加工进行监管，相对传统模式，有以下两个方面的改变：

①外发加工实施网上申请和审核；

②外发保税货物的收发要求在 72 小时内填写收发货单电子数据。外发加工的收发货记录和申报在旧模式下是不需要的，因此，在新模式下就要求委托企业建立完善的收发货记录，并保证仓库收发货记录与海关申报的记录一致。

8.4.2 异地加工的海关和税务管理

8.4.2.1 异地加工的海关管理

异地加工即异地加工贸易，是指加工贸易经营单位（下称委托企业）将进口料件委托另一海关关区内的加工生产企业（下称加工企业）进行加工的经营活动。不包括加工出口产品过程中某一加工工序的外发加工业务。委托企业与加工企业之间是委托承揽的关系，而不是买卖关系，双方应该签署符合合同法要求的“加工承揽协议”。

异地加工和外发加工，虽然在商业上是没有本质区别，都属于委托加工的范畴，但是原有的海关法规按照是否委托全部加工工序来区分异地加工和外发加工，即异地加工是全部工序外发，而外发加工是部分工序外发。现在随着海关对外发加工的松绑，外发加工也可以全部工序外发，两者的界限就较为模糊。

在海关管理模式上，不同于外发加工是“一头管理”，异地加工的“两头管理”，即委托企业和加工企业均被海关直接监管。委托企业和加工企业分别为同一本手册上的经营单位和加工单位。委托地海关和加工地海关分别对委托双方进行管理，其中以保税货物所在地的加工地海关的监管为主。

异地加工的办理手续较为复杂，涉及两地商务部门和海关（见表 8—9）。

表 8—9 异地加工的业务流程表

事项＼企业	委托企业	加工企业
合同审批	向所在地外经贸主管部门申请“加工贸易业务批准证”。	向加工企业所在地商务部门申请“加工贸易加工企业生产能力证明”。
异地加工申请	凭以上“加工贸易业务批准证”和“加工贸易加工企业生产能力证明”向委托企业所在地海关提出异地加工申请。	向加工企业所在地海关提出异地加工申请，由该海关向对方海关发放“中华人民共和国海关异地加工贸易回执”。
保证金	提交保证金。	无。
手册备案	委托企业所在地海关审核符合条件后，制作关封，交对方海关办理手册备案。	由委托企业或加工企业提供“加工贸易业务批准证”、“委托加工合同”、“加工贸易加工企业生产能力证明”、申请表等单证向加工地海关申请办理合同登记备案。
中间（后续）管理	以加工地海关监管为主，委托地海关监管为辅，但是委托企业为直接监管对象。	无。
核销	由委托企业向加工地海关办理核销。	无。

在实际运作中，委托企业多为没有生产加工能力的外贸企业，负责向境外签订合同和办理进出口；而加工企业与境外最终委托方没有直接的委托合同关系，但有业务联系。委托企业和加工企业相互协作，共担风险，优势互补，更有效利用双方的资源。

8.4.2.2 异地加工的增值税处理

异地加工的委托企业往往是有进出口经营权的外贸企业，既可以从事来料加工，也可以从事进料加工，其与加工企业之间也有两种合作方式，即委托加工和作价加工。

委托加工，是指委托企业以进料加工贸易方式从国外进口的料件无偿调拨给加工企业进行加工，加工收回后只付加工费，货物复出口后，凭加工费的增值税专用发票、报关单等规定的资料办理退税。

作价加工，是指委托企业以进料加工贸易方式从国外进口的料件作价给加工企业进行生产加工，货物收回后支付整个货物的款项，复出口后凭整个货物的增值税专用发票、报关单等规定的资料办理退税。

委托企业采用进料加工或来料加工的增值税处理方式并不相同，其与加工企业之间是委托加工还是作价加工，处理方式也不相同，具体的处理方式见表 8—10。

表 8—10 异地加工的增值税处理方式列表

委托企业	加工企业	增值税处理
来料加工	委托加工	加工费的增值税能否免征，视委托企业的加工贸易种类而定。 如果委托企业为来料加工企业，加工企业可以凭委托企业的“来料加工免税证明”申请免征加工费的增值税。不过，各地税务部门的处理方法并不相同。 如果委托企业为进料加工企业，加工企业收到的加工费不能免征增值税。
进料加工	委托加工	加工企业应就加工费缴纳增值税，向委托企业开具增值税发票；产品出口时，该增值税（进项）可以按照“免退”的方式申报退税。如加工费为 100，增值税（进项）为 17，如果退税率为 13%，则可以退回 13。
	作价加工	委托企业作价销售给加工企业，开具增值税专用发票，并到税务部门办理“进料加工贸易申请表”，凭着“进料加工贸易申请表”免税，货物复出口后，税务部门对已办理免税部分进行扣除。① 《财政部、国家税务总局关于出口货物退（免）税若干具体问题的通知》规定：“外贸企业采取作价加工方式从事进料加工复出口业务，未按规定办理《进料加工免税证明》的，相应的复出口产品，外贸企业不得申请办理退（免）税。”例如，销售原材料为 1000，增值税（销项）170，开立“进料加工贸易申请表”后该 170 部分免税；成品加工后购回，支付含税价格 1287，其中增值税（进项）为 187，扣除以上免税部分的 170，可以抵扣或者退税的进项为 17；成品出口后，如果退税率为 13%，则可以退回 13。②

---

① 《出口货物退（免）税管理办法》（国税发〔1994〕031 号）规定，出口企业以“进料加工”贸易方式减税进口原材料、零部件转售给其他企业加工时，应先填具“进料加工贸易申报表”，报经主管其出口退税的税务机关同意签章后再将此申报表报送主管其征税的税务机关，并据此在开具增值税专用发票时可按规定税率计算注明销售料件的税额，主管出口企业征税的税务机关在这部分销售料件的销售发票上所注明的应缴税额不计征入库，而由主管退税的税务机关在出口企业办理出口退税时在退税额中扣抵。

② 《国家税务总局关于出口退税若干问题的通知》（国税发〔2000〕165 号规定，外贸企业从事的进料加工复出口货物，主管退税的税务机关在计算抵扣进口料件税额时，凡进口料件征税税率小于或等于复出口货物退税税率的，按进口料件的征税税率计算抵扣；凡进口料件征税税率大于复出口货物退税税率的，按复出口货物的退税税率计算抵扣。

8.4.3 深加工结转的关务管理

深加工结转，俗称“转厂”，是指加工贸易企业将保税进口料件加工的产品转至另一加工贸易企业进一步加工后复出口的经营活动。加工贸易深加工结转是带动上下游企业的加工产业链条，促进产品向高附加值发展，降低企业物流成本。

深加工结转的一般管理模式为“计划审批、分批发货、集中报关”，即按先审批、再送货、最后报关的程序运作（见图 8—4）。

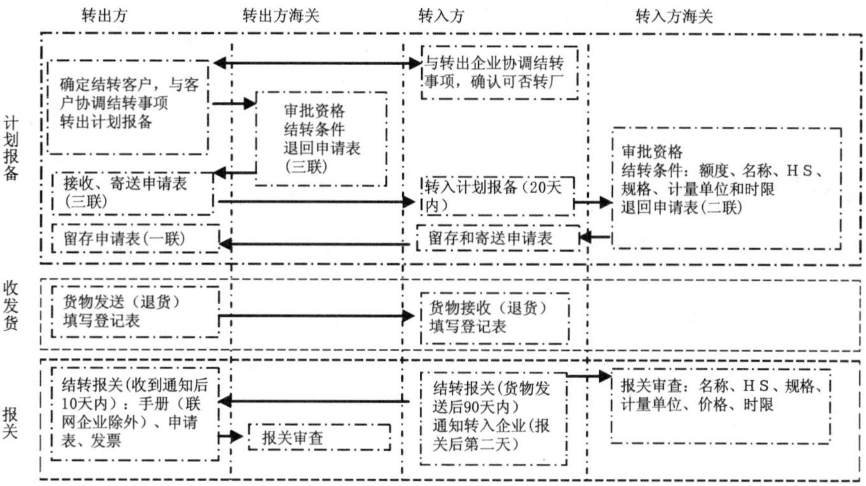

图 8—4 深加工结转流程示意图

8.4.3.1 深加工结转过程中的常见问题

先审批、再送货、最后报关非常便利企业的生产经营，但是在实际执行中，经常会存在一系列的问题。

1. 合规性问题

除了故意走私的“空转”、“假转”外，深加工结转在办理海关手续方面主要有未审批先送货、收发货后超期未报关、已报关未收发货等不合规的操作（见表 8—11）。

表 8—11 深加工结转常见问题和原因列表

问　　题	原因
未计划备案先收发货	1. 无法报备结转计划： 1）结转双方的商品名称、规格、海关编码、计量单位不一致； 2）双方或者一方手册上该商品的周转量不足。 2. 没有备案： 1）双方或一方采购或者销售部门与报关部门之间沟通不畅，收发货没有通知报关部门备案、送货； 2）双方或一方对保税和非保税货物没有明确的区分，送货时不能确定是保税货物还是非保税货物，或者不能确定是国内购买料件还是转厂购买料件； 3）双方的报关部门沟通不畅，不能足额报审备案。
收发货后超期未报关	1. 双方或者一方的内部物流部门与报关部门沟通不畅，收发货记录没有及时准确提供给报关部门。 2. 双方报关部门没有有效联系，不能及时确认需要报关的数据。 3. 由于双方手册备案信息不一致，如商品名称、规格、海关编码、计量单位不一致，导致转厂报关不能完成。 4. 其他情况，如收发货后双方或者一方倒闭，或者手册被冻结等。
已报关未送货	1. 贪图便利，对于小额多次送货的情况，一次集中报关，既包括过去几个月的送货，也包括未来几个月的送货。 2. 转出方急需核销手册，但是没有足够的出口记录，需要转入方配合多报转厂数。 3. 出于走私的目的，保税料件在国内销售，通过“假结转”方式出口的方式平衡手册。

如果仅仅是技术原因，如商品名称、规格、商品编码和计量单位方面的不一致，导致无法备案和结转，可以向海关解释并解决。实际上，部分海关在这些方面已经有一些特殊的处理方法，例如：

1）结转双方名称不同的情况。只要能够说明不同的名称实际指同一种货物。

2）规格型号不同的情况。如果两者的规格和型号是包含、重叠的，也可以办理结转。

3）商品编码不同的情况。结转双方商品编码的前四位一致，则可以办理结转手续。

4）计量单位不同的情况。如果双方的计量单位不同，但是可以相互折算，也可以办理结转手续。

2. 其他常见问题

深加工结转的手续已经比较宽松了，但是由于结转交易和相关法规的复杂性，可能会导致一系列的税务和外汇上的问题。

1）结转价格问题

根据法规，申报价格应该是双方的实际成交价格，但是却有一些特殊的情况导致不能申报结转价格。

案例 39：境外交易境内转厂的价格问题

【结转双方没有直接交易（境内进料加工模式）】

境内进料加工工厂 A 将货物销售给其境外母公司 B，B 再将货物销售给另一家境外母公司 C，C 再提供给境内进料加工厂 D，而货物直接通过深加工结转的方式由 A 运送至 D（见图 8—5）。

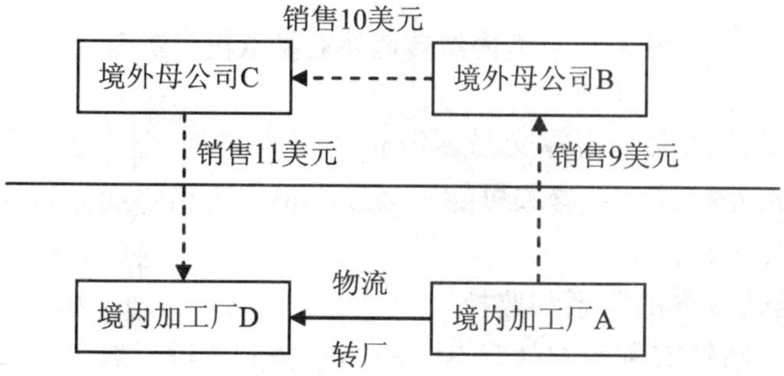

图 8—5　境内结转境外交易交易流程示意图

这是一种在物流上非常有效率的货物安排，也是目前在珠三角和长三角都非常盛行的安排方式，境外公司非常热衷于这种方式的原因主要在于：境外母公司可以对交易进行有效和深度的控制，另外也是境外公司转移利润的主要方式。但是这种方式，在向海关申报时遇到困难——无法向海关申报价格，因为境内两个工厂之间根本就没有交易，而海关的规定如下：

1. 结转进口、出口报关的申报价格为结转货物的实际成交价格；

2. 一份结转进口报关单对应一份结转出口报关单，两份报关单之间对应的申报序号、商品编码、数量、价格和手册号应当一致。

在实际操作中，境内企业只能采取一种折衷的方法，比如采纳其中一方的价格向海关申报。当然，这会导致另外一方的申报价格与实际成交价格不符，从而导致其中一方的外汇不平衡，即应收外汇与出口报关单金额或者应付外汇与进口报关单金额不符。

【结转双方没有直接交易（境内来料加工模式）】

境外来料加工委托方将料件不作价委托境内企业 A 加工，料件所有权属于境外公司，加工成成品后，境外公司将成品销售给境内加工厂 B。货物由加工厂通过深加工结转的方式直接运至 B（见图 8－6）。

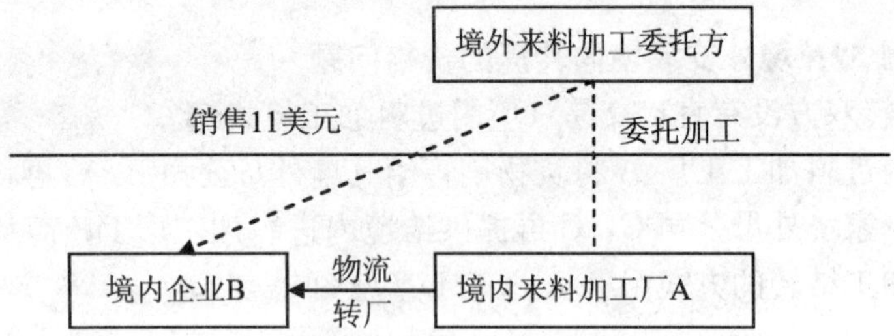

图 8－6　境内结转境外交易流程示意图

A 与 B 之间没有实际交易，但是如果来料加工厂的成品单价与实际销售价格差异过大，海关可能不会接受销售价格，而只接受来料加工的成品销售价格。

2）结转双方的联系和监控

深加工结转双方的有效联系是成功结转的关键，海关已经制定了双方在向海关申请结转计划（获取关封）和报关方面的流程和步骤。这里笔者不作赘述，仅就双方在手册备案、交换转厂计划和传递转厂报关信息的联系的注意要点做一些说明。

①手册备案环节关于转厂的联系

转厂的计划和联系，不是从办理转厂手续开始，而是从手册办理开始。在办理手册备案阶段，可作如下处理：

● 统一协调双方的结转商品的名称和规格，减少因不同公司对同一商品取不同名称所带来的麻烦。

● 统一协调双方的结转商品的商品编码，如果商品编码的差异不仅仅是后 4 位，将导致结转无法完成。可以提供更充分的商品信息，要求双方海关对商品编码进行重新认定。如果其中一方海关在手册执行过程中对商品编码进行了变更，应及时通知另一方作相应的手册变更。

● 确定结转价格。如果交易并不发生在结转双方，需要双方协商向海关申报的结转价格。

②转厂关封和报关的联系

先办关封、后送货、再报关是海关法规的强制要求，因此，确定何时申请关封和报关，申请关封和报关的数量，则需要双方紧密联系。

为了保证双方有效沟通，可以设计相关的“转厂控制表”或者“转厂对账单”（见表 8－12）。从表中可以知道期初的关封数、期初的已送（收）货未报关数、本期送货数、本期应报关数、本期应申请关封数等内容。

表 8－12　转厂控制表（样表）

供应商	序号	料件名称	2008 年报关余数	未转工关封数	1 月份	2 月份	3 月份	4 月份	5 月份	6 月份
					（报关数）	（报关数）	（报关数）	（报关数）	（报关数）	（报关数）
					（收货数）	（收货数）	（收货数）	（收货数）	（收货数）	（收货数）
					（报关数）	（报关数）	（报关数）	（报关数）	（报关数）	（报关数）
					（收货数）	（收货数）	（收货数）	（收货数）	（收货数）	（收货数）
					（关封数）	（关封数）	（关封数）	（关封数）	（关封数）	（关封数）

7 月份	8 月份	9 月份	10 月份	11 月份	12 月份	累计数	本次结转期初已送货未转厂（正为已报未送，负为已送未转）	本期计划转厂数	期末关封余额（负数表示需做关封）	期末未转厂送货余额（负数表示需做关封）
（报关数）	（报关数）	（报关数）	（报关数）	（报关数）	（报关数）					
（收货数）	（收货数）	（收货数）	（收货数）	（收货数）	（收货数）					
（报关数）	（报关数）	（报关数）	（报关数）	（报关数）	（报关数）					
（收货数）	（收货数）	（收货数）	（收货数）	（收货数）	（收货数）					
（关封数）	（关封数）	（关封数）	（关封数）	（关封数）	（关封数）					

通过“转厂控制表”或者“转厂对账单”可以实现以下目的：

- 确定本期应报关数、本期应申请关封数。
- 确定结转价格，如果交易并不发生在结转双方，需要双方协商向海关申报的结转价格。
- 通过“转厂控制表”或者“转厂对账单”也可以监控是否存在“已送（收）货未转厂”、“超期未转厂报关”等情况，以便及时催促对方补办相关手续。

3）企业内部各部门的联系

深加工接转在企业内部涉及多个部门，对转入方来说，采购、物流（仓库）和报关部门之间应有紧密联系；对转出方来说，销售、物流（仓库）和报关部门之间应保持通畅的沟通。沟通目的主要有：

①确定转厂方式、采购或销售的计划，以便于保持足够的转厂关封额度。

②确定已收到货物或发出货物的时间和数量，以便及时联系供应商（客户）办理转厂报关手续。

沟通的方式主要有：

①改良现有 ERP 系统的方式，在购买和销售时要求确认是否保税结转，并及时提示报关部门办理相关手续。

②改善日常台账管理方式，例如编制“转厂需求表”、“转厂客户管理表”和“物料管理表”等。

4）关务部门办理深加工结转的要点

关务部门必须加强对手册的动态管理，严格按先审批、再送货、最后报关三步运作，管理好手册进出情况，及时维护数据。在办理深加工结转报关时，应仔细核对双方手册号，确认无误，合同在有效期内有足够余额，以免造成不必要的删改单麻烦。

报备计划时，关务部门应确定双方结转货物名称、编码是否一致，如不一致应及时提供货物相片和单耗表做关封，以便转入审批，避免退单；报关时，转入报关单办理放行后要及时通知转出方办理结转出口报关手续；删除报关单时，转出方删单后也要及时通知转入方删除对应的结转进口报关单。

对于一些固定的长期客户，建议结转双方可以在手册有效期内，根据预估的供需数量情况，办理一个半年甚至一年的结转计划，以减少分批多次办理海关审批手续的麻烦，提高结转效率。

结转申请表必须由企业法定代表签名或签章，如委托他人代签的应出具授权书，以防止个别报关员贪图方便，或利用深加工结转渠道进行“飞料”走私等违法活动。

报关员要增强责任心，向海关提供正确有效的资料，如登记手册的复印件、结转货物的相片、单耗表等，如实申报并正确填写，最大限度降低差错率，提高通关效率。

8.4.4 案例剖析

案例 40：部分工序外发的外发加工和深加工结转安排

加工贸易企业 A 将部分工序委托给加工企业 B 进行加工，A 提供全部或者部分料件，加工后产品全部交回 A，A 向 B 支付加工费（见图 8—7）。

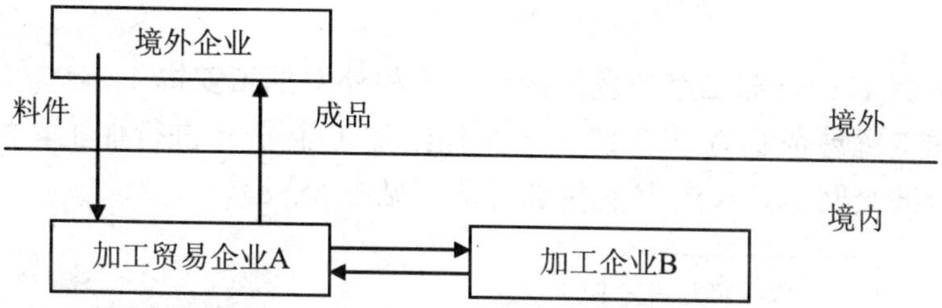

图 8—7 部分工序外发加工流程示意图

在关务安排上，可以有以下两种方法：

1. 外发加工的方式。

2. 深加工结转的方式，即 B 也向海关申请加工贸易手册，A 将半成品以深加工结转方式转厂给 B，B 加工完成后，成品以深加工结转的方式结转回 A。以深加工结转方式完成了转出和转入两个过程。

两种方式的比较见表 8—13。

表 8—13 外发加工和深加工结转比较表

项目＼方式	外发加工	深加工结转
实施条件：对 A	向海关申请外发加工审批手续。	A 必须对外发的货物进行了一定的加工，因为未加工的料件不能作深加工结转。 转出的半成品必须在加工贸易手册上备案为成品。 转进的半成品也必须在加工手册上备案为（进口）料件。
实施条件：对 B	办理工商登记，有些海关还要求加工企业在海关办理海关注册登记手续。	B 必须具备加工贸易条件，并向海关办理加工贸易手册登记手续。转进的料件和加工后的成品须在手册上备案。
对加工费的税务处理	加工费的增值税能否免征，视 A 的加工贸易种类。 如 A 为来料加工企业，B 可以凭 A 的“来料加工免税证明”申请免征加工费的增值税。不过，各地税务部门的处理方法并不相同。 如 A 为进料加工企业，B 收到的加工费不能免征增值税。	加工费能否免征，视 B 本身的加工贸易性质。 如 B 为来料加工企业，其收到的加工费可以免征增值税。 如 B 为进料加工企业，其需要按照增值税“免抵退”的方法处理。

案例 41：全部工序外发的异地加工和外发加工安排

加工贸易企业 A 将全部工序委托给加工企业 B 进行加工，加工后产品全部交回 A，A 向 B 支付加工费（见图 8—8）。

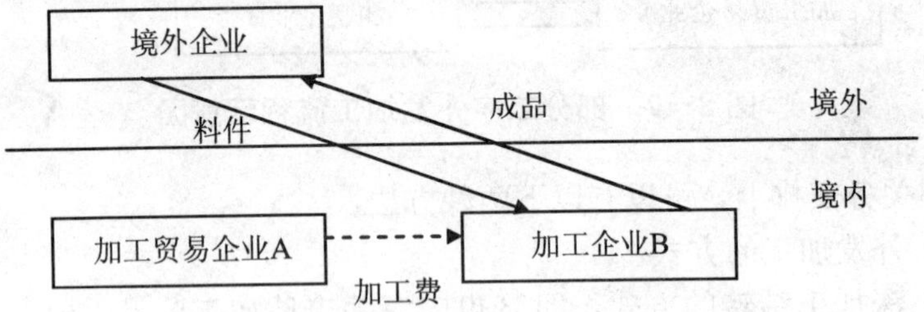

图 8—8 全部工序外发加工流程示意图

在关务安排上，可以有以下两种方法：

1. 外发加工的方式。
2. 异地加工的方式。

8.5 加工贸易的税务和外汇管理

8.5.1 来料加工的税务管理

8.5.1.1 来料加工的税务手续

国家对来料加工贸易的进口料件和来料加工复出口货物的加工费实行免税政策。在具体实施中，税务部门通过“来料加工免税证明”的方式进行管理。申请开具免税证明的企业范围是对外签订来料加工贸易合同并办理海关来料加工登记手册的各类出口企业，具体包括外贸企业和有进出口经营权的生产企业（以下简称来料加工出口企业）。各地税务部门对来料加工的免税管理方式大同小异，基本流程如下：

1. 出口货物退免税认定。需要办理出口货物免税认定的企业包括：商务部及其授权单位批准有进出口经营权的自营出口企业、外商投资企业、发生委托代理出口货物业务但没有进出口经营权的生产企业、其他特准退还或免征增值税和消费税的企业。来料加工出口企业也应按照一般出口企业办理免税认定。

2. 登记备案。来料加工出口企业办理新的来料加工登记手册后，应向主管税务部门提供来料加工登记手册及加工业务批准证书，并及时办理来料加工登记备案手续。

3. 来料加工贸易免税证明的开具。来料加工出口企业以来料加工贸易方式免税进口料件后，凭来料加工进口货物报关单和来料加工登记手册向主管税务部门申请办理来料加工贸易免税证明。

4. 办理免税手续。来料加工出口企业及承接来料加工的生产企业凭来料加工贸易免税证明向主管税务部门申请免征委托加工货物及工缴费的增值税、消费税。

5. 核销。来料加工出口企业在来料加工货物出口后，凭来料加工出口货物报关单和海关已核销的手册、收汇凭证等向主管税务部门办理核销手续。不能核销的部分照章纳税。

另有部分地区税务部门存有特殊管理方式，比如说上海地区税务部门不要求办理登记备案手续，要求出口企业必须在第一批货物进口后申请免税证明，凭免税证明每月向税务部门申请暂免税手续①；东莞地区的税务部门不要求办理登记备案和核销手续，而加强了免税证明开立和免税申报的审核②；深圳地区税务部门，不要求办理免税核销手续③等。

8.5.1.2 来料加工再委托加工的税务安排

来料加工出口企业将承接的来料加工业务再委托其他企业（加工企业）对进口料件进行加工的，由来料加工出口企业负责申请开具免税证明。加工企业凭免税证明免征加工费的增值税、消费税。

从实际操作看，这项工作在管理中存在着一定的难度和漏洞。来料加工出口企业（委托方）主管税务部门在确认委托加工货物的贸易方式时有难度，因为许多来料加工出口企业在进出口贸易中可能既从事来料加工，又从事进料加工，甚至还兼有一般贸易，而在确认其委托加工的货物是否是来料加工货物方面存在一定的难度，因其不同贸易方式生产的货物和料件可能一样。委托方可能将进料加工及一般贸易的委托加工业务当作来料加工委托业务申请免税证明，或者同一本手册重复用于申请免税证明。

---

① 参见《上海市国家税务局关于印发〈来料加工贸易免税管理办法（试行）〉的通知》（沪国税进〔2006〕29号）与《上海市国家税务局关于实行电子化管理企业来料加工贸易免税管理办法的补充规定》（沪国税进〔2008〕44号）。

② 参见《东莞市国家税务局关于印发〈东莞市来料加工贸易免税操作规程（试行）〉的通知》（东国税发〔2008〕56号）。

③ 参见《深圳市国家税务局关于商务单位承接（或代理承接）的来料加工业务税收管理问题的通知》（深国税发〔1998〕430号）。

针对以上存在的问题，有必要严格管理和控制免税证明的开具和使用，比如严格管理委托方向主管税务部门申请免税证明的时限，加强对申请免税证明的委托加工业务出入库的监控管理，受托方主管税务机关在审核确认免税过程中重点进行单证审核和实物核对。

为了避免税务部门拒绝对再委托加工签发免税证明，作为委托方的来料加工出口企业，可以在以下方面加强内部管理和规划：

1. 企业营业执照上的经营范围必须有生产、加工货物等项目；

2. 委托加工的由委托方直接支付加工费；

3. 在系统上和物流上区分来料加工和其他贸易方式的料件、产品；

4. 来料加工订单、工作单、委托加工单据，应能够按照贸易方式区分；

5. 控制加工贸易手册和委托加工单据的对应关系；

6. 委托加工，应该有海关的审批资料作为支持。

作为受托方的加工企业，可以在以下方面加强内部规划：

1. 不管以外发加工的方式，还是以委托加工的方式，都应该有海关的审批资料作为支持；

2. 双方签订委托加工合同。

8.5.2 进料加工的税务管理

8.5.2.1 进料加工的税务手续

在我国，对于进料加工贸易方式，料件进口环节免税，加工成产品外销出口适用“免、抵、退”税政策。外商投资企业从事进料加工贸易，其增值税的处理与内资企业是一样的。

在实施以上免税和退税政策时，加工贸易企业需要按以下流程办理税务手续：

1. 加工贸易手册备案登记。开展进料加工业务的企业，在第一次进料之前，应持进料加工贸易合同、“进料加工登记手册”，并填报“生产企业进料加工登记申报表”，向退税部门办理登记备案手续。

2. 免税证明申报。料件进口的当月向主管税务部门申报，取得免税证明。

3. 出口退税申报。成品出口的当月向主管税务部门申报退税。

4. 加工贸易手册核销。“进料加工登记手册”中最后一笔出口业务在海关核销之后，手册被海关收缴之前，持手册原件及“生产企业进料加工海关登记手册核销申请表”到退税部门办理进料加工业务核销手续。

从以上流程可以看出，进料加工的海关手续和税务手续是紧密相连、环环相扣的，如果海关手续出现问题，势必影响税务手续的办理。

8.5.2.2 进料加工的出口退税申报

1. 相关计算公式

进料加工的生产企业采取免抵退的方法，计算公式如下：

当期免抵退税额＝出口货物离岸价×人民币外汇牌价×出口货物退税率－当期免抵退税抵减额

当期免抵退税抵减额＝免税购进原材料价格×出口货物退税率

当期应纳税额＝当期内销货物的销项税额－（当期全部进项税额－当期不予抵扣或退税的税额）－上期未抵扣完的进项税额

当期不予抵扣或退税的税额＝当期出口货物离岸价×人民币外汇牌价×（征税率－退税率）－当期不得抵扣税额抵减额

当期不得抵扣税额抵减额＝免税购进原材料价格×（征税率－退税率）

1）应退税额的计算

如当期应纳税额≥0，则当期应退税额＝0。

如当期应纳税额＜0，且当期应纳税额的绝对值＜当期免抵退税额，则当期应退税额＝当期应纳税额的绝对值。

如当期应纳税额＜0，且当期应纳税额的绝对值≥当期免抵退税额，则当期应退税额＝当期免抵退税额。

结转下期继续抵扣的税额＝当期应纳税额绝对值－当期应退税额

2）免抵税额的计算

免抵税额＝当期免抵退税额－当期应退税额

2. 对免税进口料件的处理——购进法或实耗法的选择

从上述公式可以看出，进料加工免抵退的计算方式基本与一般贸易出口是一致的，差别只是在于需要根据免税进口部分的料件计算“免抵退税不得免征和抵扣税额抵减额”和“免抵退税额抵减额”。

根据规定，生产企业开展进料加工业务时可以选择购进法或实耗法计算“免抵退税不得免征和抵扣税额抵减额”和“免抵退税额抵减额”①。

---

① 参见《关于印发〈生产企业出口货物“免、抵、退”税管理操作规程（试行）〉的通知》（国税发〔2002〕11号）。

购进法：是指进口料件在报关进口的当月即全额参与“免抵退税不得免征和抵扣税额抵减额”和“免抵退税额抵减额”的计算。

实耗法：是指进口料件在产品报关复出口的当月按照实际耗用数参与“免抵退税不得免征和抵扣税额抵减额”和“免抵退税额抵减额”的计算。

目前，广州市、上海市统一采用实耗法；而天津市、深圳市统一采用购进法。

其中，实耗法的计算方法如下：

1）按计划分配率计算

“生产企业进料加工贸易免税证明”上注明的免抵退税抵减额＝当期审核通过的出口货物离岸价×人民币外汇牌价×计划分配率×出口货物退税率计划分配率＝（计划进口总值/计划出口总值）×100%

2）待进料加工手册核销后，再按实际分配率来进行调整

“生产企业进料加工贸易免税核销证明”上注明的免抵退税抵减额＝某手册免税进口料件组成计税价格总值×出口货物退税率－该手册累计已出具“免税证明”上免抵退税抵减额

某手册免税进口料件组成计税价格总值＝该手册审核通过的直接出口总值×实际分配率

实际分配率＝（实际申报进口总值－剩余边角余料－结转至其他手册料件－其他减少进口料件金额）/（直接出口总值＋结转至其他手册成品金额＋剩余残次品金额＋其他减少出口成品金额）×100%

对实耗法与购进法的选择，会影响本期的“免抵退税不得免征和抵扣税额抵减额”和“免抵退税额抵减额”，从而影响企业的现金流。

案例 42：进料加工实耗法和购进法的选择

某生产型出口企业，2008 年 1 月在海关办理加工贸易手册，开展进料加工业务，备案进口料件 1000 万元，出口额 2000 万元。2008 年 1 月，料件报关进口，并实现出口 500 万元，取得国内进项税额 100 万元。2 月，实现出口 1500 万元（均在当月收齐所有单证），没有国内进项税额。1 月、2 月的内销销售收入均为 0，征税率为 17%，退税率为 13%。

8－14 实耗法和购进法对照测算表

项目	购进法	实耗法
1月		
免抵退税额不得免征和抵扣税额	（500 － 1000）×（17％ － 13％）＝－20 不得免征和抵扣税额＝0	出口耗用的进口料件＝1000×500/2000＝250 （500 － 250）×（17％ － 13％）＝10
应纳税额	0－（100－0）＝－100	0－（100－10）＝－90
免抵退税额	0	（500－250）×13％＝32.5
应退税额	0	32.5
期末留抵税额	100－0＝100	90－32.5＝57.5
2月		
免抵退税额不得免征和抵扣税额	（1500 － 500）×（17％ － 13％）＝40	出口耗用的进口料件＝1000×1500/2000＝750 （1500 － 750）×（17％ － 13％）＝30
应纳税额	0－（0＋100－40）＝－60	0 －（0 ＋ 57.5 － 30）＝－27.5
免抵退税额	（1500－500）×13％＝130	（1500－750）×13％＝97.5
应退税额	60	27.5
免抵税额	130－60＝70	97.5－27.5＝70

根据上表，从两个月的加总情况看，两种方式并无差别，免抵退税额都为130万元，即实际应退税额都为60万元，免抵税额都为70万元。

但从资金时间价值考量，相对于购进法，本例中出口企业如果采用实耗法可以提前得到退税款，有利于缓解出口企业的资金压力。

8.5.2.3 进料加工出口退税的影响因素和因应规划

在判断各个因素对出口退税的影响时，可以直接从当期不予抵扣或退税的税款的计算公式出发，因为该部分直接进入成本或者费用，可以理解为出口商品的增值税的直接税负，影响本期的收益。

当期不予抵扣或退税的税额＝（当期出口货物离岸价×外汇人民币牌价－免税购进原材料价格）×（征税率－退税率）

从公式看出，以下因素会通过出口退税影响企业的税负：

1. 出口货物的离岸价格。在其他因素不变的情况下，离岸价格越高，不予抵扣或退税的税额会越高，即增值税成本或税负就会越高。

2. 免税购进（保税）的原材料价格。在其他因素不变的情况下，保税进口金额越高，不予抵扣或退税的税额会越低，即增值税成本或税负就会越低。

如果出口退税率降低，征退税率差异增大，加工贸易企业为了减少增值税税负，可能会采取利用保税料件替代国内料件，增大保税料件比例反做法；反之，出口退税率增加，则可能增加国内购料的比例。

3. 征税和退税率差。很明显，征退税率越大，不予抵扣或退税的税额会越高，即增值税成本或税负就会越高。这两个参数基本是由税务部门通过税号（商品编码）设定的。作为企业来说，只能判定自己商品的税号是否正确，是否如实地反映了商品的特征。

8.5.3 进料加工/来料加工的外汇管理

8.5.3.1 来料加工外汇手续及规划

1. 来料加工外汇政策

来料加工企业进口料件不需要付汇，出口货物不需要收汇，只收取加工费。

来料加工以“来料加工”、“来料深加工”方式出口后，需要办理加工费的收汇核查和核销流程。

来料加工出口外汇核查，是为了保证出口交易与收结汇的一致性，银行会根据出口货物报关单金额来确定可收汇额，即来料加工贸易项下出口可收汇额，按出口货物报关单成交总价与收汇比例的乘积累加之和确定。

来料加工第一次出口核销流程如下：

1）同一合同项下的出口首次进行收汇核销报告时，还应当提供经商务部门核准的加工合同，合同发生变更或终止执行时，还应当提供有关的证明材料。

2）外汇管理局审核以上资料后，建立相应的合同档案，按照合同号、单位代码及名称、合同币别、进口料件（设备）总额、出口（补偿）成品总额、合同截止日期等逐项登记，并核定该合同项下应收汇额和增值率。

来料加工日常出口核销时，应向外管局（或银行）提供出口核销单、报关单、核销专用联。主要有以下两种核销方式：

1）分批出口、分批收汇的核销。收汇的金额应该与出口金额和相应的增值率一致，银行会审核合同规定的应收汇额或增值率与核销单、报关单、结汇水单/收账通知是否一致。

2）分批出口、一次性收汇的核销。银行会审核加工贸易手册所登记的料件总值和各批量出口的发票金额与结汇水单/收账通知是否一致。

2. 来料加工外汇规划

来料加工外汇的规划应注意以下要点：

1）工缴费的确定

理论上，增值率应该由市场力量确定，但是在实际操作中，主管部门会对增值率进行审核，审核原则是：不能低于一定标准，要有一定的附加值；也不能太高，以防套汇。

由于工缴费是各级政府或单位收取税、费的直接依据，加工贸易企业倾向于将工缴费比例定得很低，仅仅足以发放工人工资和部分费用，而不足以发放管理层的工资和其他费用。部分加工贸易企业会通过“地下钱庄”的形式，汇入外汇以支付其他费用和工资，或者在境外支付部分管理层的工资。笔者认为，这种方法实为一种高风险的逃税行为。

目前确定工缴费的方法有：按计件标准确定工缴费；按当地政府或商务部门制定的人均工资标准确定工缴费（含合同中涉及的工资总额、厂租、水电费、管理费等）；按合同规定的增值率确定工缴费。

2）国内购料（辅料）、消耗性物料征税进口所带来的外汇问题

出于降低成本和便利的原因，许多来料加工企业会在国内（本地）购买料件。政府部门也对来料加工企业国内购料持鼓励态度，如深圳地区出台了《深圳市关于鼓励来料加工业务使用国产料件的通知》。国内购料需要办理相关备案，核销时凭发票向海关申报。

消耗性物料不能保税进口，需要按照一般贸易或者“其他进出口免费提供货物”的监管方式（监管代码“3339”）申报进口。

在外汇方面，国内购料款和境内企业支付消耗性物料的货款，应由外商全额汇入境内。

如果消耗性物料以“其他进出口免费提供货物”的监管方式进口，则可以避免对外付汇的问题。

8.5.3.2 进料加工外汇的全额核销和抵扣核销

1. 进料加工的外汇政策

进料加工进口需要支付外汇并办理进口付汇核销手续，出口需要收汇并办理出口收汇核查和核销业务。

一般来说，进料加工的收付汇与一般贸易的进口和出口收付汇核查和核销并无差异，在此不赘叙。进料加工以“进料对口”、“进料深加工”、“三资进料加工”方式出口，且全额收汇的，提供核销单、报关单、核销专用联。

但是外汇管理部门，尤其是广东地区，对进料加工实施更为便利的管理，如许可进料加工企业实行抵扣核销方法，即出口只需要核销出口与进口差额部分的收汇，进口付汇核销也相应更为简捷。

进料加工“抵扣核销”的首次核销：同一合同项下的出口首次进行抵扣核销报告时，还应当提供经商务部门核准的加工合同；合同发生变更或终止执行时，还应当提供有关的证明材料。

进料加工“抵扣核销”的日常核销：只需提供核销单、报关单，差额部分的核销专用联以及相应的进口报关单。

2. 进料加工中报关单与外汇平衡的问题和规划

经常项下的进出口外汇管理是依托进出口报关单来进行真实性审核的，进出口报关单金额与收付汇金额基本一致是外汇核销的基本条件。因此，在某种意义上，报关单金额与应付外汇应该保持一致，对进料加工而言，在关务管理上需要把握以下外汇平衡原则：

1）全额核销模式外汇平衡

进口报关单金额＝已付和应付进口货款 ……………… （总量平衡）

未使用的进口报关单＝应付账款（境外货款） ……… （余额平衡）

出口报关单金额＝已收和应收出口货款 ……………… （总量平衡）

未使用出口报关单＝应收账款（境外货款） ………… （余额平衡）

2）抵扣核销模式外汇平衡

已收和应收账款（境外货款）＝出口报关单－进口报关单

应收账款（境外货款）＝未使用出口报关单－未使用进口报关单

当然，中国长期以来在外汇方面的管理思路是“宽进严出”，即外汇进来容易，出去就严格多了。这种情况下，并非一定要达到以上绝对平衡的状态，而是全额核销模式外汇平衡达到以下状态：

进口报关单金额 ≥ 已付和应付进口货款

出口报关单金额 ≤ 已收和应收出口货款

而抵扣核销模式外汇平衡达到以下状态：

已收和应收账款（境外货款）≥ 出口报关单 － 进口报关单

2008 年中期基于当时热钱疯狂流入，外汇管理部门对出口收汇实行了联网核查，这就要求出口收汇与报关单之间达到严格的等量平衡。

如果以上的平衡要求不能满足，往往会导致一些尴尬的问题，比如：

1）应收账款上余额为零，但外汇核销方面却显示还需要汇入外汇才能核销，如不核销，出口退税的手续就不能完成，后果就是出口货物要视同内销，不但不能实现增值税退税，还要征税。

2）应付账款上还有大量的余额，但是却没有报关单凭以支付外汇。根据《所得税法》，如果超过三年未支付的应付账款，应视为当年的应税收入，缴纳企业所得税。

因此，外汇不平衡的后果，不仅会影响资金流的畅通，还会影响企业的利益及税后利润。导致外汇不平衡原因，很多情况是由于报关单管理和外汇核销管理方面存在缺陷，比如：

1）报关单和相应的核销单丢失；

2）用报关单和相应的核销单去支付非贸易项下的外汇；

3）办理深加工结转外汇核销时，不能提供对方的报关单，无法完成核销①；

4）报关单报价与真实价格不一致，且没有通过申请“差额核销”的方式进行消除。

因此，对外汇平衡的管理应该从以下方面入手：

1）在进出口申报环节，应该按照发票价格申报。进料加工企业通常会将多种料件归并成一个料件在手册上备案，并以平均价格作为备案价格。进出口时，这些企业可能会将备案价格直接作为申报价格向海关申报，这样会导致备案价格与真实价格的不一致。

2）在外汇收付时，服务和货物的收付汇应凭相应的单据进行，服务的外汇凭相关服务合同和税务支付凭证予以收付，货物买卖的外汇收付和核销需要以报关单作为直接依据。不能将进出口报关的单据用于服务的外汇收付，如管理费、特许权使用费等。

3）对报关价格与实际成交价格之间的差异，应该在当次核销时通过“差额核销”的方式予以解决和消化，不然差额将累积成巨大的金额，导致外汇的巨大不平衡。

进口付汇差额，即进口单位报审付汇金额与实际进口到货金额（海关进口货物报关单中货物单价与数量乘积）间的差额。《国家外汇管理局关于印发〈进口付汇差额核销管理办法〉的通知》（汇发〔2004〕116号）规定，对于单笔合同项下核销差额不超过等值5000美元（含5000美元）的，或核销差额虽超过5000美元但占合同金额的比例不超过

---

① 《深加工结转（转厂）售付汇及核销操作程序》规定，对经海关批准来料转进料、进料转进料的情况，外汇指定银行可以凭经核对无误的正本进口报关单、正本出口报关单复印件、转厂合同、进口付汇核销单等单证，为转入方企业办理有关售付汇或境内外汇划转手续。

2%（含2%）的进口付汇核销报审业务，外汇局可以直接凭企业差额核销说明函、进口合同及其他核销单证办理差额核销报审手续。超过以上限额，除需向外汇局提交相关的核销单证外，还需提供差额核销说明函、进口合同，以及相应证明材料。

出口收汇差额，即应收汇与实际收汇之间的差额。《国家外汇管理局关于印发〈出口收汇核销管理办法实施细则〉和〈出口收汇核销管理操作规程〉的通知》（汇发［2003］107号）规定，企业单笔出口少收汇不超过等值500美元（含500美元），或者多收汇不超过等值2000美元（含2000美元）的，或者由于外汇折算率变动产生收汇差额的，无须提供证明收汇差额真实性的有关凭证即可办理差额核销。超过以上限额，在申请办理差额核销时，除提供经法人代表签字并加盖单位公章的产生收汇差额原因的说明函外，还需要提供相应凭证。

4）制定完善的报关单证保管和流转制度。报关单据不仅是报关部门进行核销和其他后续管理的直接依据，还是会计核算、出口退税和外汇收付和核销的直接依据。因此，作为报关部门来说，既需要保存好本部门的报关单证，且保管期限必须满足海关的要求，还需要在规定的时间内将报关单据移送和流转至财务和税务等相关部门，并做好交接记录。

第三篇　关务风险及其控制

9 企业的关务风险

9 QIYE DE GUANWU FENGXIAN

什么是关务风险？简单地说，就是影响关务管理目标实现的不确定因素。这些不确定因素的存在，要么给企业带来不必要的财务负担，要么导致企业正常经营中断或者受到影响，要么公司或者集团的总体战略带来不利的影响。这些不确定还会对经营者和管理人员的个人利益带来损害。

9.1 影响企业财务状况的关务风险

关务风险直接导致企业财务损失，影响企业的财务状况，与财务风险相关的常见关务风险有：

9.1.1 潜在少缴和未缴关税的风险

依法纳税是企业的基本义务。企业如果少缴税或者逃税，海关仍保留追缴的权力。《海关法》规定，进出口货物、进出境物品放行后，发现少征或者漏征税款，海关可在自缴纳税款或者货物、物品放行之日起一年内，向纳税义务人补征；如果因纳税义务人违反规定而造成的少征或者漏征，海关在三年以内可以追征。如果涉及的金额比较大，纳税义务人的行为被认定为走私罪，海关的追溯期限就不限于三年。

潜在少缴或者未缴关税的危害性在于不能使企业及时准确地对商品的成本进行核算，对生产和销售的决策产生错误的影响。另外，海关稽查、检查，如果发现企业有少缴或者未缴税情事，不但会追缴关税或其他税款，还可能对企业处以罚款或者其他处罚，从而对企业未来的财务状况产生负面的影响。

当然，运作规范的企业会在年度审计时评估是否有潜在的少缴或者未缴税事项，从而提取财务准备金，让股东或者总部了解真实的财务状况。例如，某跨国公司聘用某国际知名会计师事务所进行年度审计，审计师发现该公司设在中国的三资企业在从事进料加工中曾经因内销价格申报偏低被海关稽查，但是仍未结案。审计师从谨慎的原则出发，不但要求律师对该案进行评估提取准备金，还要求对该公司审计年度所有的内销行为进行审核，评估低报价格的可能性，同时提取准备金，并在会计报表中进行披露。

如下面案例，该企业在进口环节时将商品归入低税率的税号，按该税率缴纳关税，并以此核算成本、确定销售价格，海关核查后要求补缴关税，但是货物已经销售出去，相应的成本无法调整，也无法转嫁到消费者身上，对企业来说是一种白白的损失。

企业潜在少缴或者未缴关税事项主要有：

1. 进口货物未向海关申报；

2. 通过伪报的方式少报或者低报进口数量；

3. 低报或者漏报应税的对外支付款项；

4. 从境外关联企业或者其他特殊关系的企业进口的申报价格过低；

5. 特许权使用费未向海关申报；

6. 商品归类时归入错误的低税率税号；

7. 应税货物以非应税的项目进口，比如普通货物以样品或广告品进口；

8. 利用国家免税政策进口设备用于非免税项目等。

案例 43：海关重新确定企业的商品归类，引发额外税负

2004 年 1 月 17 日，兴达实业有限公司（以下简称兴达公司）以一般贸易方式向某海关申报进口聚酯稀化工原料一批。某海关于当日征收关税和进口环节增值税后，办理了该批货物的结关放行手续。2 月 25 日，海关经核查发现，兴达公司所进口的上述化工原料存在归类错误，导致漏征部分税款，遂于 3 月 1 日又向兴达公司补征关税和进口环节增值税共计人民币 12 万余元。

兴达公司不服某海关上述补税决定，在缴纳了有关税款后，于

2004年3月27日向该海关的上一级海关申请行政复议。兴达公司认为，其所进口的聚酯稀化工原料于2004年1月17日经某海关正式审定完税价格并计征税款，已依法办结通关手续，某海关在此之后又责令其补缴税款没有法律依据；上述化工原料现已全部销售，补征税款无法计入成本，公司可得利润因此遭受损失，某海关对此应给予赔偿。基于此，兴达公司请求复议机关依法撤销某海关2004年3月1日作出的补税决定，退还补征税款并赔偿其有关经济损失。复议机关经审理认为，本案税款短征确系某海关自身原因所致（海关归类错误导致税率差异），兴达公司在此过程中并无违反规定情形，但该公司缴纳漏缴税款的法定义务不能因此得以免除。根据《海关法》第六十二条和《进出口关税条例》第五十一条的有关规定，进出口货物放行后，海关发现少征或漏征税款的，应当自缴纳税款或者货物放行之日起一年内，向纳税义务人补征税款。本案中，某海关补征税款的具体行政行为符合《海关法》及《进出口关税条例》的上述规定，应予支持；同时，该行政行为并未给兴达公司的财产权益造成直接损失，某海关无须承担行政赔偿责任，兴达公司所提赔偿请求，不予支持。2004年4月26日，复议机关作出复议决定：驳回兴达公司的复议请求，维持某海关补征税款的具体行政行为。

9.1.2 多缴税款，承担不当税负

由于对中国法规理解不深，关务安排、税率使用不当，部分企业可能因此多缴税款，而多缴的税款往往无法退还，这就造成企业的净损失，使企业承担不必要的税务负担，损害股东的利益。

在实际企业经营中，多缴税款的情况主要有以下：

1. 由于关务规划不当，导致没有享受应得的关税优惠政策；
2. 由于供应商不能提供符合条件的原产地证明，或提供单证不齐，或者无法满足直接运输条款，进口的商品不能享受自由贸易区优惠税率；
3. 商品归入税率较高的税号；
4. 申报价格中包含不应税的价格等。

案例44：产品不能全部出口，影响“先征后返”

深圳某加工贸易外商投资企业，产品100％出口，2001年开始筹建，2002年向商务等部门申请以“允许类产品全部直接出口”的条目免税进口设备。财政部等六部委联合发文规定，自2002年10月1日起对在“产

品全部直接出口的允许类外商投资项目”项下，进口设备一律先征后退。由有关部门组成联合核查小组对产品直接出口情况进行核查，核查期5年，通过核查的每年返还已纳税额的20%，5年内全部返还。

该公司只能以“先征后退”的方式先缴纳设备的关税和增值税。该公司所有的产品均以进料加工的方式出口，其中5%左右的产品通过深加工结转的方式出口。

由于关于“先征后退”政策的配套核查/检查和退税办法出台较晚，深圳地区直到2007年才开始核查和办理退税。该公司向深圳有关部门申请核查。经核查，由于5%的产品经过深加工结转的方式出口，该公司被认定为不具备退税的资格，所缴纳的税款不予退回，因为不满足“全部产品直接出口”的条件①。

9.1.3 增值税和出口退税的额外损失

进出口环节的增值税完税凭证是企业办理海关手续的重要单证，也是增值税申报的重要凭证。进口环节的增值税，可以作为增值税进项抵扣增值税销项税款，但是这些增值税纳税凭证必须在规定的期限内向税务部门申报和认证。出口报关单的出口退税和外汇联是办理出口退税的主要单证。如果这些单证不齐，或者不能在规定的时间内提供，可能会导致增值税方面的损失，比如：

1. 进口货物增值税税票没能在规定的时间向税局申报认定，致使进口增值税不能作为进项抵扣；

2. 报关单出口退税联不能在规定的时间内提交，致使出口退税无法完成；进口增值税税单或者报关单遗失造成税务损失；

3. 进出口报关单遗失，致使外汇支付、收汇结汇、收付汇核销无法完成。

案例45：出口报关单不合要求，影响出口退税

某台资电子企业，是境内外计算机品牌制造商的供应商，2006年前的物流安排是将货物出口到福田保税区，通过一号公路进入香港后获取出口报关单退税联，并据以向税务部门申请退税。2006年后对部分物流

---

① 参见《关于产品全部直接出口的允许类外商投资企业进口设备税收政策问题的意见》（财办关税〔2008〕12号）规定，直接出口包括正常直接出口、来料加工产品深加工结转，而进料加工则限于产品销售或结转到享受出口退税政策的特殊海关监管区域（如出口加工区、保税物流港区等），海关特殊监管区外的深加工结转不属于“直接出口”的范畴。

安排进行重整，新的模式是将成品出口到陆家嘴保税区，然后转关到出口加工区内的物流企业，再供应到附近的计算机品牌制造商。该模式运作三个月后，企业发现在出口退税方面存在问题，出口到陆家嘴保税区以及以后结转到出口加工区都不能获得出口报关单的出口退税联。为此，企业无法获得近400万元的出口退税，而且这些出口业务还因单证不齐全，被视作为国内销售而缴纳增值税，“退”和“征”之间的增值税成本相差近1000万元。企业的不恰当关务安排导致近千万元的损失。

9.1.4 潜在的罚款和处罚风险

违规、走私行为或者走私罪等不当行为都会导致一定的罚款或者处罚（见表9—1）。

表9—1 企业不当行为及处罚对照表

不当行为	处罚措施
走私罪	走私货物、物品罪，以及骗取国家出口退税款，除了相应的有期徒刑处罚外，并处偷逃应缴税额1倍以上5倍以下罚金或者没收财产。
走私行为	1. 走私国家禁止进出口的货物的，没收走私货物及违法所得，可以并处100万元以下罚款。 2. 应当提交许可证件而未提交但未偷逃税款的，走私国家限制进出境的货物、物品的，没收走私货物、物品及违法所得，可以并处走私货物、物品等值以下罚款。 3. 偷逃应纳税款但未逃避许可证件管理的，走私依法应当缴纳税款的货物、物品的，没收走私货物、物品及违法所得，可以并处偷逃应纳税款3倍以下罚款。
违规	1. 违反国家进出口管理规定，进出口国家禁止进出口的货物的，责令退运，处100万元以下罚款。 2. 违反国家进出口管理规定，进出口国家限制进出口的货物，进出口货物的收发货人向海关申报时不能提交许可证件的，进出口货物不予放行，处货物价值30%以下罚款。 3. 进出口货物的品名、税则号列、数量、规格、价格、贸易方式、原产地、起运地、运抵地、最终目的地或者其他应当申报的项目未申报或者申报不实的，依影响不同而处1000元以上至申报价格50%以下罚款，影响国家税款征收的，处漏缴税款30%以上2倍以下罚款。 4. 违反海关监管规定的其他行为，致使海关不能或者中断对进出口货物实施监管的，处货物价值5%以上30%以下罚款，有违法所得的，没收违法所得。所涉货物属于国家限制进出口需要提交许可证件的，当事人在规定期限内不能提交许可证件的，另处货物价值30%以下罚款；漏缴税款的，可以另处漏缴税款1倍以下罚款。 5. 进出口侵犯中华人民共和国法律、行政法规保护的知识产权的货物的，没收侵权货物，并处货物价值30%以下罚款。

案例 46：擅自挪用减免税设备受到海关罚款

2003 年 3 月，某合资企业天利食品饮料有限公司（以下简称天利公司）按外商投资鼓励项目，将其编撰的以生产果汁饮料为主要产品的可行性研究报告报当地商务部门审批。同年 5 月，商务部门批准了该企业的可行性研究报告，并出具“国家鼓励发展的内外资项目确认书”（以下简称“项目确认书”）。2003 年 6 月，天利公司凭“项目确认书”向某海关申请办理了生产果蔬类饮料（“项目确认书”批准生产项目）所需的吹瓶机、注塑设备、洗瓶灌装瓶盖三合一机、空气压缩机、液位瓶盖标签检测系统等灌装生产线设备的特定减免税证明。2003 年 7 月至 9 月，天利公司持海关出具的减免税证明从某海关陆续免税进口了上述设备，总价值折合人民币约 850 万元。此后，天利公司因生产资金出现大幅缺口、配套设备无法到位，上述果蔬类灌装饮料生产线进口后未能实际投入使用。为解决企业所面临的资金短缺问题，天利公司改变了先前制定的运营计划，与该市另一家食品饮料生产企业恒祥公司就上述免税进口设备签订租赁协议，双方在协议中约定：天利公司将果蔬类灌装饮料生产线出租给恒祥公司用于生产果汁饮料，租赁期限 3 年，年租金人民币 50 万元；租赁期间，设备归天利公司所有，恒祥公司拥有使用权，但不得转租或出售；租赁期届满后，天利公司收回全套设备。2003 年 11 月 15 日，天利公司在未经海关许可的情况下，根据租赁协议将上述特定减免税设备移交恒祥公司使用，后者将该设备用于生产果蔬混合型罐装饮品。

2004 年 12 月，某海关在对天利公司特定减免税设备使用情况进行中期稽查时发现上述问题，遂立案调查。某海关经调查认定，天利公司未经海关许可并办理有关手续，擅自将限于特定主体和特定用途的免税进口设备出租给他人使用，致使有关设备脱离海关监管，其行为违反了《海关法》第五十七条的规定，构成将特定减免税货物移作他用的违反海关监管规定的行为，该公司应承担相应的法律责任；天利公司在设备租赁期间（1 年）所收取的 50 万元租金属不法收益，应予没收。2005 年 2 月 15 日，某海关根据《海关法》第八十六条第（十）项和《中华人民共和国海关行政处罚实施条例》（以下简称《海关行政处罚实施条例》）第十八条第（一）项的有关规定，对天利公司作出没收租金 50 万元及罚款人民币 55 万元的行政处罚决定。

根据《海关行政处罚实施条例》的有关规定，海关对当事人擅自将特定减免税货物移作他用的违法行为可处货物价值5%以上30%以下的罚款（即设备价款850万元的5%～30%，55万元的罚款相当于货值的6.47%）；有违法所得的，没收违法所得。其中，“违法所得”是指当事人实施违法行为所获得的违法收益。就该案例而言，天利公司在未经海关许可并办理有关手续的情况下，擅自向恒祥公司出租特定减免税设备，构成将海关监管货物“移作他用”的行为，上述行为属于《海关法》所明令禁止的违法行为，天利公司在此租赁环节所取得的租金显然属于实施违法行为所获得的违法收益。

9.2 影响企业商务经营的关务风险

关务管理不当，可能会影响商务经营活动的正常进行，从而引发经营风险，影响经营业绩，与商务经营相关的常见关务风险有：

9.2.1 通关和物流受阻，生产停顿或交货延误

关务管理的目的之一是保持物流通畅，尤其是现在许多行业都在实行“生产零库存，销售负库存”等经营模式，企业的物流和资金周转速度大大加快，对交货的速度和准时要求非常高。如果由于关务处理不当，致使物流不畅或者拖延，轻则会影响订单的完成，或者影响商业关系，重则会影响公司在业内的声誉。

比如德国国际知名眼镜制造商卡尔蔡司的全球物流中心设在法国，订单和生产指令中心集中在德国总部，在欧洲、美洲、亚洲等地的30个国家有生产基地和分支机构。总部的要求是不管在什么地方生产，产品最终进入欧洲仓库的时间是一样的。对其设在中国的广州开发区的生产企业来说，生产和物流安排极其紧凑：第一天接到总部的生产指令，立即安排生产，第二天完成生产任务，第三天完成广州出口报关、将货物运输到香港机场、交给快递公司等所有报关、运输和交付手续，并由快递公司用飞机将货物运送到法国的仓库。在整个生产和物流安排过程中，广州出口报关可能是最不确定的环节之一。

影响通关和物流通畅的主要原因是：

1. 关务安排不当，资料准备不齐，未能在海关正常工作时间完成报关和通关；

2. 对海关的质疑和检查不能及时答复和解决，致使海关未能放行；

3. 进出口通道和口岸单一，在当地口岸电子信息系统出现故障或

者海关、检验检疫部门内部调整时，未能转其他口岸进出口；

4. 对海关或者进出口管理部门的变化掌握不及时，致使通关不畅，比如检验检疫部门在2008年初实行通关单联网的措施后，许多企业不能及时适应，致使物流停滞；

5. 申请企业名称变更或者其他变更的程序安排不当，海关内部系统无法完成有效切换，导致无法完成通关。

案例47：商品税号变更影响通关

某食品生产厂家，生产一种口香糖胶基，部分产品以进料加工的形式出口境外，一直以来产品的税号及品名是“3824.9099 其他化学品”，出口退税率为5%，后来经研究，可以将该货物归为“2106.9099 其他食品”，出口退税率为11%。该企业向海关申请预归类，将产品归为“2106.9099 其他食品”，并办理了手册变更手续。

但是在向海关申报出口时，被告知，该产品需要提交检验检疫证明。当时恰逢日本“毒饺子事件”，中国加强对出口食品的检验检疫，首次办理食品检验检疫需要2～3个月，以致在此期间生产的产品长期滞留在口岸无法出口，给企业造成了严重的经济损失。

9.2.2 与商务伙伴的物流合作效率低下

如前面所述，企业对交货期要求越来越高，因此在关务规划和执行过程中一定要把握物流时间要求与税务成本的综合平衡，在保证物流通畅的前提下，节省关税。目前，灵活运用加工贸易的深加工结转和各种海关特殊监管区的政策，可以有效实现物流和税负的“两个高效”。一般从时间上来说，如果供销双方均在国内，加工贸易深加工结转和国内销售的物流时间是最短的，经过海关特殊区域结转的时间稍长，出境到周边国家或者地区然后再进口（“境外一日游”）的时间最长。

如果关务管理不当，或者执行中出现问题，可能会使得物流合作效率降低，增加整个供应链的成本和时间。常见的物流合作效率低下的情况有：

1. 在深加工结转中，上下游企业由于商品编码不同、价格不同、产品规格不同等导致不能结转，需要出口境外或者保税物流园区后再进口；

2. 实施海关特殊监管区方案后，交易安排不恰当或者对报关作业不熟悉，导致货物进出保税物流区的不顺畅等。

案例48：由于商品编码不一致，影响双方的业务

某一生产塑料衣架的厂家，其产品大部分以直接出口或者转厂的方式出口，深圳地区转厂客户的料件税号及品名是“3926.2090其他塑料制衣服及衣着附件”，东莞地区部分客户的手册料件税号及品名是“3924.9000塑料制其他家庭用具及卫生或盥洗用具”。该厂家一直以这两个税号备案同一种产品。后来海关要求采用电子化手册，在建立商品备案库时，海关发现一个商品两个税号的问题，并要求将税号更改为同一个税号“3924.9000”，因此，备案为“3926.2090”的客户就不能直接以深加工结转的方式完成结转，而必须经香港一日游后才能完成结转。部分厂家因为经由香港进货物流成本过高，不再向该厂购买此类衣架。

9.2.3 供应链安全不合标准

“9·11”事件后，物流安全已经成为海关一个新的监管职能，并且是一个越来越重要的职能。为了保护物流安全，美国先后制定了《集装箱安全议案》、《便利与贸易安全》（FAST）和《海关—贸易反恐伙伴关系》（C-TPAT）等法案和制度，欧盟在2007年开始实施《授权经营者》（AEO）法案，国际海关组织也在2004年制定了《便利与贸易安全框架》，截至2008年10月包括我国在内的130多个国家签订了该协议。在国际物流安全方面，基本形成了以美国为主的C-TPAT标准体系和以WCO倡导的包括欧盟、中国等参与的AEO体系，两大体系基本思想是一致的，但是认证标准、流程和方法有一定的区别。两大体系的相互认可的磋商正在进行中。

这些协议的一个重要执行方法是分类管理，即将供应链上所有企业，包括制造商、出口商、运输物流企业、仓库、报关中介和进口商等，都纳入管理范围，按照统一的安全标准进行分类。对通过安全标准的企业授予C-TPAT或者AEO资格，实施便利的通关管理措施，对于供应链中没有通过安全标准的物流实施严格的监管。

因此，供应链安全措施的实施增加了关务管理的职责。为了使本企业货物得以在国际市场上便利通关，企业应做好以下两项工作：

1. 增加企业安全管理措施，申请并通过安全标准；
2. 选择通过安全标准的物流和贸易服务供应商。

目前阶段，中国已经将国际货物安全的概念纳入企业分类管理，将

AA类企业视同AEO资格，而且已经与欧盟开始资格互认的磋商。

如果企业没有通过出口目的国家或地区的安全标准认证，可能有以下不利影响：

1. 货物可能会在出口国受到更多的检查，甚至被要求作额外的检查，在出/进口国港口滞留的时间会增加；

2. 可能会影响采购商的决策，从而影响销售业务的发展，因为采购商不想承担货物“意外滞留”的风险。

另外，如果选择了不合格的供应链服务提供商也可能影响供应链的顺畅，从而影响客户的利益。因此尽量选择具有相关资格的制造商、出口商、运输物流企业、仓库、报关中介和进口商。

9.2.4 企业级别下降，被列为海关高风险企业

目前中国海关对进出口企业实施分类管理，级别高的企业可以享受更多的优惠。如果企业的关务管理混乱，申报差错率较高，存在走私违规等情事，就不能适用高的企业级别（如AA、A），还有可能被降为C类或D类企业。

案例49：负案在身，长期不能申请电子账册

某电子元器件公司，有超过3000种料件和超过1000种成品，各种成品的单耗各不相同。该公司一直利用纸本手册从事进料加工业务。

该公司内部评估发现，保税料件存在巨额的不平衡，其中最大的根源就是成品归并后需要利用平均单耗进行备案，而平均单耗与实际生产的单耗不可能一致。该公司也知道，解决问题的根本方法是向海关申请电子账册，对所有成品单独备案。但是该公司曾经因内销补税，价格涉嫌低报而受海关稽查，由于核实内销的成品所耗用料件的实际价格是一件极其复杂的工作，该案的稽查一直持续了四年。尽管该公司受到稽查后提升和健全了关务内部控制，但是由于有未审结的案件，该公司一直不能申请成为A类企业，也就不能申请电子账册。

企业级别下降，被列为高风险企业，海关会较多地关注，如稽查、核查、货物查验等。海关认为低等级的企业是较高风险的企业，将会投入更多资源进行管理。例如，对C类企业，海关则要在审单、查验、核查等环节实施严格的监管措施，从事加工贸易业务需要征收保证金，海关对加工贸易的后续管理更为严格；D类企业，则禁止从事加工贸易，海关在审单、查验、核查等通关和后续管理环节实行严密的监管

措施。

9.2.5 公司声誉受损

违法和走私行为必然会导致商誉受损，主要有以下两方面：

1. 市场商誉。如果企业违法或者走私，客户、供应商、投资者、银行会认为管理层不是诚实守信、合法经营，他们可能会重新考量与该企业的业务关系，如是否继续投资、是否继续供应贷款、是否继续原有的商业合同、是否沿用原有的商业信用条款等。另外，如果企业涉嫌走私，可能还会引起海关的连带稽查，因为有时海关对走私进口的货物进行跟踪稽查，会对进口货物（如转厂的货物）的供应商进行调查，客户或者供应商为了减少这方面的麻烦，可能会中断原有的业务。

2. 守法记录。海关正在推行风险管理，其核心理念是“守法便利、不守法不便利”。守法便利通关程序是指符合海关守法经营条件的企业，海关准许其进出口货物在通关各环节适用便利通关措施，包括通关事务处理的信息化前置后移、信用性的估价程序、信任式的验货程序以及全天候的优先通关安排等；不守法不便利就是让违规、走私的企业承担相应法规处罚之外，还要承担监管上的更为严格的“照顾”，如更低的管理级别、更高的查验比例以及更严格的监管流程等。

案例 50：西藏珠峰股份公司走私行为给其股市表现的负面影响①

2002 年，成都海关走私犯罪侦查局对上市公司西藏珠峰进行走私案件调查。其实市场对该公司走私的传闻在 2001 年甚至更早就有了。自此，走私案的阴云一直笼罩着这家上市公司。经过司法机关长达两年的调查发现，西藏珠峰股份公司及其控股股东珠峰摩托车工业公司 1998 年 11 月至 2001 年 4 月，为牟取非法利益，采取绕关和在报关时伪报品名、低报价格的手段，共计偷逃应缴税额 8.2405 亿元人民币，已构成走私普通货物、物品罪，且走私数额特别巨大，情节特别严重。

在走私案阴云的影响下，该股经历了长期熊市，股价从 23 元多跌至 2 元多，已经连续两年亏损，每股净资产也下降到 1 元以下，因此公司从 2004 年 1 月 29 日起实行退市风险警示的特别处理，股票简称相应变更为“＊ST 珠峰”。

---

① 资料来源于新浪网，http：//finance. sina. com. cn/stock/otherannouce/20041221/09101239251. shtml，2008 年 10 月 2 日访问。

9.3 影响个人利益的关务风险

企业关务管理人员，在关务风险爆发时，也可能需要承担相应的责任，常见的影响个人利益关务风险主要有：

9.3.1 个人法律责任

如果公司被认定犯有走私罪，那么个人是否承担承担责任？谁将要承担责任呢？认定单位犯罪其实就是解决两个问题：一是自然人的行为是否构成犯罪；二是单位应否对犯罪行为负责。

依照《最高人民法院关于审理单位犯罪案件具体应用法律有关问题的解释》第二条的规定，个人为进行违法犯罪活动而设立的公司、企业、事业单位实施犯罪的，或者个人设立公司、企业、事业单位后，以实施犯罪为主要活动的，不以单位犯罪论处。单位是否以实施犯罪为主要活动，应根据单位实施走私行为的次数、频度、持续时间，单位进行合法经营的状况等因素综合考虑认定。

根据单位人员在单位走私犯罪活动中所发挥的不同作用，对其直接负责的主管人员和其他直接责任人员，可以确定为一人或者数人。对于受单位领导指派而积极参与实施走私犯罪行为的人员，如果其行为在走私犯罪的主要环节起重要作用的，可以认定为单位犯罪的直接责任人员。

所谓“直接负责的主管人员”，是指在企业、事业单位、机关、团体中，对本单位实施走私犯罪起决定作用的，负有组织、决策、指挥责任的领导人员。单位的领导人如果没有参与单位走私的组织、决策、指挥，或者仅是一般参与，并不是起决定作用的，则不应对单位的走私犯罪负刑事责任。

所谓“直接责任人员”，是指直接实施本单位走私犯罪行为或者虽对本单位走私犯罪负有部分组织责任，但对本单位走私犯罪行为不起决定作用，只是具体执行、积极参与的该单位的部门负责人或者一般工作人员。

司法实践中，自然人与单位共同犯罪可以分为三种情形：第一种情形是，单位实行犯罪，自然人提供帮助。例如单位负责实施走私犯罪，自然人提供报关等帮助行为。第二种情形是，个人实施犯罪，单位提供帮助或者便利条件。例如自然人实施走私犯罪，单位实施提供账户、交通工具等帮助行为。第三种情形是，自然人和单位均实施共同犯罪行为。例如自然人和单位共同实施走私犯罪，按约定对走私犯罪的利润进行分配。

案例 51：西藏珠峰股份公司走私犯罪行为给个人带来的负面影响

西藏珠峰股份公司走私案除了单位被判犯走私罪外，11 个自然人也被判有个人犯罪，需要承担相应的责任：

西藏珠峰股份公司原法定代表人何冰在单位走私犯罪活动中起决定作用，系单位走私的直接负责主管人员，被判犯走私普通货物、物品罪，并处有期徒刑 15 年。

原财务总监吴东蓉、原董事会秘书赵琪云在犯罪中起重要作用，系单位走私的直接负责主管人员，均被判处有期徒刑 8 年。

其余 8 名相关责任人员以走私普通货物、物品罪，被判处 8 年至 2 年不等的有期徒刑。

以上自然人，有些是企业的管理层，如董事长、财务总监、董秘、工厂和进出口负责人，对经营管理有决策权；有些是具体经办人员，如会计和进出口职员，只是负责落实管理层的决策，他们是走私的“直接负责主管人员”和“其他直接责任人员”，需要承担相应的法律责任。

9.3.2 失去工作和职务

在企业内部，与生产和销售等具体核心业务不一样，关务管理属于支持性的部门。关务顺畅时，关务管理人员的作用可能不为人所注意；而关务管理出现麻烦时，管理层又会责怪。尤其是境外股东或者投资者对中国关务管理的复杂性不是很理解，认为中国的关务管理与西方国家相同，如果关务反复出麻烦，或者被海关处罚，他们就会质疑关务管理人员的能力。

案例 52：“借用”保税料件，不仅仅是“有借有还”这么简单

浩强公司是一家中外合资铝材加工制造企业，简单来说，就是买来铝锭，熔铸成铝棒，再进行延压、拉伸，形成不同规格、形状、品种的铝材及铝制品再销售出去。由于全套引进国际先进技术，质量把关到位，这家公司虽然产量、产值不是很高，但利润不错，特别是在国际市场上赢得不少好评。

由于每年有几百万美元的出口加工业务，浩强公司利用加工贸易方式以节省税负，设厂当年就在海关办理了所需的各种手续。在随后的几年中，进口料件对应出口成品，国内采购料件对应境内销售，丁是丁，卯是卯，公司的管理工作一直做得井井有条。

2004 年下半年，境内家电客户突然提出扩大订单数量。面对天上掉下来的馅饼，浩强公司老板喜出望外，对客户提出的十分紧迫的供货周期也一口答应了下来。为了尽快履约，公司决定组织突击加工，两条生产线开始日夜运转，满负荷工作。

十天后，物流部负责关务的助理经理小刘来到物流部经理办公室，提出国产料件库存迅速减少，如果再不及时补料，用不了三天时间，就要停产。小刘也提醒道，如果国内料件不及时补充，为了满足生产需要借用保税料件，那可是违法海关法规的事情。但是，该建议和提醒均没有引起物流经理的重视，反而被责怪多管闲事。

为了避免事态向不利的后果发展，小刘用邮件向物流经理和主管物流的副总，提示了海关对保税料件以及加工贸易中有关串料处理的相关规定。

三天后，库存的国产料件全部用完后，为了保证生产正常进行，只能用进口保税料件顶替。具有决策权的公司副总和物流部经理对小刘的提醒作了一番商讨，但是考虑到公司目前的实际还是需要顶用。

接下来，十几本手册陆陆续续都顺利办完核销手续，始终没有发生小刘提到的可能被海关查处的任何情况。两个多月后，新合同顺利执行完毕。总经理在公司每月例会上还特意对副总和物流经理在料件替代方面的灵活处理提出表扬，认为这个措施不但确保该合同的顺利实施，更重要的是为下一步降低库存，减少流动资金积压，提高公司产品竞争力方面开辟了一个新领域。

2006 年 9 月，浩强公司意外收到了主管海关稽查处送来的一份“稽查通知书”，海关将于三天后正式展开对浩强公司两年内关务活动的稽查。海关稽查人员到公司的第二天就查出串料问题，经过近半个月的核实调查，公司在一年多时间里发生的串料总数 1000 余吨。最后，海关对公司作出如下处理：补缴税款并处以一定数额罚款。事后，相关责任人员被革职，而小刘被提拔为关务经理。

9.3.3 个人声誉受损

马斯洛的需要层次理论告诉我们，人的需要层次是从低到高的，作为管理人员或者职业经理人，为了得到更多的报酬和成就，进而赢得承认和尊重，实现自我，就不得不维护自己的声誉。

关务管理方面没有像证券从业人员那样有市场禁入的规定，但在信息渠道丰富的当今社会，在某一个地区、行业和领域，成功或失败的经历很快便会被业界所熟知，“世界很小，名声很重”。

理论上讲，在职业经理人完全竞争的情况下，长期而言，声誉对职业经理人的行为就有很大的约束力。Sirri 和 Tufano 等人的实证研究表明，职业经理人与委托人合作成败完全取决于职业经理人的声誉和经历，职业经理人过去的业绩是吸引委托人的一个强烈信号。但职业经理人对自己声誉的重视程度是由多方面因素决定的，其中较重要的有声誉质量（声誉反映实际情况的准确程度）、未来预期和已有能力的投入。①

具体到关务管理和物流管理，虽然其在中国仍是一个较新的领域，但也日益成为一个引人关注的独立领域，优秀关务管理人员在市场上很受欢迎，相反，有着不良经历的关务管理人员和报关人员一样会在业界流传。

海关对具体办理报关业务的报关员已经开始实行记分制度，对出现报关单填制不规范、报关行为不规范，以及违反海关监管规定或者有走私行为未被海关暂停执业、撤销报关从业资格的报关员予以记分、考核。尽管报关单填制不规范的根源可能不尽是报关员可以控制的，但是报关员还是对其报关负有直接的责任。这些记分也会直接影响报关员的执业资格，影响海关对其进行评价，影响用人单位对其进行业务考核，并最终影响其市场价值。

---

① 参见张雄林、和金生、留宏伟：《职业经理人的声誉效应》，载《长安大学学报（社会科学版）》2006 年第 3 期。

10 关务风险产生的根源

10 GUANWU FENGXIAN CHANSHENG DE GENYUAN

关务风险并不仅仅来自申报阶段的操作失误、不够熟练和疏忽遗漏，更多的还来自企业管理制度的不完善和管理层的动机。

10.1 管理层或者委托方的非法经营动机

对企业来说，管理层就是企业“龙头”，其价值导向和经营理念直接会导致一个企业是“正道”经营、“邪道”经营，还是走“偏锋”。

管理层的经营理念直接决定其对关务风险的态度和重视程度。如果管理层不是在技术创新、生产经营和管理创新上下工夫，而在关务方面过分强调降低成本，把降低关务成本作为竞争优势和利润源泉，那么管理层可能会要求报关人员尽量采取“低税率的商品归类”、瞒报价格、甚至是直接走私或偷漏税。长此以往，整个企业就是一个彻头彻尾的走私集团，陷入其中的经办人员也将会被要求参与到非法活动中，对其个人而言，也将面临巨大的法律风险。

对报关员和关务管理人员来说，选择一个合法经营、理解关务的管理层，是减少自身风险的关键。

对受托代理报关的第三方报关公司来说，选择守法经营的委托方，是减少自己法律风险的关键。

案例 53：管理层筹划的“飞料”走私案①

2004 年 8 月，黄埔海关缉私民警在进出口动态数据库中发现了一系列反常的数据，数据记载了东莞市一家生产塑胶产品的来料加工企业华×塑胶粒厂 2000 年以来的塑胶原料进口情况。该厂 2001 年、2002 年、2003 年的塑胶年加工能力分别为 115 吨、260 吨和 868 吨，但在 2004 年 6 月，该厂塑胶原料进口量突然增加到 581 吨，单月进口量竟比 2001 和 2002 年两年进口总量的 1.5 倍还多！

反常的数据引起了缉私民警的警觉：为何规模并不算大的厂子能在这么短的时间内以如此快的速度提高生产能力？其超乎寻常的增长速度背后是否存在着不正常的因素？

缉私民警进一步调阅了该厂在海关的备案资料，发现该厂还存在短期内加工贸易合同手册备案数量骤增、合同执行的保税货物品种单一、进出口货物循环加快、加工周期缩短等异常情况。种种疑点显示，该厂存在极大的“飞料”走私风险。

调查发现，原来该厂主业塑胶产品加工的经营状况非常一般，几无利润，总经理潘某一直在打保税货物的主意。在其主使下，该厂未经海关允许并补缴税款，便将来料加工合同项下塑胶原料保税进口指标倒卖给其他人，为了平衡手册，该厂从国内外购买 2157 余吨劣质塑胶原料加工后以保税形式出口，从中牟取了大量非法利益。

最后，该厂非法所得被没收，并被处以罚款。总经理潘某被判刑。而作为参与人员的报关员、仓库管理人员甚至司机，均根据情节，被处以不同程度的处罚。

10.2 关务人员素质不高或管理不当

关务人员在关务管理中是一个关键的职位，因为关务人员向海关所作的申报直接代表着企业的申报。虽然，海关一方面利用报关员考试、培训、管理和记分考评等制度来加强对报关员的管理和提升其素质；另一方面要求管理层，甚至法人在提交海关的资料上签字，从制度上要求企业管理层介入关务日常管理。但是，关务，尤其是加工贸易的复杂性

---

① 资料来源于广东省人民政府打击走私综合治理办公室网站，http://www.dsb.gd.gov.cn/ruizheng/zazhi/05/05.htm，2008 年 8 月 24 日访问。

和特殊性，使得很少有管理层能够真正理解申报的内容和影响。

某些关务人员可能会利用关务和海关的专业性，回避公司内部的控制制度，主要有以下几方面：

1. 以通关速度直接影响生产进度的名义，要求增加授权，回避公司的授权管理。比如许多递交给海关的报告和申报资料都需要管理层签字，关务人员可能出于便利，要求管理层提供已经签字的空白信札由其填写内容后递交给海关；再如单位报关印章或者境外公司的印章均由其自行保管。

2. 利用报关和关务方面的专业性，回避公司内部的独立稽核和内部审计制度。

3. 随意报销费用，不利于公司成本和费用管理和控制。

4. 借口或者编造海关的特殊要求，为自己牟私利。

5. 海关报关记录、报关登记系统完全脱离和独立于公司内部的记录系统，造成无法监督和复核报关工作。

6. 通过一些非法的手段少缴税或者不缴税，减少关务成本，并以此为自己邀功请赏，却不考虑这种逃避税款的风险。

案例 54：谁设置的陷阱？——外籍总经理稀里糊涂背上走私罪罪名①

马蒂尔系马来西亚泰高集团公司上海公司（上海××开关有限公司）第二任总经理。上海公司的生产计划、进出口安排主要由境外总公司负责。马蒂尔既不是投资人，也不是股东，无非在公司各部门运作过程中承担着管理职责。

上海公司是 1995 年 10 月注册的大型中外合作企业，有独立的进出口报关权。报关员冯子强系公司在编员工，持有报关资格证书，历年来，冯子强均为公司的专职报关员。

马蒂尔任总经理时，恰逢公司经济状况不好，职工薪水发不出，税款付不出，产品积压，应收款收不到。此时，冯子强向公司高层建议，其能找到一家能量巨大的代理报关公司，由该报关公司代为报关，可以减少关税，但须每次从节省下来的税款中提取 30％至 50％不等的佣金。几经评估，即便是依冯子强所提出的比例支付佣金，比起年交税所测算的总金额看，还是划得来的。再者，在中国通行的关系学、人脉学等，

---

① 资料来源于天下关税网站，http：//www. gtariff. com/index. php? act＝article _ info&id＝6009，2009 年 4 月 29 日访问。

马蒂尔已早有所闻，故代表公司应允了专职报关员的“建议”，并先后批准冯子强提取“佣金”45万元。

然而，海关查明的真相是：所谓的“代理报关公司”纯属子虚乌有，而是由冯子强用涂改货物凭证、制作虚假发票、低报进口货物价格等手法，使公司偷逃海关应缴税额合计人民币290万元。

最后，法院经审理认为：上海××开关有限公司马因经营困难，资金拮据，为偷逃关税，由其负责公司日常经营工作的总经理马蒂尔决策和批准，由其负责保管业务的职员冯子强具体实施，采取了做虚假发票、低报进口货物价格等手法，帮助公司偷逃海关应缴税额合计290余万元，冯真强还从中分得人民币45万元，单位及作为公司直接负责的主管人员和直接责任人员均构成“走私普通货物罪”，故依照法律对上海××开关有限公司判处罚金人民币300万元，对马蒂尔和冯真强分别判处有期徒刑10年。

10.3 关务管理的内部控制薄弱

企业内部关务控制混乱主要表现在以下几方面：

10.3.1 部门之间的信息共享和交换不畅

报关部门实际是一个“窗口”，企业的信息由此报送到政府部门。报关部门自身不会产生信息，只有从其他部门或者公司内部管理系统中获取相关的信息。如果报关部门不能从其他部门及时获得准确的信息，或者不能从ERP系统中获得相应授权去获取信息，其申报的数据就会失真。

另一方面，如果采购、销售、物流部门不能从报关部门获得海关和其他政府部门的申报要求，则可能因资料准备不充分而最终导致装船延误、收货或者发货延迟。其他部门对海关监管要求不清楚，会导致公司内部海关监管货物的管理不能符合海关的监管要求，如擅自处理减免税设备和保税货物等。

10.3.2 报关部门内部控制混乱

报关部门内部不同人员职能没有分离，缺乏有效的授权管理制度，其结果就是某些关务人员的权力过大且失去控制。当然，站在关务人员的角度来看，混乱的内部控制制度会使得关务人员觉得没有有效后备支持，工作积极性自然备受打击。

报关部门内部对报关员的考评和考核没有依据，管理层也只问“结果”不管“过程”，只要求报关顺利，核销顺利，降低纳税成本。在这种考核模式下，将关务人员的职责由“如实申报”转变为“省税避税”，其往往会避重就轻，粉饰风险，深埋“地雷”，只考虑当前的利益而忽视长远风险控制。

10.3.3 单证资料和报表的管理不完善

报关部门的报关单证往往是其他部门的重要凭证，如报关单是办理出口退税和外汇核销的关键凭证。有些企业没有建立有效的单证流转和交接流程，报关单证往往会在流转中丢失，或者滞压单证超过有效期限，致使无法办理税务和外汇手续，造成不应有的损失。例如，有些企业报关员离职后，企业才发现一批进口报关单“失踪”了，致使外汇一直无法支付。

有些企业报关部门没有建立内部作业台账、内部管理报表，管理层无法及时了解关务的执行情况，也无法判断关务方面存在的问题和合规性风险。

10.3.4 关务方面的内部复核和内部审计制度不完善

有些企业对申报过程缺乏有效的复核制度。许多企业的关务人员之间的分工都是每人从事不同领域的报关，相互之间没有交叉复核。这样许多差错和遗漏都无法及时发现，只能依赖报关行的报关员来复核发现，但报关行的报关员每天要处理的单证非常多、对企业的商品和交易自然不如本企业的工作人员熟悉，因此，错误和遗漏经常不能被及时发现。

大多数企业都有内部审计和外部审计制度，但是这些审计大多覆盖一些常规的财务、会计和其他业务。国内企业的内部审计制度有两个来源：一是沿袭原有国有企业的内部审计制度；二是沿用外国跨国公司的内部审计制度。这两个内部审计制度，前者会忽视关务方面的审计，而后者无法适用国内关务的复杂性。

案例 55：报关部门内部控制不完善、关务人员擅自倒卖保税料件①

2006 年 4 月初，惠州市惠城区怡×手袋厂（下称“怡×厂”）被海

① 资料来源于广东省人民政府打击走私综合治理办公室网站，http://www.dsb.gd.gov.cn/ruizheng/Article/ShowArticle.asp? ArticleID=4396，2008 年 8 月 23 日访问。

关告知，因涉嫌违规，企业等级将由B类降为C类。对降级缘由毫不知情的老板认为企业的进出口业务都很正常，不可能存在违法违规情况，遂到海关查询相关情况，发现该厂曾于2005年3月因少报多进牛皮料件受文锦渡海关处罚。经调查，该厂发现报关员王×琼擅自利用该厂加工合同保税指标为他人走私进口牛皮，遂到深圳海关所属惠州海关报案。惠州海关立即组成联合调查小组到厂家进行调查，发现该厂当时正在执行的来料加工合同手册（以下简称“手册”）中的保税料件牛皮、羊皮短少，涉及税款人民币300多万元。案情重大，4月19日，惠州海关将此案移交深圳海关缉私局所属惠州分局侦办。该厂向海关报案后，报关员王×琼便借故请假，并不见踪影。

经过半年多的艰苦侦查，案情终于真相大白，2003年至今，犯罪嫌疑人钟×强等人等勾结境内外人员王×琼等，以高价向国内惠州市惠城区怡×手袋厂、深圳市宝安区松岗港×皮具鞋厂、钜×鞋业（深圳）有限公司、东莞常平桥沥鸿×皮具厂、东莞黄江利×时皮具厂、东莞大朗年×皮具厂、惠东时×鞋厂等保税加工厂购买保税指标，专门为走私货主伪报贸易性质，逃避海关监管，走私进口牛皮、羊皮等皮料，牟取非法利益，并通过地下钱庄将赃款汇出境外，造成国家巨额税款损失。

该案共伪报走私进口牛皮207251平方米、重26780千克，羊皮25328千克，案值共计人民币8838.5万元，偷逃应缴税款人民币1838.76万元。

10.4 商业和交易模式与关务管理资源不匹配

如前面所述，良好的关务规划和关务管理模式有助于节省企业的经营成本和税负，便利企业的物流和通关，相反，不适当的关务规划和模式可能会使企业因小失大，甚至不能有效运作。

很多企业规划商业和交易模式时，不会考虑是否有相应的关务管理资源，而没有精干的关务团队、没有良好的跨部门的关务协调和相应的管理经验的支持，原本良好的商务模式的最后可能会变得高成本和低效率。比如说，以减免税方式进口设备可以节省关税和增值税，但是设备进口之后仍属于海关监管货物，转借、出租、挪用等都会被海关要求补缴关税，甚至被处以罚款。设备和机器往往属于生产部门直接管理，虽然生产部门管理者会被告知免税进口设备不能擅自挪用，但是仍可能从本位出发，并不认为不同生产部门之间借用设备，甚至不同生产基地的挪用，是一件多严重的事。

所以，我们在阐述关务规划方法的时候，都要提醒考虑关务资源和实施成本。

案例 56：加工贸易缴纳的“手册税”

加工贸易进口料件免缴关税和增值税，但是如果手册或者物料管理不善，可能会导致料件短少或者其他违规，进而需要补缴关税和增值税，甚至被处以罚款，这就是所谓的“手册税”。

中国海关对加工贸易的管理模式有以下特殊性：

1. 没有区域限制，所有地区都可以经营，即“满山放羊”式管理。这不同于大多数国家和地区所采取的出口加工区、保税区等“圈养”的模式。

2. 中国对加工贸易进口是采取“不征不退”的方式，也不同于世界上很多国家采取的“先征后退”的方式。

这就导致了海关要对加工贸易货物进行全程的近距离的监管，采用加工贸易手册的方式管理，即对保税货物的进口、耗用、出口、结余进行记录。

但是，加工贸易手册是按照海关的规则进行登记的，与一般企业的会计记录、实物记录以及 ERP 记录并不相同：

1. 记录的单元不相同。加工贸易手册的记录单元是以商品编码为基础的商品项，而企业记录的单元是反映商品名称、规格、型号、花色特征的料号，两者的分类不一致。因此，需要建立料号与项号之间的对应关系，将企业中记录单元的料号转换为海关的记录单元项号。如果发生对应关系错误、对应关系没有及时变更或者没有根据对应关系申报或登记等事项，就会导致手册登记与实际之间存在差异。

2. 记录的单位不同。海关的计量单位是国家法定计量单位，因此，需要将企业实际的计量单位转化为海关的计量单位。但是，由于不同批次产品和料件的差异，单位之间的转换关系并不稳定。

3. 企业的实际 BOM 和耗费与海关的单耗和损耗不同。在实际操作中，海关会根据国家的单耗标准、关区的单耗标准来确定手册的单耗和损耗，而手册的单耗和损耗与实际单耗和损耗之间往往存在差异。

4. 其他手册登记与企业内部登记不同步、不对应、不一致，或者登记差错、遗漏。

以上登记处理的差异或者遗漏会导致加工贸易手册与企业实际不一致。但是，不要指望能够根据实际记录调整海关记录，恰恰相反，海关会认为申报不实、料件擅自处理，而要求补税。

诸多案例表明，海关下厂核查、稽查，都会核查内部记录与实际记录，两者之间的差异会成为海关要求补税和罚款的依据，有些企业受到的罚款几乎相当于加工贸易所节省的全部税款。

因此，完美的关务筹划还需要丰富的关务管理资源作支撑。

10.5 关务管理模式和系统不相匹配

就关务管理来说，功能强大、数据自动获取、申报数据自动生成的关务管理系统已经越来越成为必需的工具。一般来说，系统自动生成可以减少人工输入、计算的错误和疏忽。但是计算机系统一旦出错，可能会导致连续的、多发的、常规的申报错误。

关务管理模式因企业的不同而不同，别的企业运作很成功的模式，可能不适合自己的企业；别的国家很适应的管理模式和计算机系统，可能在中国不适用甚至无法运作；在过去很得心应手的方式现在可能不再适用。

案例 57：加工贸易申报系统水土不服，导致差错不断

某大型电子产品生产外资企业，在中国不同省份有多个生产企业，产品均以出口导向为主。为了便于进出口申报，该集团设计了一套内部管理系统，将进出口申报系统嵌入内部物流系统中，这个系统包括一般的进出口贸易、加工贸易、外发加工、深加工结转和 BLP（保税物流园区）进出口等。该系统最终会统一应用于中国的各个子公司，这样便于便捷准确地获取报关数据，统一各个子公司的关务管理，总部也能有效监控各个子公司的关务运作。该系统是以该集团的位于天津的子公司的业务需求为出发点开发的。系统投入使用后，在大部分子公司都能有效运行，但是在惠州的子公司却一直无法正常使用：

1. 惠州公司利用周边配套生产，有大量的外发加工业务，但是申报系统却无法从物流和仓库中直接提取外发加工后的料件数据，因为当地通行的做法是外发加工厂都会自行购买一些辅助料件，而购买这些料件的费用都包含在加工费里面。这样，经过外发加工的产品，其重量就与系统内部的重量不一致。该公司多次因重量申报错误，而受到海关的处罚。

2. 惠州公司出口时，需要转关到深圳其他口岸，舱单日期往往需要一段时间后才能确定，而系统按照舱单的日期确定出口，这样就导致申报系统与物流系统对出口的确认产生时间差。

从上面的案例中可以看出，由于海关申报和关务管理系统的不适用，常常会导致申报上的差错，甚至导致加工贸易手册在核销过程中需要进行人工调整。

案例 58：价格自动获取出错，险遭海关稽查

某德资跨国公司，在中国多个口岸都有进口。2008 年初，海关通过内部监控系统，发现某化工品的价格经由该集团在上海的贸易公司进口的价格是 58 美元/千克，而经由其在南方的生产公司进口的价格是 2 美元/千克，价格差异极大。海关锁定该集团，准备对南方生产公司进行专项稽查。

海关先以价格核查的方式对该公司进行初步调查。该公司接到核查通知后，非常重视，安排区域关务主管协调各部门从整个交易流程和内部 ERP 系统进行仔细的检查和复核，发现该产品是一种新产品，在系统中还没有其价格参数。但是系统有一个价格自动获取功能，即系统首先直接读取该产品的价格，而该产品没有价格，便按照不同规则在系统中搜索，找到与它接近或者相似的产品的价格作为该产品的价格。由于与该产品相似的产品很多，系统便产生不同的价格。

鉴于该公司发现错误及时，海关要求其补交税款，没有对其进行额外的处罚。

10.6 境内外商业伙伴未能提供完整准确的资料和数据

从供应商准确获得到货的时间和地点有利于关务申报的提前准备和安排。对进口货物而言，向海关申报的数据大部分来自供应商，例如，商品的名称（属性）、价格和金额、原产地、数量和重量等。这些信息在到货以前，作为申报人的进口方，可能知道得不多，基本上是完全依赖供货商的信息。

如果供货商的提供的信息与实际有差异，将会直接导致不能申报或者申报错误。根据海关法规规定，即便是非主观故意的申报不实，也会受到不同程度的处罚①，包括对申报单位的处罚和对报关员的处罚。其中最常见的错误可能是重量和数量的差错问题，这种错误多是由于供货商的物流部门的工作差错造成的。

案例 59："不请自到"的两卷铜板所带来的烦恼

某金属制品公司进口一批铜卷板，并根据供货商提供的装箱单和发票等资料向海关报关，海关没有查验就放行了。办理仓库入库手续时发现实际到货是 7 卷，而发票上的数量是 5 卷，多了 2 卷，价值 1 万多元人民币。仓库办理了暂时入库的手续，然后向供应商联系，得知供应商的物流部门将另外一个客户的货物发给该公司。供货商希望该公司退回多余的 2 卷铜卷板。

该公司老总则为以下问题头痛：

1. 报关后，是否需要向海关说明错误，更改报关单？

2. 如果向海关说明，需要什么证明才能说服海关更改单证？

3. 海关会不会因此而处罚企业？

4. 能否将多余的 2 卷铜板退还供应商？如何退运？如果不能退运，有什么办法可以处理？

案例 60：张冠李戴、代人受过②

M 集团在深圳、东莞、惠州、黄埔等地设有生产基地，共有 8 万多名员工，形成了一个庞大的制造王国，每年加工出口各类高档电子产品价值超过 60 亿美元。

按照总部遵纪守法的信条，中国区集团内部设立了由直属总裁领导的贸易合规部，除了分别设置法律事务、关务、税务总监等高级职位，还有一支几十人组成的专业队伍。经过几年的努力，公司内部形成了一整套严密规范的操作流程（SOP），每个月都编发《贸易合规关键操作

---

① 《中华人民共和国海关行政处罚实施条例》第十五条规定："出口货物的品名、税则号列、数量、规格、价格、贸易方式、原产地、起运地、运抵地、最终目的地或者其他应当申报的项目未申报或者申报不实的，分别依照下列规定予以处罚，有违法所得的，没收违法所得：

（一）影响海关统计准确性的，予以警告或者处 1000 元以上 1 万元以下罚款；

（二）影响海关监管秩序的，予以警告或者处 1000 元以上 3 万元以下罚款；

（三）影响国家许可证件管理的，处货物价值 5%以上 30%以下罚款；

（四）影响国家税款征收的，处漏缴税款 30%以上 2 倍以下罚款；

（五）影响国家外汇、出口退税管理的，处申报价格 10%以上 50%以下罚款。"

② 参见何清：《张冠李戴的代价》，载《中国海关》2007 年 11 期，第 26 页。

指标》(KOI)。公司的努力终于获得了丰厚的回报：M集团及其下属的所有企业都被海关评为AA级信誉公司，2004年，还进入海关总署为数不多的红榜企业名单，企业通关速度加快，市场竞争力明显提高。

然而，2005年6月M集团的贸易合规性遭受自开业以来最严重的一次冲击：其深圳公司向海关报关的一批总共三个集装箱的塑料粒原料，其中一个柜子经海关现场抽查，发现里面装的居然是价值数倍于塑料粒的覆铜板（PSB)。

口岸海关经过调查，认定该批货物系香港发货方工作失误所致，根据《海关行政处罚实施条例》第十五条第（四）项的规定，依法作出罚款43万元的行政处罚决定，并责令M公司补缴应缴税款。

M公司觉得海关的处罚不能接受，因为发生这个错误的责任不是自己，而是香港承运公司。为此，总裁立即召集公司内部法律事务、关务总监以及相应的骨干开会商讨，是否需要向海关提起行政复议。

法律事务总监明确表达了自己的意见：

1. 向海关报关的主体是M公司，所以从法律上来说，构成申报不实的违规主体是M公司，这一点毋庸置疑；

2. 按照《海关行政处罚实施条例》第十五条第四款规定，海关对涉税的申报不实案件可以处以漏缴税款的30%至2倍的罚款，而该批覆铜板总价将近400万，漏缴税款近100万，海关处罚43万已是考虑案件实际情况，给予较轻处罚；

3. 建议公司接受海关处罚；

4. 依法向香港承运公司提出索赔请求，如对方拒绝，可以根据合约提起诉讼。

法律事务总监的意见得到与会人员的一致赞同，但有人认为公司将高价值低税率的货物报为低价值高税率的货物，两者相抵，公司并没有占国家的任何便宜。关务总监认为，从公司的角度看，这个说法有道理，但从海关角度来说，因为误报，即使多交了关税，也同样属于违反海关监管规定，影响了海关统计准确性或海关正常的监管秩序，也要给予警告等相应处罚。

关务人员又提出了另外一个问题：集团系统进出口货物发生差错的情况也曾经多次发生过，关务部门曾向物流部门提出过，要求他们采取措施加以改进。但物流部门认为每天的进出口数量如此巨大，料件品种成千上万，要做到完全杜绝任何差错是不可能的事。一旦发现问题，公司物流部门都会主动向海关报告并进行更改（改单），海关也都给予认可和配合，所以对这个问题就一直没有当回事。

关务总监在会上明确提出，公司应该通过这次事件就这类问题提出彻底的解决办法，总监把物流经理叫来参加会议，通过讨论，达成以下四点共识：

1. 无论进出口还是出口，任何形式的差错都是事故；

2. 根据公司自身的管理要求和海关规定，对进出口货物的报关差错按照其所造成的后果分为三个等级，标的物差异超过 10 万元或者海关处罚超过 1 万元的属于一级事故，标的物差异超过 3 万或者海关处罚超过 2000 元的属于二级事故，其余为三级事故；

3. 造成事故的责任属于公司内部员工的，对直接责任人将根据事故等级分别予以除名、扣发年度奖金、扣发季度奖金、警告等处分；

4. 对物料供应商和承运商实施同样严格的管理措施，即在相关的合约中明确规定，一旦发生事故，公司将根据事故等级分别给予警告或取消供货、承运资格等处理。

新制度实施效果明显，不到三个月，一家承运公司因为不到两个月的时间里发生两次二级事故被取消承运资格，另外一家因为一次三级事故受到警告。原先比例很小的出口差错基本被消灭，进口货物的差错比例也由原先的 1.5%迅速下降为不到 0.1%，关务风险大幅度降低。

10.7 报关或口岸通关服务供应商的违规和差错

通关申报是一项专业性极强的工作，对许多报关业务不多的企业来说，将通关申报委托给第三方是一项有效率的安排。报关中介可以凭其丰富的专业经验、与海关等口岸部门良好的关系，提供准确、快捷的代理服务。

接受委托后，报关中介就应该按照进出口收发货人提供的资料和信息向海关申报，将企业提供的商务信息“翻译”或者“转换”为申报信息。报关中介在“翻译”或者“转换”过程中，如果出现舞弊或者差错，不仅自身将受到海关的处罚①，而且将殃及进出口企业，如导致其受海关处罚或者物流遭延迟。

① 《中华人民共和国海关行政处罚实施条例》第十七条规定：“报关企业、报关人员对委托人所提供情况的真实性未进行合理审查，或者因工作疏忽致使发生本实施条例第十五条规定情形的（进出口申报不实的），可以对报关企业处货物价值 10%以下罚款，暂停其 6 个月以内从事报关业务或者执业；情节严重的，撤销其报关注册登记、取消其报关从业资格。”

更有甚者，部分不良的报关中介会提供其他承诺，如“包税”，即将代理费和税费全部一起打包报价，进出口企业不知道企业实际申报的内容，报关中介通过低报价格、选择税率低的商品进行申报等方式降低自己的成本；承诺按照企业需要申报为所需的商品名称和价格，从而使货物免受海关检查等。进出口企业也许会因被他们的低成本所吸引，但是中国海关的监管模式是“前面放开、后面管住”，为了加快通关速度，在口岸减少查验和审查，通过完善的进出口企业管理制度和强硬的后续稽查和核查，进行事后管理。因此，即使这些报关中介的承诺，在口岸能够兑现，没有被海关发现，也不见得企业的责任和法律风险就此消除。

案例61：报关行申报错误时有发生①

2007年12月13日，厦门某报关行接受泉州一家公司委托申报一批出口服装。由于报关员的失误，总价“604520港币”变成了“604520美元”，影响国家贸易顺差统计高达人民币480万元。鉴于此案的严重影响，2008年2月25日，厦门海关依据《海关行政处罚实施条例》的第十五条第一项规定，对该报关行科处罚款1万元。据称，这是厦门海关近年来对误申报影响海关统计行为开出的最重罚单。

据了解，在2008年一年时间里，仅厦门海关驻海沧办事处就处理申报不实案件19起，差错总额约2699万美元。报关行出现申报错误的原因主要是责任心不强，没有对单证进行有效审核，导致主观人为失误不断。另一个导致申报错误的原因是报关员业务不熟悉，对国家政策法规研究不够，缺乏实际操作经验，导致申报不规范的事情时常发生。

案例评述：1万元的罚款虽然是厦门海关对此类申报错误开出的最重罚单，而如果这一错误申报没有被海关发现，将会给企业带来多大的危害呢？首先是出口退税方面，会有几十万元的增值税进项税款转入成本（按照2007年6%的征退税差额计算），而且以报关单金额确定销售收入而缴纳企业所得税，即需要多缴超过100元的企业所得税（按2007年33%税率计算）；其次，外汇方面，外汇管理局会要求企业按照报关单金额收汇，否则就会以外汇逾期核销进行处罚。可以想象，企业可能需要花费极大的精力奔走于海关、外汇和税务部门之间。

---

① 资料来源于和讯新闻网，http：//news.hexun.com/2008－03－04/104204849.html，2008年12月14日访问。

11 关务风险和关务合规的管理和控制

11 GUANWU FENGXIAN HE GUANWU HEGUI DE GUANLI HE KONGZHI

风险的处理策略一般有回避、降低、分担和承担几种，具体到关务风险上，这些处理策略的具体含义可作如下辨析：

回避，是指退出产生风险的活动。比如为了回避加工贸易风险，更改交易模式，改加工贸易为一般贸易；为了防范进口风险，改变直接从境外进口的模式，而向境外供应商在境内的销售机构购买。

降低，是指降低风险发生的可能性和影响，这是对风险进行直接处理的方式。比如调整和改善关务内部控制，改进业务流程，提高报关和关务人员素质，定期进行合规性检查和内部审计。

分担，是指通过合同、保险、外包业务等，在不同主体之间分摊风险。比如在进口合同写明责任分担条款，供应商如果没有提供真实商品信息和价格信息导致申报不实，供应商应该承担相应的责任；将报关业务外包给报关公司、进出口公司和物流公司等专业报关企业。

承受，是指直接面对风险，接受风险。实际上无风险的经营是不存在的，不管通过以上什么方式都是为了将风险降低到一个可接受的水平。企业可以权衡风险可能带来的损失、降低风险所需要的成本，来选择一个可以接受的风险点。比如海关要求保税料件和非保税料件分开储存，而分开储存又需要另配一套价格昂贵的储存系统（如储油罐），一个替代方法就是通过保税和非保税核算系统，从信息上将性质不同的物料分开，但这种方法需要经海关认可。

本书强调从加强内部管理的角度降低关务风险，主要方式有事前控制、过程控制和事后控制。事前控制是主要包括：

1. 配备合格的关务人员和后备支持人员；

2. 实行全员关务培训，以及对关务和支持人员持续进行公司业务和关务培训；

3. 建立完整的授权管理制度，并坚持实施这种授权管理制度；

4. 建立海关申报的单证复核和交叉验证制度；

5. 培养诚实守法的企业文化，在关务处理上不是以成本节省为导向，而是以合规申报作为导向。

过程控制和事后控制将在后面作进一步分析。

11.1 过程管理和控制

11.1.1 对关务信息的管理和控制

11.1.1.1 对报关信息和单证的管理和控制

关务管理最为核心的职责就是向政府部门申报真实的进出口信息，在报关前需要从其他部门或者企业内部 ERP 系统获取真实的、完整的数据，数据不完整、不真实会导致申报不实。

为了保证申报信息的完整性和真实性，以及资料的安全性，应该有以下控制点：

1. 精心准备提交给海关的资料，主要有：

1）供应商的发票和装箱单，而不是自制的发票，单证应包括价格、商品描述、原产地、交易条件等资料。

2）运费、保险费、佣金等费用的支付凭证或者合同。

3）从财务部门取得特许权支付的资料，自我或专家评估后向海关申请预先认定，根据海关认定的分摊方案，确定本批货物所需分摊的特许权使用费。

4）从财务部门取得关联交易的信息，如果是关联交易，协调各部门或聘请专家评估关联交易是否影响进口商品价格，制作和提交关联交易说明书。

5）进口货物由供应商提供重量和数量数据，出口货物由仓库提供重量和数量数据。

6）其他资料。

2. 提交给不同政府部门的数据和单证应该一致，如有更改，应该向有关部门报告。

3. 如果由第三方向海关申报，需要准备委托书，与第三方应该有合同或者协议，明确信息和资料的真实申报权利和义务。

4. 为了保证报关与支持单证之间的一致性，可以在报关单的“备注”栏目上增加随附单证的编码，这既有利于当时的申报，也有利于以后的复核。

5. 提交给海关的资料，需要保留企业留存联或者复印件，且确认海关联与留存联一致。

11.1.1.2 报关部门与企业内部其他部门的联系配合

通关是销售和购买交易中的重要环节，只有将通关和关务的控制和管理放在整个购销交易中进行处理，为整个供应链服务，才能使关务为企业提供最大的增值服务。

下面以一般企业的销售和出口流程为例，讲解报关部门与其他部门的联系配合。出口流程主要包括：报价、订货、备货、包装、通关手续、装船、运输保险、准备提单、结汇及外汇核销、出口退税手续等（见表11—1）。流程中各个环节由企业中不同部门承担，各个部门之间的信息和沟通应该非常紧密。通关手续是出口流程中最重要的环节之一，通关不仅仅是到口岸才开始的，而是始于出口合同确认后，终于收汇和退税手续。只有在订货环节就得到相应的信息，才有足够的时间办理通关手续。

表11—1 出口流程中的关务处理列表

流程	描　述	承办部门
报价	在国际贸易中一般是由产品的询价、报价作为贸易的开始。比较常用的报价有：“FOB船上交货”、“CNF/CFR成本加运费”、“CIF成本、保险费加运费”等。	销售部门
订货（签约）	贸易双方就报价达成意向后，买方企业正式订货并就一些相关事项与卖方企业进行协商，双方协商认可后，需要签订购货合同。	销售部门
备货	生产企业向车间下达生产任务。如果是加工贸易，要根据成品所需要的物料调整单耗和增加备案料件。如果是外贸企业，应向第三方购买货物。	设计部门、生产部门、采购部门和仓库
包装	根据货物的不同，选择不同的包装形式（如纸箱、木箱、编织袋等），检查货物的包装和唛头（运输标志），使之符合信用证的规定。	设计部门、生产部门、采购部门

续表

流程	描述	承办部门
通关手续	通关手续极为烦琐又极其重要，如不能顺利通关则无法完成交易。报关部门应该在接到订单后，确认商品编码，同时确认是否需要办理检验检疫手续和许可证件申请手续。如果是加工贸易，还要在报关前确定，出口成品是否在手册上备案，如果没有备案，需要增加备案。所有单证准备妥当后，由报关员持加工贸易手册（如果是加工贸易出口）、装箱单、发票、报关委托书（如果是代理报关）、出口结汇核销单、出口货物合同副本、出口商品检验证书、其他出口许可证件等向海关办理通关手续。	报关部门（从签约订货后开始介入，至出口退税阶段完成）
装船/保险/准备提单	根据货物的多少和合同要求决定装船方式，可选择整装集装箱或拼装集装箱。提单根据信用证所提要求份数签发，一般是三份，出口商留两份，办理退税等业务，一份寄给进口商用来办理提货等手续。出口商将正本提单、箱单、发票寄给进口商办理进口手续。	物流部门和报关部门
结汇和外汇核销	出口货物出口之后，进出口公司即应按照信用证的规定，正确缮制箱单、发票、提单、出口产地证明、出口结汇等单据。在信用证规定的交单有效期内，交由银行办理议付结汇手续和外汇核销手续。	财务部门和报关部门
出口退税手续	准备相关资料向税务部门办理出口退税手续。	财务部门和报关部门

案例 62：商品编码变更带来的“一地鸡毛”

某企业是从事加工贸易的电子装配企业，利用电子账册进行管理。该企业 2008 年 2 月接受国外客户一批新产品的订单，要求 2008 年 4 月 7 日开始装船出口交货。以下是该企业物流经理针对该事件的一段工作日志：

事情从装柜前的电子账册的备案和商检说起。近期需将液晶电视 SKD 套件（20 寸，37 寸）出口到境外，由于安排了 2008 年 4 月 7 日 OOCL 的香港船期，3 月 28 日便通知业务部同事 David 准备作商检并做好电子账册备案，David 马上通知采购部要求提供电子账册信息，下午下班后不久收到采购部 Peter 发过来的电子账册信息，我核对了归并关系，发现在归并关系里面都找不到相应的物料批次号，便将该信息转发给了报关部门的 Lily，通知她尽快帮忙备案。

4 月 1 日，Lily 回复邮件表示“序号为 711 的液晶显示器（20）的批次号从 SAP 导出来的 BOM 中料号与你所提供的货号不一致”。我便通知 David 询问采购部，采购部重新备案料号。报关的 Lily 也开始安排成品备案。

由于是新的产品出口，我不确定此批产品是否都需要安排商检，按照报关的 Lily 发过来的电子账册信息，我查询了一下《中国海关报关实用手册》，发现商品编码为“9013.8030”的液晶显示器不用作商检，我也咨询报关行的相关人员，他们的回复也是这个商品不用作商检。报检员 Hellen 感觉这个产品好像需要商检，但是按此商品编码确实是不需要作商检的。于是我没有安排这个商品的商检。由于装柜时间是在 4 月 4 日（周六）晚，故报关只能推迟到 4 月 6 日。

4 月 6 日，我将所有报关资料交给了 Lily。Lily 打单的时候发现 20 寸液晶屏显示需要通关单号码，而此项商品根本没有安排商检。在跟 Lily 确认中，我发现该商品的商品编码变成“8528.2100”，与之前的“9013.8030”根本不一样。我马上询问 Lily 是怎么回事，Lily 说商品编码改了，采购部周五下午改了商品编码，但没有通知海外部和报关部门。周二的船期，今天是报关的最后一天，本来截关就是在早上 10：30，我们要求下，报关行表示可推迟到下午 1：30 分截关。

我便马上安排商检，11：30 分左右，从车间拿到刚刚出炉的厂检单交给报关室主任，由他亲自去商检局协商，希望可以在中午拿到通关单。主任整个下午在与商检局沟通，但是还是没有办法顺利拿到通关单。

此时，海外部经理跟储运室同事协商了好久，周二的航班赶不上了，本周已经没有 OOCL 的船了，如果要把柜子拉回来重装走其他船公司的话，办理重柜出场的手续就要办到下周，本周根本就无法发运出去。最好的解决方法只有改信用证的最迟发运期，将所有的柜子安排在下周二走。销售部跟客户协商修改信用证，客户要求：250 台 20 寸液晶屏空运，其他的海运。但是在操作上此时已经赶不上了，沟通还要继续。

11.1.1.3 对报关后的资料的管理和控制

报关后，应该将资料分发其他部门，归档保存。

报关资料是办理会计处理、出口退税和外汇核销的必备资料，因此，应该建立资料交接的控制制度和控制表。

1. 海关完税凭证、报关单外汇核销联、报关单退税联应该在取得当天或者第二天提交给财务部门。交接后双方在签收表上签字。

2. 加工贸易手册、进料加工进口报关单（出口退税免税证明）、手册核销申请表等资料应该在取得当天或者第二天提交给财务部门。

3. 建立单证交接登记台账，范例见表11—2。

表11—2 海关单证交接记录表（样表）

序号	单证种类	单证编号	海关取得日期	提交日期	接受人	提交人

4. 编制单证交接月度统计表，由关务管理人员和财务部门的管理人员进行填制，范例见表11—3。

表11—3 海关单证交接月度统计表（样表）

序号	单证种类	本期报关数	本期应提供单证份数	本期提供单证份数	备注

管理规范的公司往往会采用关务管理系统或者内部管理系统，一般中小企业，也应制作报关记录表，这些系统或表格既可以为保存和分析报关信息所用，也可以控制加工贸易手册平衡。报关部门，应该在取得资料后的当天将所有报关记录录入系统。如果是通过记录表的方式记录，应该将更新的记录表提供给关务部门的管理层。

纸质资料是报关、复核的重要资料。海关规定进出口报关单、协议、合同、发票、保险单据、运输单据、进出口收付汇核销单、往来函电、许可证、批件、结汇单、手册复印件及其核销结案表、其他与进出口业务直接有关的单证资料等应当自进出口货物放行之日起保管三年，保税进出口货物、减免税进口货物应当自办结海关手续之日起保管三年①。

文件和单证的归档应该注意以下几点：

① 《中华人民共和国海关稽查条例》第六条规定："与进出口活动直接有关的企业、单位应当依照有关法律、行政法规规定的保管期限，保管会计账簿、会计凭证、会计报表和其他会计资料。报关单证、进出口单证、合同以及与进出口业务直接有关的其他资料，应当自进出口货物放行之日起保管3年。"

1. 有适当的分类方法，比如按照业务类型区分并建立相应的文档，分为一般贸易、减免税、加工贸易、海关稽查和检查、其他特殊事项等。

2. 以报关单为索引排序，所有的单证都与相应的报关单对应。

3. 在每个文档上设立清单，记录该文档所有资料。

4. 文档保存在固定的文件柜内，而不是具体办事人员的办公桌里面。减少因经办人调离岗位或离开公司后随身带走文档，或造成文档缺失。

5. 关务管理人员或其他管理人员定期检查文档的完整性。

6. 公司内部其他部门的人经批准后可以查阅报关文档。超过一定期限的资料，如三个月，归入公司公共文档柜。

目前绝大多数企业都已经运用了计算机信息管理系统，如企业资源计划 ERP、物料需求计划 MRP 等，如果能够将贸易和关务的合规性要求直接反映在系统设计中，或者从系统中直接提取海关申报数据和申报报表，将极大减少手工作业中可能产生的错误，以及依靠人工判断产生的差错。

11.1.2 对人的管理和控制

在关务管理中，关键的一个环节是对报关员的管理，即使将报关业务委托给专业报关公司，实际上并不能免除自身对关务组织和人员的管理。

11.1.2.1 关务部门的组织设置

根据对目前中国关务管理组织机构的调研，关务管理的部门主要有以下几种类型：

1. 独立的关务组织；

2. 物流管理负责关务管理；

3. 财务部门负责关务管理；

4. 关务分散管理，如物料部门或者采购部门管理进口关务，销售部门管理出口关务，将关务分散于各个部门。

据笔者不完全样本的调研，42％的公司的关务通过物流部来管理，19％通过财务部，15％通过供应链管理部门，11％通过运营部，7％通过税务部。对关务的管理模式，没有好与坏之分，采取什么样的关务管理模式取决于：

1. 公司进出口业务；

2. 关务的复杂程度；

3. 公司的组织机构模式；

4. 其他因素，人力资源等。

11.1.2.2 报关员的内外部管理

对报关员的管理，海关已经制定了一套考试、执业管理、扣分考评的制度。这些法规主要规范了报关员的以下事项：

1. 报关员的考试资格；

2. 报关员的考试程序；

3. 报关员的注册登记程序；

4. 报关员的权利、义务和责任；

5. 报关差错的扣分事项和扣分处理。

从上述内容可以看出，政府部门的对报关员的管理只是从宏观的角度、从政府管理的角度、从执业的结果等方面来规范，没有从企业管理的角度、从日常执业过程中、从微观管理的角度等对报关员进行规范和管理。因此，仅仅应用这些规范，企业是不能有效管理所雇用的报关员的。

企业对报关员的管理包括以下几部分：

1. 聘用。聘用的报关人员，包括质和量两方面。对于合格，不同的公司有不同的定义，这基本上由公司文化决定，有的公司偏好招聘有经验、有资质的报关员，有的公司偏好招聘基本素质较好的新人进行内部培养。报关人员的数量，也视组织结构、组织职能而定，有些公司将关务分散到较大的物流部门中，由物流部门和其他部门根据关务需要提供报关所需资料和单证，所需的报关员数量就偏少；有些公司建立专门的关务部门，所有文档均由该部门准备，所需的报关员数量就偏多。但是，确定聘用人数时，要保证关务部门有足够的人数实施职能分离和分级授权等内部控制制度。

2. 培训。后续教育和培训既可以提高报关员的业务能力和水平，又是一种激励措施。培训可以利用内部资源，如内部业务培训、员工发展计划、员工之间的知识和经验分享，根据其职业发展规划进行轮岗和换岗；也可以利用外部资源，如参与海关和行业协会的培训、外部机构的培训。对报关员的培训，要有利于其在企业的长远发展。

3. 管理。对报关员的管理是内部控制制度的组成部分，这包括：建立税费计算、单证准备、单证复核、外勤报关、费用支付、资料保管等职能分离；公章保管与报关员分离；作业复核和事后稽核制度；费用支出需要凭证支持；空白报关单证和加工贸易手册由报关员以外的专人保管。

4. 考核。设置合理的考核指标作为评估和考核的依据，其中至少要包括两方面的指标：一是合规性指标，如报关差错率、关务风险指标；二是效率性指标，如通关效率等。

5. 薪金和晋级。报关员流动性大，企业难以予以有力的约束，海关仅依靠目前实行的年审制，也难以实施有效管理。企业薪酬制度和晋级制度是在考核的基础上，将优秀的报关人员逐级提升到管理层，而不要把报关员终生固定在报关的位置上，可以通过交叉培训、轮岗和扩大管理范围等方法，增加报关员的管理职能和技能。另外，企业可以对报关员实行分级管理，即根据报关员从业时间长短、递单差错率高低、个人诚信度好坏及守法违法情况等，比照企业内部从业人员和管理人员的级别评定方法，结合定期考核与审查，将报关员分为初级、中级、高级三个系列。

11.1.3 对第三方的管理和控制

11.1.3.1 对报关公司和进出口公司的管理和控制

报关公司和进出口公司等中介都是专业的口岸报关机构，利用其专业服务可以提高自身的通关效率和降低成本。对这些第三方服务提供商的有效控制和管理，又是保证其发挥专业优势、降低双方的法规风险的关键。对第三方的管理，大致就是三方面：一是选择合格的供应商，二是执业过程中的监督和控制，三是事后的考评和评估。

企业挑选报关中介或者是重新考虑他们之间已经建立起来的关系时通常会问：除了费用以外，还应该注意哪些方面？一般来说，以下几个方面需要考虑：

1. 报关中介的运营模式是否合规。报关中介在某一个口岸或者地区都有一定的垄断地位，他们之间的竞争并不完全是按照业务水平、管理能力和优质服务能力来吸引客户，有些中介会凭借其与海关的特殊关系来引诱，甚至强迫企业选择他们的服务。一旦委托这些不良中介，其服务质量就可想而知，潜在风险也非常高。作为企业来说，应坚持经过评估后主动选择，这样才能保证得到合规的服务。

2. 评估报关中介是否拥有为本企业所从事的行业的清关知识及经验。如，报关中介是否直接经办过本企业所从事行业的货物分类工作；如果本企业的产品需要特别的文件，报关中介是否能够代为办理这些文件；报关中介与仓储、运输以及其他与物流服务相关的公司的业务关系如何；报关中介处理多个港口业务的能力如何；负责客户工作的员工的工作素质如何；报关中介能否提供情况类似的进口商的成功范例等。

3. 评估报关中介在其内部业务、员工表现和客户联络方面的能力和表现。如，报关中介有无处理报关业务的政策与实务手册；报关中介如何处理报关记录要求；报关中介是否给每位客户配备了一名以上的报关员；如果在清关过程中进口商缺少关键性的进关文件，报关中介会按什么样的政策行事；报关中介在作决定时是否询问更多的信息，还是只根据现有文件就作出决定等。

4. 评估报关中介的员工素质。毕竟最后打交道的人是直接从业的报关员，他们的素质决定报关的质量。如，报关中介在培训员工时有哪些内容是与海关事务相关的；谁提供的培训，时间表是怎样的；报关中介是否接受过海关的审计；如果接受过，结果如何；报关中介是否接受过处罚，如果接受过违反的是什么类型的规定等。

最后，提醒那些初次寻找报关行的公司，大多数大型港口和城市的报关行都属于某个报关委员会。这些专业性的委员会为寻找合作的报关服务提供了得天独厚的资源。

5. 评估报关中介与海关和口岸部门的关系是否稳定。

6. 与报关中介签订明确的合同或协议。海关向社会提供了标准版本代理协议①，大型公司可能会采用自己对服务供应商的标准合同，规范的报关中介也有自己定式的协议。不管哪一种方式，都应该重点明确双方在资料准备、信息真实性和完整性方面的责任，因为这直接关系到信息审核责任。尤其是报关公司承担的是对资料“合理性审查”的责任，进出口收货人承担“如实申报”的责任，海关、中介和进出口收发货人之间的关系较为复杂，容易发生权责归属上的争议②。

案例 63：进出口货物申报不实，报关企业是否应承担法律责任③

2005 年 6 月 13 日，华讯公司在收到外商寄来的 6 台金线缝合机发票、装箱单和通过因特网发送过来的 3 台金线缝合机发票的电子邮件后，委托新远公司以一般贸易方式办理报关事宜。华讯公司业务员在向

---

① 参见《关于在全国试行规范统一的〈代理报关委托书/委托报关协议〉的公告》（海关总署公告 2005 年第 12 号）。

② 参见海关总署政策法规司编：《案说海关》，中国海关出版社 2007 年版，第 134 页。

③ 参见海关总署政策法规司编：《案说海关》，中国海关出版社 2007 年版，第 134 页。

新远公司移交报关单据时未仔细核对，只将 3 台金线缝合机发票的电子邮件、6 台金线缝合机的装箱单及到货通知提供给报关企业驻厂客服人员；而新远公司驻厂客服人员认为报关时不需要装箱单，只将收到的 3 台金线缝合机的发票及到货通知传真给该公司报关员。新远公司报关员收到上述发票和到货通知后，向货运公司调取了 6 台金线缝合机的随货发票，并记录金线缝合机编号、发票号码和运单后，也未认真核对从货运公司调取的单证与华讯公司提供资料有关内容是否一致，便直接以 3 台金线缝合机的数量向某海关办理申报进口手续，致使申报内容不符合进口货物的实际情况。某海关经查验发现，当事人实际进口缝合机 6 台，少报多进 3 台，涉嫌漏缴税款人民币 47.7 万元。

海关遂对此立案调查，并根据案件调查所掌握的证据情况认定，本案进口货物收货人华讯公司并无以伪报、瞒报方式逃避海关监管、偷逃应缴税款的主观故意，涉案金线缝合机进口数量申报不实（少报多进）是由于该公司业务员及新远公司报关员未认真核查有关单证、工作疏忽所致，华讯公司及受托从事报关业务的新远公司应承担相应的法律责任。海关根据《海关行政处罚实施条例》的规定，对华讯公司作出科处罚款人民币 20 万元的行政处罚决定；另根据《海关行政处罚实施条例》第十七条的规定，对报关企业新远公司罚款人民币 8 万元，并暂停该公司 15 天报关业务。

在进出口货物申报问题上，《海关法》第二十四条虽然规定了进出口货物收发货人负有"向海关如实申报"的法定义务，但《海关法》第十条同时规定，报关企业接受进出口货物收发货人的委托，以委托人的名义办理报关手续的，应当提交由委托人签署的授权委托书，并遵守本法对委托人的各项规定。接受进出口货物收发货人委托办理报关纳税手续的报关企业，同样应当遵守《海关法》对其委托人所设定的各项义务性规定，其中就包括向海关如实申报的义务。为保证申报内容与进出口货物的实际情况相符，报关企业不能简单地把收发货人提供的单证直接转交海关，而必须进行适当审查。《海关法》第十条对此作出了明确规定："报关企业接受委托人的委托办理报关手续的，应当对委托人所提供情况的真实性进行合理审查。"如果报关企业对委托其报关的收发货人所提供的进出口货物情况的真实性未尽到合理审查义务，或者因工作疏忽导致应当申报的项目未申报或申报不实的，海关可对报关企业处以罚款和处分。

从上面案例上也可看出，尽管报关中介公司未尽到合理审查，受到海关处罚，但是作为进出口商仍会因申报不实受到处罚。进出口商还可以根据双方签订的委托报关协议在民事法律层面要求报关中介承担由其工作差错所导致的罚款。

11.1.3.2 对供应商、客户和承运商的管理和控制

从关务管理的角度来说，供应商应该及时提供商品信息和交易信息，承运商应该提商品的提单，运单和装运的时间、地点等信息，客户应该确认装运时间、地点和单证需求等信息，因此管理的重点就是保证这些参与方沟通通畅、信息完整和准确。

1. 物流部门和采购部门应该从关务部门获知报关所需要的相关单证，关务部门提供报关单证和信息清单，由物流部门、采购部门和销售部门向供货商、承运商或者客户确认所需要的单证和信息。

2. 报关前的单证复核。在报关前，报关部门对从供应商、承运商、企业内部物流部门和采购部门获取的信息进行交叉核对和最后确认，必要时，在向海关申报前进行验货。如果有错误，及时与供应商联系，作出退单或者更改处理。

3. 明确供货商、客户和承运商提供报关信息的责任。对物料供应商和承运商实施严格的管理措施，在相关的合约中明确规定，一旦发生因对方提供资料的申报错误和海关处罚，将根据事故等级分别给予警告或取消供货、承运资格等处理。

案例 64：交易层级繁多，重要申报数据错误

国内汽车零配件生产商 A 将产品销售给日资出口商 B，B 再将产品出口到日本的汽车配件进口商 C，B 与 C 是关联企业，最后由 C 卖给日本的汽车配件销售商 D（见图 10－1）。但是信息沟通不是完全按照物流的流程，一级一级传递，有时有跨级沟通情况，比如说，D 会与 A 沟通购买产品的技术参数、包装方式，以及确定销售价格。

B 与 A 之间的销售没有就包装费用是否应该支付达成一致，B 也不知道价格中是否包含包装费。为了保险，B 在销售给 C 的发票上加入了包装费，向海关申报的价格也包括了包装费。B 据出口申报的价格向 D 收取款项。

一年后，D 在作内部检查时发现在 A 销售给 B 的价格中已经包括了包装费，B 收取的价格中包括了双重的包装费，D 累计多付了 590 万元的包装费。因此，D 要求 B 退回多收取的包装费。

但是 B 遇到两方面的困难：

1. B已经就出口申报的价格确认了收入，多收取的包装费已经缴纳了企业所得税，约190万元。如果以赔偿或者其他损失的方式支付，也不能作为费用在税前列支。

2. 向境外支付包装费需要相应的单证，如报关单等，该公司没有这类单证。

B向税务部门说明原因，申请退回所得税，税务部门要求提供更改后的报关单和发票。B遂向海关申请删改单证，由于涉及的单证过多，报关货物已经放行，并办理了收汇和完税手续，所涉流程过于复杂使得删改单证变得基本不可能。

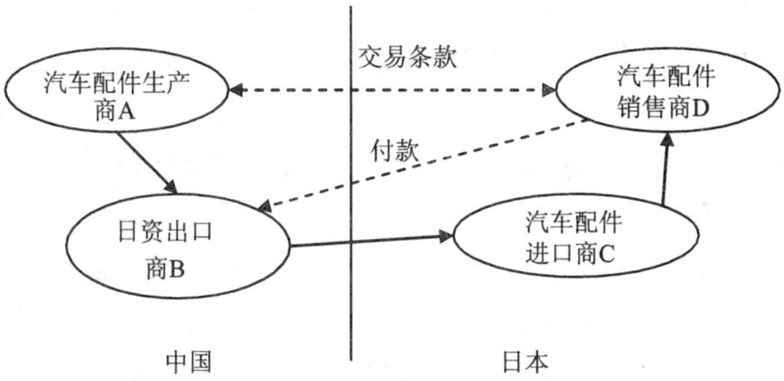

图 11—1 汽车配件交易流程示意图

11.1.4 与监管部门的沟通

与海关等监管部门沟通是重要的控制方式，对管理人员和关务人员来说，与海关沟通的主要目的是增进相互了解，企业管理人员对海关政策和要求进行了解，对企业在海关申报事项的状态进行了解，也便于海关对企业的商业和交易情况进行了解。但是在实践中，并不是所有的管理人员都会利用这一渠道进行控制，与海关的沟通处理并不恰当，致使已有的风险不能得到控制，还产生新的问题。

11.1.4.1 不当的"过度"沟通

某些企业的关务和管理人员与海关沟通的目的并不是着眼于对双方状态的了解，而是为了使自己或企业获得不恰当的好处，因此经常通过不当手段与少数海关关员建立亲密关系，比如说：

1. 请吃请喝，出入不正当场合；

2. 金钱贿赂；

3. 给予股份或者利益；

4. 其他海关禁止的方式。

这种方式能给企业带来一时的好处和便利，但是最终将会给企业带来灭顶之灾。

案例 65：贿赂海关关员，为求非法便利通关①

黄埔海关 2005 年 12 月向外界通报了 2004 年查处“2·17”走私大案时所牵出的东莞海关凤岗办事处内部腐败案的查处结果：11 人被追究刑事责任、40 人被开除。2004 年年初，海关对涉案金额高达 18 亿元的“2·17”走私大案进行查处时，负责破案的黄埔海关意外发现下属办事处收受超百万元贿赂的线索。在该案中，走私集团香港照华运输公司为求顺利通关，于 2001 年底至 2004 年 4 月间，每月定期向黄埔海关下属东莞海关凤岗办事处人员送红包。从 2001 年起，以香港人尹照华为首的走私团伙从香港走私进口大量牛皮、羊毛、布料、化工原料等货物倒卖到内地。3 年多来，该团伙共计走私货物案值达 18 亿元，涉嫌偷逃税款 3.5 亿元。

海关的涉案人员中有 11 名涉嫌触犯刑律被移送司法机关追究刑事责任，40 名受贿金额较大或违纪情节严重的被清除出海关队伍，其他受到内部处分。首犯香港人尹照华被判入狱 15 年，其余 14 名被告分别获罪。刘志雄等 10 名往来粤港货车司机被广州市中级人民法院以走私普通货物罪分别判处有期徒刑 4 年至 2 年不等。

11.1.4.2 不敢沟通

某些企业的管理人员或者关务人员对海关都采取回避态度，尽量减少与海关接触，希望企业成为海关关员眼中的“玻璃人”。他们希望获得便利通关，但是不想获得海关的关注。其原因无非是：

1. 过去或者现在操作中存在一些不规范的地方，他们不想让这些不规范行为暴露在海关检查之下。

2. 企业或者集团的某些交易存在避税的嫌疑，或者存有灰色的地带，不想让海关对自己的交易模式了解过多。

3. 有一些法律、法规是相互矛盾相互冲突，完全执行实际上是限制企业的正当合法利益，即所谓的“恶法”。企业不想正面与海关讨论这些法规及其执行情况。

---

① 资料来源于中国网，http：//www.china.com.cn/chinese/law/1074161.htm，2008 年 8 月 23 日访问。

4. 害怕与海关的沟通中把握不住，引起海关的注意，招致海关的稽查和检查。

有些不法分子，利用企业不敢与海关沟通的弱点，利用海关名义或者利用其与海关的关系，向企业行骗或者勒索钱财。或者，报关人员编造海关特殊要求向企业报销不当费用，或者虚假申报。

11.1.4.3 正当的沟通

作为合法经营的企业，应该勇于向海关等部门报告自己的实际经营和交易情况，从企业高层、中层到操作层面都与海关建立良性的沟通通道。这不仅有利于通关事务的正常开展，而且能够有效处理通关申报过程中的异常和突发情况，加强内部控制，减少报关员个人借公司名义进行违规操作。

当然，海关处于自身内部控制和廉政建设出发，也欢迎不同形式、不同层级和不同部门的有效沟通。海关也有一些主动与企业沟通的渠道，如政策咨询、政策宣讲、听证，等等。另外，还有一些其他的正式或者非正式的渠道可以进行有效的沟通：

1. 管理层拜访。公司高层拜访海关的管理层，向海关讲述企业的发展概况、经营状况、产品和市场状况、守法意识和内部政策。而且，作为一种技巧，如果公司总部的管理层到海关进行拜访，更能够显示企业遵守海关法规的决心，向海关表现开放守法的的企业文化。作为企业的中层管理层，定期拜访一些主管海关科室领导，了解本企业一段时间的报关状况和海关的政策变化也是非常必要的。

2. 积极参加海关举办的调研和座谈会。现在海关等政府部门提倡为企业服务，在政策出台前后，会主动到一些企业进行调研，或者就一项政策召集相关企业进行座谈，通过会议了解企业对政策的反应。这种会议和调研，一般都是一些关系到企业具体利益的政策，因此企业有必要派员参加，以便及时恰当地向海关反映相关情况。

3. 参加海关的政策宣讲会等。影响较大的法规或者海关的改革出台后，海关会自身或者通过其他机构向企业进行政策宣讲，这种场合参与的企业较多，而且更多的是海关向参与者单向的宣讲。

4. 日常业务咨询。对日常的进出口申报和关务管理的疑难问题，可以通过口头方式向海关咨询和了解。这种沟通可以由经办的报关员或者管理人员来实施。

5. 特殊事项的申请和报告。对影响较大的日常进出口申报和关务管理的疑难和困难，或者与海关的认识不一致，应出具书面报告向海关申请协调解决。由于有些海关处理的事项非常多，书面报告应该简洁明了，如果海关有固定的格式，应该按照格式书写。书面报告应该由企业签字盖章。提交报告后，应该及时跟踪和记录报告的处理状态。有时海关不会对报告出具书面意见，企业应该记录海关的口头意见和答复。

6. 其他方式。如在海关检查、处罚，或者获得便利通关和特殊监管方式的沟通，如图 11－2 所示：

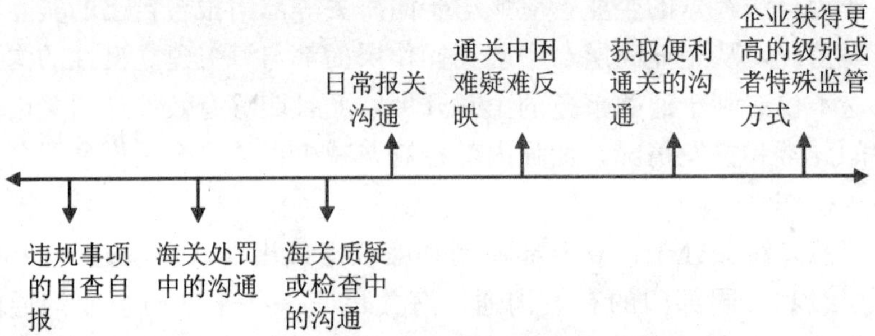

图 11－2 企业与海关的不同沟通事项示意图

案例 66：积极沟通调整加工贸易禁止目录调整①

2006 年 11 月，金科化工的主打产品 TEAD 被商务部、海关总署等部要联合发布的《加工贸易禁止类商品目录》列为禁止类商品。作为全球第三大和全亚洲唯一的 TEAD 生产企业，这份目录书的实施，无疑将给金科化工的经营带来较大损失。为争取解禁，金科化工公司从 2006 年 11 月起开始与商务部等国家有关部门积极沟通。金科化工认为，TEAD 是一个污染小、能耗低的高科技产品，符合国家加工贸易转型升级的总体要求，其理由是产品技术含量高、生产工艺先进；对“三废”处理科学、环保、严格；各项认证和监测确保严谨、有效、到位。此项产品不仅拥有国家发明专利，而且被列为国家火炬计划项目和浙江省高新技术产品，其产品制备工艺获得浙江省科技成果鉴定。公司为此请求国家有关部门从扶持民族工业积极参与国际竞争的角度出发，调整目录书所列的 TEAD 产品项目。最终，商务部、海关总署等部委在 2007 年 4 月 5 日联合发布的文件中，取消了 TEAD 产品为加工贸易禁止类产品的目录名单。“一进一出，公司挽回经济损失至少在 1000 万

① 资料来源于中国国际电子商务网，http：//jm. ec. com. cn/article/jmzx/jmzxdt/200704/389267 _ 1. html，2008 年 8 月 23 日访问。

元以上，我们特别要感谢外经部门为此次目录调整做的大量工作。”金科化工一位负责人说。

11.1.4.4 通关事项的预先确定

对一些需要专业认定的申报，如进口价格、商品归类等在进口前申请海关进行专业认定，这是控制关务风险、加快通关效率的有效办法。根据《中华人民共和国海关行政裁定管理暂行办法》（以下简称《行政裁定管理暂行办法》）的规定，目前的正式预审核和裁定主要有：

1. 进出口商品的归类；
2. 进出口货物原产地的确定；
3. 禁止进出口措施和许可证件的适用；
4. 进出口价格的预先审核；
5. 海关总署决定适用《行政裁定管理办法》的其他海关事务。

经营单位应当在货物拟进口或出口的3个月前向海关总署或者直属海关提交裁定的书面申请。除了正式的裁定外，为了便利通关，减少合规性风险，可以就一些需要技术判断的事项与海关进行沟通和预先认定，如：

1. 关联交易的转移定价模式和政策；
2. 特许权使用费是否应税；
3. 加工贸易国内料件和保税料件分开核算和管理的模式；
4. 电子账册的采用和切换，以及对原有手册的处理；
5. 一些特殊的通关模式，如租赁进出口、暂时进出口、维修物品进出口等。

11.2 事后监控和检查

11.2.1 日常关务风险的监控

日常的监控可也属于事后控制，也可以属于过程控制的范畴。日常的关务监控措施，应该是关务日常管理的重要内容。一般来说，日常监控主要是对以下方面进行监控：

1. 信息真实性监控。监控向海关等政府部门申报的数据是否基于真实的商业单据。

2. 一致性监控。监控不同单据之间的信息是否一致。

3. 时效性监控。监控向海关等政府部门的申报、纳税和审批是否在规定的时限内完成。

4. 信息传递有效性监控。监控不同部门之间的信息提供和信息分享是否能够高效率完成。

5. 异常事件的监控。对异常事件的发生和处置进行监控，确保异常事件得到有效的控制。

关务管理人员应对关务运作情况进行日常监控，编制不同的关务管理报表，以助管理层及时了解关务进行情况。管理报表没有统一的模式，不同规模的公司和不同级别的管理者日常监管的方法和工具是不相同的。在日常关务和管理中，可以设置以下一些报表或者表格：

11.2.1.1 进出口报关情况表

将报关单信息、商业发票的信息、装箱单信息、原产地证明信息、出口国归类信息输入到报表中，简单的方式可以是 Excel 表，复杂的可以是专门的软件。通过报表可以及时发现以下异常：

1. 通过报关日期、到港日期或出库时间等时间信息，发现时间方面的异常；

2. 通过发票价格、申报价格、加工贸易手册备案价格，发现价格方面的异常；

3. 通过装箱单重量、报关单重量，发现报关重量方面的异常；

4. 通过出口国商品归类信息、进口归类申报信息，评估归类申报的异常。

11.2.1.2 进口报关单追踪表

将报关单在内部流转的情况进行记录，分别包括报关部门的报关情况、财务部门的售付汇信息、税务部门的出口退税申报情况等。

11.2.1.3 异常情况发生、原因和处理表

及时记录关务异常事项，如延迟报关、延迟纳税、申报错误、海关查验、海关质疑、海关下厂检查等。将相应的事项发生的过程、参与和经办人、发生原因和处理的结果记录下来。这有利于管理层了解异常事件的前因后果，避免异常事件的往不利的方向发展，并给予经办人员支持和指导。

11.2.2 定期和专项的贸易和关务的检查

定期的关务风险检查和监控，主要包括常规期末检查和公司内部、外部审计。

11.2.2.1 常规期末检查

期末，在这里指的是月末、季末、半年末、年末，以及加工贸易手册期限结束或者项目结束。期末检查可以按照公司对其他业务检查和管理的方式进行，频率可以根据公司关务方面的业务大小以及业务复杂性来确定。如果企业全部是加工贸易业务和进口业务，关务的定期检查可能要比其他业务（如财务）更为频繁。

在检查的时间上，关务较为特殊的就是可以按照手册的周期进行，如果实行电子账册，可以按照每半年在手册的报核阶段进行一次检查和评估。

关务的定期评估主要包括以下几方面的内容：

1. 进出口通关效率方面的评估。区分政府部门作业时间、第三方中介作业时间、本公司作业时间等三方面进行评估。

2. 税负风险评估。税负风险包括两部分，即潜在的节税机会和潜在的漏缴税款风险。评估日常关务管理方面的节税机会，并不包括商业模式方面的节税机会，而主要是从日常操作方面进行评估：

1）商品的归类是否恰当；

2）完税价格的组成是否包括不应税部分；

3）从自贸区国家进口的商品是否享受优惠税率；

4）加工贸易手册核销时是否存在因料件短少而补税的情况。

而评估日常作业中的漏缴税款风险，包括以下几部分：

1）所有进口是否申报，如是否有从境外通过夹藏、“潜水”、行李等方式进境，这方面可能需要从财务部门获取数据；

2）是否有通过非缴税方式进口，如以邮递、快件、广告品、样品等方式伪报进口；

3）商品的归类是否恰当；

4）完税价格是否与交易价格一致；

5）完税价格是否包括容易发生漏缴税款的项目，如特许权使用费、运费、销售佣金等；

6）加工贸易手册核销时是否向海关申报了实际库存。

3. 合规评估。评估遵守海关法规方面的风险，如报关差错、减免税设备的后续监管等。这方面的指标就比较复杂，涉及的部门也不仅仅局限于关务部门。

11.2.2.2 公司内部审计和外部审计

内部审计是建立在公司内部（组织）的独立的评价职能。内部审计的范围包括对公司（组织）内部控制系统的适当性和执行的有效性和工作效果进行评估和评价。

对内部审计来说，更偏重于审核在关务方面是否存在有效的控制系统，这些控制系统能否保证实现：

1. 对外申报和对内报告或记录的信息的可靠性和完整性；

2. 是否符合当地的政策和法规，符合公司内部程序和政策；

3. 资产的安全，如货物，在关务方面是否有漏洞；

4. 关务部门的预算和资源使用是否有效和经济；

5. 关务部门是否实现自身所订立的计划和目标，是否协助其他业务部门有效实现经营目标。

因此，内部审计可能更偏重关务方面的内部控制，而非关务的日常作业。比如，外发加工的控制系统应该确保外发货物的安全、外发业务的合规性，而对关务部门而言，则是要有一套制度保证涉及保税业务的外发能获海关的批准，并准确记录外发的收发存信息。

外部审计是注册会计师对企业（组织）的会计报表和其他资料及其反映的经济活动进行审查并发表意见。一般的外部审计均为会计报表审计，注册会计师的审计意见包括：合法性，即会计报表的编制是否遵循了企业会计准则和其他有关财务会计法规的要求；公允性，即报表的所有重大方面是否公允反映了被审计单位的财务状况、经营成果和现金流量；一贯性，即会计处理方法的运用是否符合一贯性原则的要求。

外部审计对关务方面的关注，可能在于影响会计报表的事项，如关税和增值税，即税款支付的真实性和完整性，是否有潜在的漏缴关税和增值税情况。

11.2.3 贸易和关务合规性检查

贸易和关务合规（Trade and customs compliance），在中国还是一个新鲜的概念，但在发达经济国家已十分流行。很多跨国公司都设立了专门的贸易和关务合规管理部门，监控分布在世界各国经济实体在外贸、海关和物流方面执行当地法规和公司内部政策的情况，及时控制和管理法规方面的风险。

很多中介部门，包括会计师事务所、律师事务所和咨询机构也提供第三方咨询服务。具有海关、会计、法律等专业背景和经验的专业人士，接受公司或者总公司的委托，按照管理层的要求，对企业的进出口、物流、贸易、财务等方面遵守当地贸易和海关的法规和政策以及公司的政策的情况进行检查，提出独立的第三方专业意见，指出其中的合规性风险和改进建议。

贸易和关务的合规性检查，涉及不同业务范围和部门，不仅包括关务部门，还包括物流、财务、计划、仓库、采购和销售等部门，甚至包括制造生产部门，因此需要公司高层参与和协调，也需要专业人员具备海关、贸易、财务和法律等方面的专业知识。

内部的贸易和关务合规性检查，检查的时机和时间可以是：

1. 并购前后。并购是企业发展和成长的重要途径，对企业进行审慎性检查是重要的一个环节。对出售方来说，出售前的检查有利于自己全面了解企业的状况，有利于自己对资产的估价，如果自己都不清楚自己的企业，谈判时会陷入被动。对购买方来说，“买的不如卖的精”，为了避免自己对标的企业的不了解而购买一个“漂亮的坏苹果”，需要对企业的财务和合规性作审慎性检查。对于中国的企业，尤其是制造业，对外依存度非常高，因此贸易和海关方面的合规性也是至关重要的。

2. 接任和离任。对高层管理人员或者部门负责人，在交接前后实施合规性检查，是职责考评、厘清责任的重要手段。合规性的问题常常都是潜伏在公司内部，直到被检查或者举报时才被发现，无论公司总部、企业管理层，还是政府执法部门一般都不会去追查往任的责任人，而更多的是追究案件查获时企业或者业务负责人的责任。因此，如果不作相应的检查，继任者很可能替前任背黑锅。

3. 清算和终结业务前。清算和结业并不是简单关门就可以。在持续经营期，一切都很正常，一旦停止经营，很多问题可能会暴露出来，如外汇无法核销的问题、手册无法平衡的问题。另一方面，海关各个部门可能会对终结业务前企业是否拖欠税款以及是否有违规情况作检查，甚至稽查。因此，在终结业务前主动作合规性检查，及时发现和解决问题，有利于以后的清算。

其余的时机，可以是年度审计和定期的内部检查和审计，将贸易和关务的合规性检查合并在其他常规检查中，以节省检查费用和各个部门配合检查的时间花费。

案例 67：“跨国收购谨防漂亮的坏苹果”①

2005 年上半年，欧洲某跨国化工集团经过两年的艰苦谈判，终于

① 资料来源于《跨国收购谨防漂亮的坏苹果》一文，载《中国海关》2007 年第 7 期。

在长三角地区以2000万美元的价格全资收购了一家香港独资企业。经过三个月的内部调整，公司很快按规定的目标实现了转制后的正常生产。产量、质量全部达标，成品开始源源不断返销欧洲。集团为此专门举行了一次隆重的庆典活动，负责收购的项目负责人得到提拔，相关人员获得奖励，整个公司沉浸在一片欢乐的气氛中……

当年10月下旬，主管海关稽查处下厂核查，发现公司的库存原料和海关的库存记录相差230多万美元。经过两个多月的立案调查，确定原香港公司擅自内销保税料件近200万美元，擅自处理下脚料30多万美元，构成走私行为。根据《中华人民共和国海关行政处罚实施细则》，海关对公司作出了补缴税530万，罚款800万元的处罚决定。该公司以违规行为系原香港公司所为，本公司毫不知情，不应承担法律责任为由向海关提出行政复议，被上级海关依法驳回。该公司又回头去找香港公司，香港公司却已踪影全无。

11.2.4 贸易和关务检查的方法

以上专项贸易和关务检查，主要目的都是检查和评估关务方面内部控制设计的合理性，关务执行的有效性和适应性，以及关务执行的合规性。在方法上，不仅包括一般审计中对内部控制的符合性测试，还有对进口交易的关务处理的实质测试和评估。

11.2.4.1 贸易和关务符合性测试

贸易和关务符合性测试的目的是了解关务内部控制设计的适当性和执行的有效性，可以为确定后面实质测试的范围和方法提供依据，也可以为判断和评估关务风险和提出改进关务内部控制提供依据。一般来说，贸易和关务符合性测试，包括以下几种方法：

1. 调查问卷和风险点核对表

根据贸易和关务法规要求和流程，将那些保证关务合规性的事项一一列举，作为调查对象。表11－4即是一个关于外发加工的内部控制的测评范例。

表 11—4 加工贸易货物外发加工核对表（样表）

被检查单位名称：____________ 索引号：____
被审计期间：____________ 编制人：____ 复核人：____

序号	问题	是/否/不适用	评注
1	加工贸易货物外发加工是否经海关批准：		
1.1	是否制定了外发加工厂的标准？		
1.2	外发加工厂的标准是否告知关务部门，满足海关监管的要求？		
1.3	外发加工前是否鉴定外发加工合同？		
1.4	外发加工合同是否抄送关务部门？		
1.5	关务部门是否将外发加工合同送海关审批？		
1.6	外发加工的执行是否在海关审批之后？		
2	加工贸易货物外发加工的管理是否符合海关的规范：		
2.1	外发的料件是否及时记录？		
2.2	外发料件记录是否由加工方签字？		
2.3	外发的料件是否存放在加工方指定的仓库？		
2.4	加工方的其他购料是否有记录，并经过企业批准？		
2.5	加工后的成品是否及时回收？是否存有超过手册期限未回收的成品？		
2.6	剩余料件、边角料、残次品是否送回企业？		

2. 访谈和观摩

访谈包括询问管理层、内部审计部门、各个业务部门的负责人和操作人员，了解相关人员对法律法规以及内部政策的了解程度，从不同部门了解相关的内部流程和控制措施，了解操作人员是否按照操作规范和流程作业。由于贸易和关务涉及多个部门，一个风险点的控制需要几个部门的协作，因此，同一个事项需要询问不同的部门，这样既能确定真实的流程（而不仅仅是纸面上描述的流程），也可以判断部门之间的协作是否协调。

观摩就是实地察看被检查单位的生产场所和仓库，这可以帮助检查人员了解生产和储存过程中可能出现的问题，比如生产过程中的边角料和残次品的处理方法、减免税设备的使用是否合规。

3. 企业内部管理信息系统测试

如果企业内部管理信息系统设计合理，可以将关务的合规性要求直接反映在系统设计中，从系统中直接提取海关申报数据和申报报表，这将极大减少手工作业可能产生的错误，以及依靠人工判断产生的差错。

但是，如果设计不合理或者不适用，将会产生系统的申报差错。按照目前海关对加工贸易的监管方式，联网监管或电子账册就是ERP系统与海关申报系统直接对接，ERP在设计上的缺陷将直接导致申报的错误。

如果企业有内部申报系统和关务系统，可以通过“模拟测试”或者“样本测试”检查输入和输出数据的匹配性和准确性，检查企业关务申报系统的“用户管理”、“安全控制”的合理性。

对于加工贸易企业，在这一阶段可以以下列几个方面为重点：

1）ERP系统设计应该区分保税料件和非保税料件；

2）系统如何控制保税料件和非保税料件之间的“串换”；

3）系统如何控制和报告保税料件转入国内销售；

4）内销保税料件的进口价格如何获取；

5）系统中的BOM如何与联网监管或者电子账册的单耗一致；

6）外发加工和深加工结转系统如何在不同部门之间实现有效协调。

4. 符合性测试的程序表

在进行关务风险符合性测试时，可以制作测试工作底稿，逐一确定风险控制点、控制程序，根据测定的结果对控制程序进行评价。表11－5、表11－6即是对进口申报价格真实性、完整性的测评范例。

表11－5 关务风险控制程序及其评估测评表（进口价格真实性）

海关风险点	控制目标	控制程序	控制测试	评估结果/控制活动可依赖程度（高/中/低）	评价分析性复核结果
进口申报价格真实性	按照实际成交的价格申报；申报数据不被随意人为篡改	提供真实的发票、订单向海关申报；	询问报关人员、报关中介、报关主管人员的申报流程；样本测试，抽取一组报关单、装箱单、发票、订单、合同、记账记录、仓库记录等核对金额的一致性……		
		价格资料系统生成；			
		内勤文员填制报关单，报关员作申报前的复核；			
		申报价格修改须经授权；			
		价格申报后财务部门复核；			
		申报价格数据从系统中产生；			
		……			

表 11－6　关务风险控制程序及其评估测评表（进口价格完整性）

<table>
<tr><th>海关风险点</th><th>控制目标</th><th>控制程序</th><th>控制测试</th><th>控制活动可依赖程度（高/中/低）</th><th>分析性复核结果</th></tr>
<tr><td rowspan="8">进口申报价格完整性</td><td rowspan="3">运费保费已经向海关申报</td><td>如非 CIF，运费发票已经提交给报关部门，申报时提交给海关；</td><td rowspan="3">询问报关人员、报关中介、报关主管人员、财务人员关于运费的申报流程；
样本测试，抽取一组报关单、运费发票、合同、记账记录等，核对是否有遗漏记录……</td><td></td><td></td></tr>
<tr><td>集团支付运费、一次性支付的运费已经提交给报关部门，并已经申报；</td><td></td><td></td></tr>
<tr><td>有固定的经海关同意的运费分摊公式，并采用该公式进行计算和申报。</td><td></td><td></td></tr>
<tr><td rowspan="5">其他对外支付不被随意人为篡改</td><td>其他对供应商或境外支付应通知报关部门；</td><td rowspan="5">询问报关人员、报关主管人员、财务人员关于其他支付的申报流程；样本测试，抽取一组报关单、支付凭证、运费发票、合同、记账记录等核对是否有遗漏记录……</td><td></td><td></td></tr>
<tr><td>其他对外支付的征税或非征税的项目须经管理层审批；</td><td></td><td></td></tr>
<tr><td>以真实的支付凭证和计提凭证向海关申报；</td><td></td><td></td></tr>
<tr><td>有固定的经海关同意的费用分摊公式，并采用该公式进行计算和申报；</td><td></td><td></td></tr>
<tr><td>……</td><td></td><td></td></tr>
</table>

11.2.4.2 贸易和关务实质性测试

贸易和关务实质性测试的目的是根据符合性测试的结果，抽取交易样本进行检查，或者采用其他检查方法，检查申报的合规性。一般有以下方法：

1. 检查样本单证和内部作业表

单证检查是符合性测试和实质性测试中最重要的程序。对内部控制符合性测试来说，单证检查可以评估企业内部是否有恰当的单证作业、内部统计表、内部监控表，以及关于关务的报告审批作业流程和作业表是否恰当有效。

对实质性测试来说，单证检查是最直接的检查程序，通过单证复核和作业表交叉核对，可以评估：

1）向海关申报的数据的准确性；

2）关于进出口金额、税收等会计记录的真实性；

3）是否在规定的期限内向海关申报并获得审批；

4）向管理层报送的关于贸易和关务的报表是否准确。

执行单证核查时，要注意收集不同来源的单证信息，如物流信息、财务会计信息、外汇收支信息、贸易和报关信息等。物流、资金流和信息流的数据要交互核对和验证。

2. 存货监盘和设备清点

保税货物和减免税设备都是海关的监管货物。未经海关许可，擅自将海关监管货物抵押、质押、留置、转让、更换标记、移作他用或者进行其他处置，都是一种违规行为。因此，现场盘点和清点，可以检查海关监管货物的标志是否明晰，货物是否存在，数量是否短少，实物与记录是否一致。

3. 外部数据与内部数据的比对

从海关、外汇管理部门、纳税申报系统、电子口岸或者报关行提取被审查企业的申报数据，与企业内部财务系统、关务系统以及纸质单证的数据进行对比，测试企业的申报是否有遗漏，是否有非授权的申报，各个系统中的数据是否匹配。

通过这种方式，可以检查是否有报关员出售“加工贸易手册额度”的问题，是否有帮助其他企业平衡手册而“空转”申报等违规事项。

4. 外部验证

进出口商品的归类，进出口企业之间的关联关系是否影响进口价格，以及特许权使用费是否是完税价格的组成部分，这一类问题往往需要专业的第三方认证或者海关来确认。

经过符合性测试和实质性测试后，对贸易和关务的合规性进行综合的评价和分析，撰写关务管理检查报告。

11.3 加工贸易企业的平衡测试和控制

加工贸易企业由多个政府部门联合进行管理，对企业报送的数据相互关联、相互印证、环环相扣，是一个严密的控制网，如加工贸易手册进出平衡，手册结余与实物库存的平衡，外汇收付与报关单的平衡，报关单或税务凭证的平衡等。如果一个因素发生变化，就会打破其他平衡，影响其他申报的顺利进行。因此，通过平衡表测试的方式，可以判断关务管理是否完善，关务与其他部门的联系是否紧密。

如果向政府部门申报的进出口价格、数量、生产的耗用与实际一致，与商业发票一致，以下平衡就可以实现：

1. 手册进口与出口（结余）的平衡；

2. 手册结余与工厂实物库存的平衡；

3. 外汇收付与报关单等收付汇凭证的平衡；

4. 成本核算中报关单和税务凭证的平衡。

目前，业内流传一种“三账平衡”（海关账、实物账和财务账的平衡）的控制方法，这在某种程度上是一种简化和曲解。

11.3.1 加工贸易进口与出口的平衡控制和库存控制

11.3.1.1 加工贸易进出口平衡控制

不管采取什么类型的手册，其基本要求是实现进口和出口在数量上的平衡。

一般企业可以通过手册平衡表进行控制，平衡表可以通过 Excel 表或者专门的关务管理软件实现，其关键是：

1. 进口数据和出口数据的收集，包括直接从电子口岸、关务系统、EDI 系统获得数据或者手工录入等方式。

2. 出口成品的折料过程，即将出口成品按照单耗关系折合成所耗用的保税料件。

3. 进出口数据时间差异的调整，比如加工贸易深加工结转造成的收发货与报关的时间性差异。

表 11—7 即为平衡表范例。

表 11—7　加工贸易进口与出口的平衡测试计算表（样表）

项　目	金额/数量
进口料件（1）	
出口成品的耗料（2）	
差额（3）＝（1）－（2）	
（在途货物）时间差异调整	
＋ 料件已收货未报关（4）	
－ 料件已报关未收货（5）	
＋ 成品已报关未送货（6）	
其他调整	
＋ 国内增值税发票购买料件（7）	
调整后的进出口差异（8）＝（3）＋（4）－（5）＋（6）＋（7）	

深加工结转的发货时间与报关时间之间的差异可能是手册不平衡的主要原因，根据法规，现有的深加工结转模式有“先转厂，后报关”的模式和“先报关，后转厂”模式，但是大多数还是采用“先转厂，后报关”的非转关模式，所以如果出现上面的“已报关未收货”或者“已报

关未送货”的情况，则可能违反海关规定。

以上各种差异调整，都需要证据的支持，如转厂送货和报关记录，以及国内增值税发票作为国内购料的支持文档。

一般来说，经过以上调整后的“进出口差异”应该在一个合理的范围，即“0至合理库存”之间，如果出现差异小于0，或者远远高于合理库存，那就是一个异常警告。需要从以下方面作进一步分析：

1. 进口的料件是否均已报关，且登记在恰当的手册上。比如，携带进境但是没有报关，进口溢装而未申报，快递或邮寄进口而未登记在手册上，等等。

2. 成品是否均已报关出口，且登记在恰当的手册上。比如，携带出境但是没有报关，出口溢装而未申报，快递或邮寄出口而未登记在手册上，料件生成残次品、试验品、样品等而未申报出口，等等。

3. 单耗（或者BOM）是否与实际一致。比如，单耗不准确，申报的损耗过低，料件归并时出错，单重转换与实际不一致，等等。

案例68：六年手册，如何一次核销？

某来料加工厂，为国外知名品牌贴牌生产电风扇、干燥机，年产量数亿美元，产品全部出口，60%的料件的境外保税进口，39%的料件通过深加工结转的方式从国内其他加工贸易厂家进口，另有1%的包装物料在国内采购（如图11—3）。

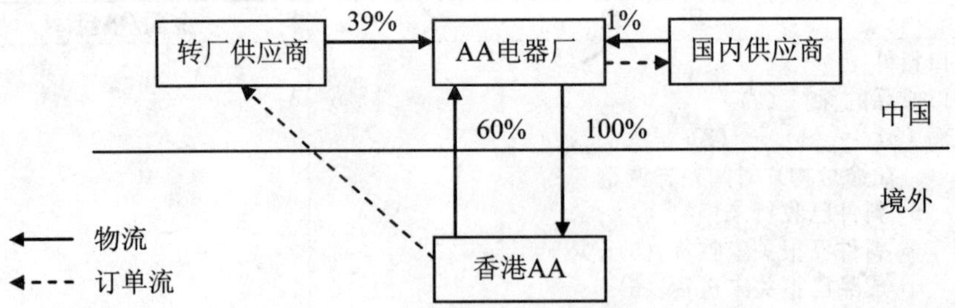

图11—3 交易流程示意图

该厂是深圳关区首批实施电子账册的企业，2002年6月开始使用电子账册，同期另有5本纸质手册并行使用。这5本纸质手册直到2005年核销完毕，此时海关才接受该厂电子账册的报核。但是，2005年底，该厂接受主管海关的稽查，检查该厂是否有在国内销售保税货物，稽查一直持续到2006年结束，补税30万结案。直到这时，该厂才正式向海关申请报核手续。由于时间跨度长，一般 6 个月的核销期变成将近 5 年，海关内部各个部门就该电子账册的核销直到 2008 年才达成共识。此时，手册核销期已经是变成 6 年了。海关将 6 年的核销期分成三个两年期的手册进行核销。

该厂按照海关要求对 2002～2004 年期间的进出口进行核销，在报核的 102 个商品中有 57 个商品出现出口比进口多的“倒挂”现象。由于时间久远，该厂也没有建立进出口平衡的定期检测制度。该厂从以下方面查找“倒挂”的原因：

1. 国内采购方面，如果有国内购料，提供手册有效期间的购买增值税发票可以实施核销，但该厂除了购买少量包装材料外，没有在国内购买任何主料；

2. 一般贸易进口方面，该厂在手册期间基本没有一般贸易进口；

3. 在核销时点是否有“先送货，未报关”的转厂料件。由于该厂没有保存当时的转厂收货记录，只能从申报系统中查找到转厂报关记录，经请示海关，暂时将核销时点后的三个月①的转厂报关数据均作为“已收货，未报关”的数据。这种做法，海关也只是一种通融的手段。但是，即使如此，仍有相当部分的“倒挂”不能提供合理解释。

经查，该厂虽然实施电子账册，但是同一个产品的 BOM 没有版本号。如果同一个产品 BOM 有变化，只能增加备案产品，这样会导致产品数量过多，甚至超过电子账册的最大容量 9999 项。因此，同一型号产品的微调，BOM 一般是不作调整的。

该厂只有向海关申请更改 BOM，因为产品已经实际出口，海关要求提供这些产品的样品后方能调整 BOM。经过工程师测试，以及原有生产记录、单耗记录，终于获得海关许可。

11.3.1.2 理论库存与实物库存的平衡控制

手册项下进口和出口的平衡，只是手册本身的理论平衡，只有当手册的理论平衡与实际库存平衡，才意味着手册真正的平衡，这时手册的进、出、用、存均能够反映实际物流和生产。

---

① “三个月”的法律依据为《中华人民共和国海关关于加工贸易保税货物跨关区深加工结转的管理办法》中“转出（入）企业每批实际发（收）货后，应当在 90 日内办结该批货物的报关手续”的规定。

在实际生产中原料按照实际的配料比例或者投料清单进行生产。在加工贸易手册上，必须对保税料件的进口、生产中投料或者消耗的比例、保税成品的出口进行如实记录和申报。

进口－出口×单耗 ＝ 库存 …………………（加工贸易平衡等式）

海关会在进出口环节核查进出口申报的真实性，会在生产前或者生产过程中核查单耗，也会在手册执行过程中或者核销时盘点库存。也就是说，海关对加工贸易货物进、产、出、存的全过程进行管理，即“四线管理”。

“加工贸易平衡等式”中任何一个变量的变化，都会导致平衡等式失衡，从而被海关认定为异常，比如进出口和单耗申报不实会导致库存与实际库存产生差异。测试这个平衡式，也可以成为企业关务控制和事后检查关务风险的重要方法（见表11－8）。

表11－8　加工贸易平衡等式测试表

不实申报类型	直接测试	间接测试
进口未申报或申报不实（如人工携带进境）	财务、物流的购买记录，没有间接税纳税证明。	手册理论库存低于实际库存，导致盈余。 对外付汇没有报关单证。
出口未申报或申报不实（如快递出口）	财务、物流的销售记录，没有增值税纳税、免税证明。	手册理论库存高于实际库存，导致短少。 出口收汇没有足够报关单。
单耗申报不实	ERP系统中BOM与海关单耗不一致。	手册理论库存与实际库存不一致。
库存申报不实	手册结余与实际库存不一致。	库存差异会积累到以后的手册，导致更大的不平衡。

从上表中可以看出，加工贸易中保税商品数量申报不实会导致库存的不平衡，因此，库存是等式的关键指标，也是海关关注的重点。库存不平衡就好比是一个病人有“发热”症状，很多疾病的症状都会发热，要根治还需要查出“发热”的原因。库存不平衡也一样，分析其原因是非常重要的，这时因为：

1. 没有合理原因的库存差异（尤其是短少），会被海关认定为违规，如擅自内销。

2. 这是查找关务管理方面不规范的突破口。

案例69：手册管理不当导致手册不平衡

某外商投资企业，为当地大型企业，从事来料加工，产品95%出口，料件95%保税进口，另有5%国内销售。2008年，当地海关加工贸易科外勤组下厂例行核查，发现该公司库存在差异，约有价值700万美元的料件短少，还有将近300美元的料件盈余。海关要求该公司提供解释。经过自查，该公司发现除了一般所常见的单耗不准确、残次品内销外，还有以下特殊情况：

1. 料件“刀胶”和“刀料”混用。刀料和刀胶在公司内部统一称作为刀料，归入为“8212.9000”，对应的料号在手册中备案为“刀料(3)”。2008年3月，供应商（A）所处海关要求将刀料中8个料号的含塑料刀料的税号更改为“3924.9000”，经双方海关沟通，这8个料号的商品更改为“3924.9000”，并增加备案物料“刀胶（88)”，变更了涉及刀胶的单耗。2008年4月1日起开始使用新的税号和BOM。而另外一个供应商（B）所处海关要求仍沿用原有税号，这8个料号的刀料仍以“刀料（3)”与该公司转厂。因此进口这8个料号的商品时，在手册上会分别表现为进口“刀料（3)”和“刀胶（88)”。但是出口成品时，会在手册上按照新的单耗扣减“刀胶（88)”，其结果就导致了“刀胶（3)”的实际库存比手册库存盈余54吨，“刀料”短少54吨。

2. “电动刀柄/含7号锌锰电池1粒”和“电动手柄”、“干电池”混用。2007年10月份以前，该公司某些成品以“电动手柄（71)”和“干电池（69)”为物料。2008年1月以后境外厂商将电池和手柄组装的工序外包给第三方，由第三方转厂给该公司，因此该公司会进口“电动手柄（71)”和“干电池（69)”的组装件，组装件进口时备案为“电动刀柄/含7号锌锰电池1粒（81)”。此时，由于仓库中仍有“电动手柄（71)”和“干电池（69)”约35吨，因此在过渡时期，该公司利这些料件自制成半成品，与对外采购半成品同时进行，因此，该公司没有更改外购模式下的BOM，仍沿用自制模式的BOM。这样，导致了在外购模式下利用“电动刀柄/含7号锌锰电池1粒（81)”生产的产品，在出口时手册上会根据原有的BOM扣减“电动手柄（71)”和“干电池（69)”。其结果是：“电动手柄（71)”和“干电池（69)”合计实际库存比手册库存盈余了约35吨，而“电动刀柄/含7号锌锰电池1粒（81)”则短少了约35吨。

11.3.2 外汇与海关之间的平衡控制

我国对经常性项目实行自由兑换，但是银行和外汇管理局会对其进出口收付汇实行真实性审核，所有对外收付汇都要有真实的进出口交易或者其他交易。

对进口付汇而言，真实性检查是从支付出发，要求所有的支付都要有相应的报关单作为支持。真实性，简单地说，就是要求有进口交易，进口的金额应与支付的金额一致，进口付汇都要有报关单作支持（“资金流出单向控制”），因此，报关单是首位重要的单证。作为交易证据的发票和合同只是辅助单证。当然在实际操作中，货到付款的付款和核销是同时进行的。而且，银行或外汇管理局在核销时，一般不会要求一一相符，而是要求总量平衡。（见图 11—4）

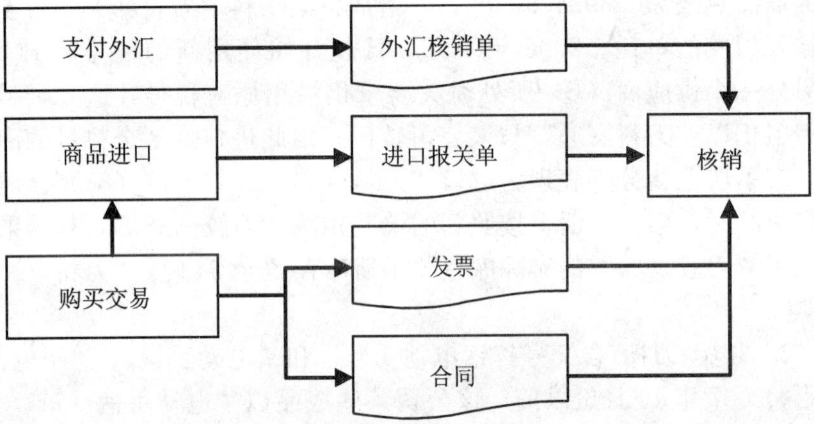

图 11—4 进口付汇核销流程示意图

对出口而言，相对就复杂一些，尤其是 2008 年 7 月实行联网核查[①]之后，不仅要求所有的出口都要有收汇，还要求所有的出口收汇要有报关单作支持，出口后必须收汇，即“资金货物双向控制”。企业收到外汇后，先存入收汇待查账户，凭其出口报关金额确定可收汇金额，并将外汇转入外汇账户。另外根据出口报关单、出口收汇核销单、收汇水单和其他商业单据办理出口收汇核销手续。（见图 11—5）

---

① 参见《国家外汇管理局、商务部、海关总署关于印发〈出口收结汇联网核查办法〉的通知》（商财司字〔2008〕第 14 号）

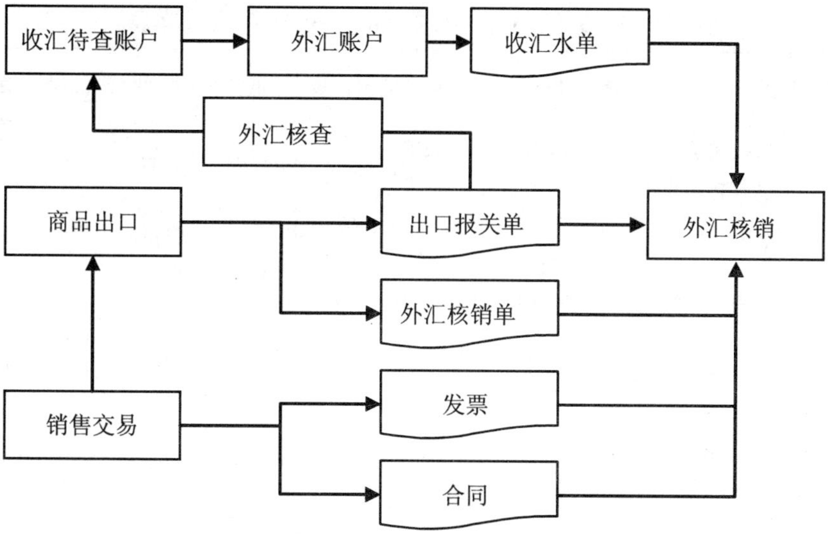

图 11—5　出口收汇核销流程示意图

对加工贸易企业来说，以上外汇核销流程可能会发生下列变化：

1. 对加工贸易来说，只收取加工费，一般是凭出口报关的金额，按比例和进度收取加工费。合同项下产品全部出口，就必须收取该合同的全部外汇。

2. 对进料加工企业来说，常见的方式就是按照上面的进出口收付汇和核销方式办理相关手续，全部出口均应办理收汇和核销手续，全部进口付汇均按照进口报关金额支付，即"全收全支"模式。

3. 对进料加工企业，还有一种方式就是"进出口抵扣核销方式"，即进口付汇抵扣出口收汇，只要求收回抵扣后的差额部分。

从上述流程可以看出，报关单在外汇核销中起到至关重要的作用。进出口申报的准确性和报关单证的完整性，直接影响收付汇和现金流的正常运行。外汇核销是一项很重要的工作，外汇逾期未核销可能会被国家外汇管理局处以罚款，甚至影响出口退税工作的进行。

建立收付汇平衡表，是一种有效检查关务漏洞、联结关务和外汇的工具。表 11—9 即为收付汇平衡表范例。

表 11—9 外汇与进出口货物的平衡控制表（样表）

进口付汇平衡（控制）表	出口收汇平衡（控制）表	“抵扣核销”平衡（控制）表
未用进口报关单 +已收货未报关 +已申报但未集中报关 可用进口报关单 已付款未核销金额 +已经收货且收到发票，未付款的 需要报关单的付汇金额 差额 （需要报关单数－可用进口报关单数）	未用出口报关单 +已送货未报关 +已申报但未集中报关 可用出口报关单 已收款未核销金额 +已经发货且开出发票，未收款的 需要报关单的收汇金额 差额 （需要报关单数－可用出口报关单数）	未用出口报关单 +已送货未报关 +已申报但未集中报关 可用出口报关单 未用进口报关单 +已收货未报关 +已申报但未集中报关 可用进口报关单 可用报关单数 （可用出口报关单－可用进口报关单） 已收款未核销金额 +已经发货且开出发票，未收款的 需要报关单的收汇金额 差额 （需要报关单数－可用报关单数）

案例 70：应付账款≠应该付出的货款

某印刷机械制造厂家，从事进料加工，50%的原材料从境外直接进口，40%料件通过深加工接转方式购买，10%的料件采用国内采购方式。至 2008 年底一直使用纸质手册，且采取“全收全支”的外汇核销方式。

2008 年中期，该公司发现开始出现没有足够的报关单核销已经支付的进口货物货款。经过检查，发现外汇与报关单不平衡，详见表 11—10。

表 11－10 报关单金额与财务数据对比表

项目	金额	日期
财务部门已有的未核销海关付汇联（1）	158764	2008.02.09
未打印和已打印但未交财务付汇联（2）	454761	2008.02.09
可用报关单（3）＝（1）＋（2）	613525	
没有报关单，但有清单金额（4）	1105464	2008.02.09
没有报关单，但已收货（香港存货）金额（5）	414798	2008.02.09
没有报关单，但已送货的转厂金额（6）	906774	2008.02.09
可用报关单和可以取得的报关数（可供的报关单数）（7）＝（3）＋（4）＋（5）＋（6）	3040560	
已付未核款额（8）	5333794	2008.02.09
已收货未收发票金额（9）	830374	2008.02.09
已收货已收发票但未付金额（10）	1204581	2008.02.09
已付和未付款额（需要报关单数）（11）＝（8）＋（9）＋（10）	7368749	
差异（短少报关单）（12）＝（11）－（7）	4328189	2008.02.09

经过对比，发现报关单短少的原因如下：

1. 部分报关单遗失，货值约 100 万美元；

2. 部分印刷机器软件没有报关进口，也没有将软件的价值分摊到机器设备上，这些款项按照非贸易方式处理，货值约 100 万美元；

3. 部分非贸易项下的款项，以贸易方式向境外支付，如运费、包装费、服务费等，约 50 万。

11.3.3 海关凭证与税务凭证的平衡控制

征收流转税的目的是对所有交易进行征税，所有销售必须缴纳增值税或者享受免税政策，所有采购都必须有完税凭证证明对方已经缴纳税款或者由自身在进口环节缴纳了税款。税务部门会检查销售是否完税或者符合免税政策，还检查采购的进项增值税是否能够抵扣，海关会检查国内采购是否有国内增值税发票以及进口的是否属于保税进口。

对企业来说，检查购买和销售是否有纳税或者免税的凭证，一方面是防范以上税务部门的检查风险，即合规性风险，另一方面是检查是否有增值税进项没有经过认证和抵扣，降低纳税成本。这些凭证的种类详见表 11－11。

表 11—11 购买和销售的基本税务、海关凭证列表

购买			销售		
交易	税务凭证	海关凭证	交易	税务凭证	海关凭证
国内购买	增值税发票	无	国内销售	增值税发票	无
其他国内购买	普通发票	无	直接出口	出口专用发票	报关单
一般贸易进口	纳税凭证	报关单和纳税凭证	转厂出口	出口专用发票或普通发票	报关单
加工贸易进口	无	报关单和手册	—	—	—
其他进口	纳税凭证	报关单	—		—

1. 从税务的视角看，如果购买交易与相应的凭证之间发生不平衡，会导致：

1）在核算应缴企业所得税时，无凭证的购买将不能记入成本。如表 11—12 所示，购买与凭证之间的差异将不能记入成本，增加了应税所得，导致税负增加。

表 11—12 购买与税务凭证的差异对所得税影响列表（样表）

采购总额	金额
1. 国内购买货物的增值税发票 2. 完税进口货物的发票和报关单 3. 进料加工进口的报关单或发票 4. 其他购买的税务凭证	
采购与税务凭证的差异	
无税务凭证的采购金额	
对所得税影响	

2）在核算增值税时，没有凭证的进料加工进口，在按照“免抵退”计算出口退税额时，将不能确认为“免抵退税不得免征和抵扣税额”，增加“当期免抵退税额抵减额”也就是增加进项税转出计入成本的增值税①。

2. 从税务的视角看，如果销售交易与相应的凭证之间不平衡，在核算增值税时，没有税务凭证的销售，会被税务部门认为没有缴纳增值

① 免抵退税不得免征和抵扣税额＝当期出口货物离岸价×人民币外汇牌价×（出口货物征税税率－出口货物退税率）－免抵退税不得免征和抵扣税额抵减额

免抵退税不得免征和抵扣税额抵减额＝免税购进原材料价格×（出口货物征税税率－出口货物退税率）

税。国内销售没有增值税发票，出口销售没有齐全的退税证明，税务部门会要求按照国内销售补缴增值税。

3. 从海关的视角看，购买货物如果没有凭证，相当于进口货物没有进口记录。海关会认为是进口货物没有申报，而要求加工贸易企业补登手册（或者调整加工贸易手册的期初库存），或者要求按照一般贸易补税，甚至会认定为走私进口。

11.3.4 “海关账”的编制和控制

关于企业的会计核算是由《中华人民共和国会计法》（以下简称《会计法》）来进行规范的，该法规定会计凭证、会计账簿、财务会计报告和其他会计资料，必须符合国家统一的会计制度的规定，国家统一的会计制度由国务院财政部门根据本法制定并公布，国务院财政部门主管全国的会计工作。《会计法》是与海关监管最高法规《海关法》处于同等地位的法律，而《海关法》没有关于会计记录和核算方面的规定。理论上，海关如果对企业进出口方面的会计记录和核算有特殊要求，只能是：

1. 通过财政部门对与进出口相关的会计记录的具体操作提出指导；

2. 为了规范企业对关务管理而建议设置记录进出口货物的内部管理台账。

对于上述第一方面，海关总署、财政部联合发布了《中华人民共和国海关对进出口企业会计账簿设置和报送会计报表的暂行规定》，要求企业“会计账簿必须真实、准确、完整记录和反映进出口货物的进口、出口、储存、加工使用、销售等情况”，“企业应将与进出口业务有关的资料（包括报关单、合同、函电、许可证、批件、结汇单等，以下简称资料）纳入会计档案或其他档案管理，并按国家有关法律、法规规定的档案保存期限妥善保存”。至于其他海关单独发布的法规，如《中华人民共和国海关稽查条例》要求“会计账簿、会计凭证、会计报表和其他会计资料，应当真实、准确、完整地记录和反映进出口业务的有关情况”，这基本上是进一步强调《会计法》第九条“各单位必须根据实际发生的经济业务事项进行会计核算，填制会计凭证，登记会计账簿，编制财务会计报告。任何单位不得以虚假的经济业务事项或者资料进行会计核算”的规定。

对于第二方面，南方一些海关，如黄埔海关、深圳海关，根据当地加工贸易企业的特点，要求企业编制反映其保税物料进、出、存的专门账簿，这在行业内，被称为“海关账”。笔者理解，这些地方海关发布的操作规范所指的“海关账”应该是企业内部管理台账，不会因此而改变《会计法》对会计核算的要求。

黄埔海关2002年公布了《黄埔海关对加工贸易企业账簿、单证的管理规定》，要求在该关注册或备案的对外加工装配经营单位及加工企业、外商投资企业、保说仓库等加工贸易企业应遵循下列规定：

1. 设置进出存账，包括原材料账、产成品账、边角废料账、生产设备账、委托加工和受托加工账册等；

2. 编制“加工贸易企业进出口业务报表”，包括“加口工贸易产品流向情况表”、“加工贸易原材料来源与使用情况表”、“加工贸易生产设备使用情况表”等；

深圳海关2002年3月公布了《深圳海关关于对企业账簿、单证设置管理规定》，要求企业的会计账簿必须真实、准确、完整地记录和反映生产经营情况，包括货物的购进、储存、生产、销售、发外加工等情况，保税和国内料件、半成品、成品等的购入、储存、加工、销售应分别记账。加工贸易企业仓库必须建立符合海关监管要求的、记录货物进出管理的账簿及单证，包括进口原材料进出仓账，成品进出仓账，国内购料进出仓账，委托加工、发外加工账，边角（废）料、残次品账等。

不管是黄埔海关的“进出存账”还是深圳海关的“六套账”，都只是单独核算的保税货物的进出存账，而不涉及财务账簿。两地海关已强制要求加工贸易等企业建立此类账簿，以健全企业内部控制和管理，便于海关对加工贸易企业的监管。但是，在实际作业中，有些企业消极应付“海关账”，做“海关账”只是为了应付海关检查，以顺利完成手册核销，比如：

1. 海关账是由报关员或者报关部门来记录的，而不是由实际作业部门，如仓库等部门制作，或者从ERP系统产生。

2. 单独建立一套脱离实际的“海关账”。“海关账”的记录凭证都是海关申报的资料，按照合同或报关单上的品名和数量抄写在“海关账”上，而不是以实际的商业单证为依据，其目的就是要保证“海关账”与海关申报一致。

3. “海关账”记录的品名和计量单位与合同或报关单上的品名和单位相同，没有同时记录企业实际应用的品名和计量单位。

4. “海关账”不是在交易发生时进行记录，而是在手册申报核销前记录。

5. “海关账”的记录没有作为管理决策的依据。

这种“海关账”跟做假账没有本质的区别，既浪费了人力、物力，又造成逻辑和数据的严重混乱。这种“海关账”能否“应付”得了海关的检查呢？其实不能，如果海关下厂检查，发现“海关账”与海关手册申报的名称、数量的信息完全一致，作为有经验的海关检查人员基本上是不会在“海关账”上浪费时间，直接认定“海关账”是一本假账，而将检查范围扩大到检查会计记录和物流记录上来。

那么，建立一套完整、准确的“海关账”，除了能够满足海关的管理要求外，是否还有其他的作用呢？笔者认为还有下列作用：

1. “海关账”首先就是真实的工厂进出存账，任何企业都需要一本真实、及时、准确、完整的进出存账，以满足工厂内部管理和生产的需要。

2. 由于实际单损耗与备案单损耗客观差异的存在，导致企业在执行加工贸易合同过程中普遍存在保税货物实际库存与合同理论库存不相吻合。通过实时监控有利于企业随时进行自我对比检查，及时变更单损耗数据，即“实时监控，及时调整”。

3. 对于多种贸易方式并存的工厂，海关要求进口、内购分开，内销、出口分开，保税、非保税分开，“海关账”有利于企业加强仓存控制。

4. 实时监控企业的保税物料转厂和外发加工状态。“海关账”要求存在转厂业务的企业必须登记相应的“收/送货与转厂对照账”，有利于企业监控转厂进度。

建立“海关账”是否需要企业投入大量的精力，增加企业的负担呢？其实不然，只要理解“海关账”本质上是保税货物的进出存账，可以在现有的企业进出存账加以调整和转化。

1. 在现有的货物和设备的进出存账基础上，将保税货物与非保税货物、减免税货物与非减免税货物作区分记录或核算；

2. 对企业内部计量单位与报关单位不一致的，进行同时记录与核算；

3. 对企业内部名称与海关报关名称不一致的，进行同时记录；

4. 增加深加工结转（转厂）的控制表，记录关封申请、收发货和报关数等；

5. 如果企业有 ERP 系统或者其他物流管理系统，可以将货物种类分为保税、国内采购和非保税货物，增加残次品、边角料、外发加工和委托加工货物的核算。

建立“海关账”后，除了制作出海关需要的“加口工贸易产品流向情况表”、“加工贸易原材料来源与使用情况表”、“加工贸易生产设备使用情况表”等加工贸易企业进出口业务报表外，还要将“海关账”的数据转化为企业内部管理和内部控制的工具，根据管理的目的，生成一些内部管理报表，这样既可以符合海关要求，也可以用来作为控制关务风险和健全内部管理的工具，如：

1. 深加工结转（转厂）风险控制表（按月），反映某一时刻各个外发加工厂不同商品的关封余量、收货未报关量、送货未报关数，供管理层了解是否存在未备案先收发货、未收发货先报关或者报关超期等情况。

2. 外发加工和委托加工的控制表，反映各外发工厂、委托加工厂的加工数量、现有库存数量等。

3. 保税料件理论和实际库存对比表，动态反映在手册结余库存与工厂内各种形式（料件、在产品和成品）存在的料件库存的差异。

4. 保税料件理论和实际库存差异分析表，在“海关账”中设置“差异项”，及时记录海关申报记录与实际进出存账之间的差异。比如，进口时申报与入库的差异、出口时申报与出库的差异、用于试生产、非正常损失（失窃）等。管理层可以了解产生差异的原因，及时采取措施进行控制。

5. 残次品和边角料的统计表，供管理层了解料件的利用率，也便于在申报前确定采取何种处理方法，计算相应的税款。

附 录

FULU

附录1 世界自由贸易协定列表

序号	名称	类别	生效日期	备注
1	安第斯山共同体	关税同盟	1988.5.25	注1
2	亚美尼亚—哈萨克斯坦	自由贸易区	2001.12.25	
3	亚美尼亚—摩尔多瓦	自由贸易区	1995.12.21	
4	亚美尼亚—俄罗斯	自由贸易区	1993.3.25	
5	亚美尼亚—土库曼斯坦	自由贸易区	1996.7.7	
6	亚美尼亚—乌克兰	自由贸易区	1996.12.18	
7	东盟—中国	经济一体化协议	2007.7.1	
8	东盟自贸区	自由贸易区	1992.1.28	注2
9	亚太贸易协定	自由贸易区	1976.6.17	注3
10	亚太贸易协定—中国	自由贸易区	2002.1.1	
11	澳大利亚—新西兰	自由贸易区	1983.1.1（货物） 1989.1.1（服务）	
12	澳大利亚—巴布亚新几内亚	自由贸易区	1977.2.1	
13	澳大利亚—智利	自由贸易区	2009.6.3	
14	文莱—日本	自由贸易区和经济一体化	2008.7.31	
15	加拿大—智利	自由贸易区和经济一体化	1997.7.5	
16	加拿大—哥斯达黎加	自由贸易区	2002.11.1	
17	加拿大—以色列	自由贸易区	1997.1.1	

续表

序号	名称	类别	生效日期	备注
18	加勒比共同体	经济一体化协议	1973.8.1（货物） 1997.7.1（服务）	注 4
19	中美共同体	关税同盟	1961.10.12	注 5
20	中欧自贸区—克罗地亚	自由贸易区	2003.3.1	
21	中欧自贸区	自由贸易区	2007.5.1	注 6
22	智利—中国	自由贸易区	2006.10.1	
23	智利—哥斯达黎加	自由贸易区和经济一体化	2002.2.15	
24	智利—萨尔瓦多	自由贸易区和经济一体化	2002.6.1	
25	智利—印度	自由贸易区	2007.8.17	
26	智利—日本	自由贸易区和经济一体化	2007.9.3	
27	智利—墨西哥	自由贸易区和经济一体化	1999.8.1	
28	智利—印度	自由贸易区和经济一体化	2007.8.17	
29	CEPA 香港	自由贸易区和经济一体化	2004.1.1	
30	CEPA 澳门	自由贸易区和经济一体化	2004.1.1	
31	中国—新加坡	自由贸易区和经济一体化	2009.1.1	
32	共同经济体	自由贸易区	2004.5.20	
33	东南非共同体	自由贸易区	1994.12.8	注 7
34	独立国家联合体	自由贸易区	1994.12.30	注 8
35	哥斯达黎加—墨西哥	自由贸易区和经济一体化	1995.1.1	
36	美国—中美洲及多米尼加自由贸易协定	自由贸易区和经济一体化	2006.3.1	注 9
37	东非共同体	关税同盟	2000.7.7	注 10
38	欧盟—阿尔巴尼亚	自由贸易区	2006.12.1	
39	欧盟—阿尔及利亚	自由贸易区	2005.9.1	
40	欧盟—安道尔	关税同盟	1991.7.1	
41	欧盟—波黑	自由贸易区	2008.7.1	
42	欧盟—加勒比论坛国家	自由贸易区和经济一体化	2008.11.1	注 11

续表

序号	名称	类别	生效日期	备注
43	欧盟—智利	自由贸易区和经济一体化	2003.2.1（货物） 2005.3.1（服务）	
44	欧盟—科特迪瓦	自由贸易区	2009.1.1	
45	欧盟—克罗地亚	自由贸易区	2002.3.1	
46	欧盟—埃及	自由贸易区	2004.6.1	
47	欧盟—法罗群岛	自由贸易区	1997.1.1	
48	欧盟—马其顿	自由贸易区	2001.6.1	
49	欧盟—冰岛	自由贸易区	1973.4.1	
50	欧盟—以色列	自由贸易区	2000.6.1	
51	欧盟—约旦	自由贸易区	2002.5.1	
52	欧盟—黎巴嫩	自由贸易区	2003.3.1	
53	欧盟—墨西哥	自由贸易区和经济一体化	2000.1.7（货物） 2000.1.10（服务）	
54	欧盟—黑山共和国	自由贸易区	2008.1.1	
55	欧盟—摩洛哥	自由贸易区	2000.3.1	
56	欧盟—挪威	自由贸易区	1973.7.1	
57	欧盟—海外国家和地区	自由贸易区	1971.1.1	注 12
58	欧盟—巴勒斯坦	自由贸易区	1997.7.1	
59	欧盟—南非	自由贸易区	2000.1.1	
60	欧盟—瑞士—卢森堡	自由贸易区	1973.1.1	
61	欧盟—叙利亚	自由贸易区	1977.7.1	
62	欧盟—突尼斯	自由贸易区	1998.3.1	
63	欧盟—土耳其	关税同盟和经济一体化	1996.1.1	
64	欧盟 9 国	关税同盟和经济一体化	1973.1.1	注 13
65	欧盟 10 国	关税同盟和经济一体化	1981.1.1	
66	欧盟 12 国	关税同盟和经济一体化	1986.1.1	
67	欧盟 15 国	关税同盟和经济一体化	1995.1.1	
68	欧盟 25 国	关税同盟和经济一体化	2004.5.1	
69	欧盟 27 国	关税同盟和经济一体化	2007.1.1	
70	欧盟协议		1958.1.1	
71	中非经济和金融共同体	关税同盟	1999.6.24	注 14
72	西非经济共同体		1993.7.24	注 15
73	经济合作与发展组织			注 16
74	欧洲自由贸易联盟—智利	自由贸易区和经济一体化	2004.12.1	
75	欧洲自由贸易联盟—克罗地亚	自由贸易区	2002.1.1	

续表

序号	名称	类别	生效日期	备注
76	欧洲自由贸易联盟—埃及	自由贸易区	2007.8.1	
77	欧洲自由贸易联盟—马其顿	自由贸易区	2001.1.1	
78	欧洲自由贸易联盟—以色列	自由贸易区	1993.1.1	
79	欧洲自由贸易联盟—约旦	自由贸易区	2002.1.1	
80	欧洲自由贸易联盟—韩国	自由贸易区和经济一体化	2006.9.1	
81	欧洲自由贸易联盟—黎巴嫩	自由贸易区	2007.1.1	
82	欧洲自由贸易联盟—墨西哥	自由贸易区和经济一体化	2001.7.1	
83	欧洲自由贸易联盟—摩洛哥	自由贸易区	1999.12.1	
84	欧洲自由贸易联盟—巴勒斯坦	自由贸易区	1999.7.1	
85	欧洲自由贸易联盟—南部非洲关税同盟	自由贸易区	2008.5.1	
86	欧洲自由贸易联盟—新加坡	自由贸易区和经济一体化	2003.1.1	
87	欧洲自由贸易联盟—突尼斯	自由贸易区	2005.6.1	
88	欧洲自由贸易联盟—土耳其	自由贸易区	1992.4.1	
89	欧洲自由贸易联盟	经济一体化和自由贸易区	2002.6.1	注17
90	欧洲自由贸易联盟—冰岛	自由贸易区	1970.3.1	
91	埃及—土耳其	自由贸易区	2007.3.1	
92	萨尔瓦多—墨西哥	自由贸易区和经济一体化	2001.3.15	
93	欧亚经济共同体	关税同盟	1997.10.8	注18
94	欧洲经济区	经济一体化	1994.1.1	注19
95	法罗群岛—挪威	自由贸易区	1993.7.1	
96	法罗群岛—瑞士	自由贸易区	1995.3.1	
97	格鲁吉亚—亚美尼亚	自由贸易区	1998.11.11	

续表

序号	名称	类别	生效日期	备注
98	格鲁吉亚—阿塞拜疆	自由贸易区	1996.7.10	
99	格鲁吉亚—哈萨克斯坦	自由贸易区	1999.7.16	
100	格鲁吉亚—俄罗斯	自由贸易区	1994.5.10	
101	格鲁吉亚—土库曼斯坦	自由贸易区	2000.1.1	
102	格鲁吉亚—乌克兰	自由贸易区	1996.6.4	
103	发展中国家全球贸易优惠制		1989.4.19	注20
104	危地马拉—墨西哥	自由贸易区和经济一体化	2001.3.15	
105	海湾合作组织	关税同盟	2003.1.1	注21
106	洪都拉斯—墨西哥	自由贸易区和经济一体化	2001.6.1	
107	冰岛—法罗群岛	自由贸易区和经济一体化	2006.11.1	
108	印度—不丹	自由贸易区	2006.7.29	
109	印度—新加坡	自由贸易区和经济一体化	2005.8.1	
110	印度—斯里兰卡	自由贸易区	2001.12.15	
111	以色列—墨西哥	自由贸易区	2000.7.1	
112	日本—印度尼西亚	自由贸易区和经济一体化	2008.7.1	
113	日本—马来西亚	自由贸易区和经济一体化	2006.7.13	
114	日本—墨西哥	自由贸易区和经济一体化	2005.4.1	
115	日本—菲律宾	自由贸易区和经济一体化	2008.12.11	
116	日本—新加坡	自由贸易区和经济一体化	2002.11.30	
117	日本—泰国	自由贸易区和经济一体化	2007.11.1	
118	约旦—新加坡	自由贸易区和经济一体化	2005.8.22	
119	韩国—智利	自由贸易区和经济一体化	2004.4.1	
120	韩国—新加坡	自由贸易区和经济一体化	2006.3.2	
121	吉尔吉斯—亚美尼亚	自由贸易区	1995.10.27	
122	吉尔吉斯—哈萨克斯坦	自由贸易区	1995.11.11	

续表

序号	名称	类别	生效日期	备注
123	吉尔吉斯—摩尔多瓦	自由贸易区	1996.11.12	
124	吉尔吉斯—俄罗斯	自由贸易区	1993.4.24	
125	吉尔吉斯—乌克兰	自由贸易区	1998.1.19	
126	吉尔吉斯—乌兹别克斯坦	自由贸易区	1998.3.20	
127	老挝—泰国	自由贸易区	1991.6.20	
128	拉美一体化协会	经济一体化	1981.3.18	注22
129	美拉尼西亚先锋集团	经济一体化	1994.1.1	注23
130	南方共同市场	关税同盟和经济一体化	1991.11.29	注24
131	墨西哥—尼加拉瓜	自由贸易区和经济一体化	1998.7.1	
132	新西兰—新加坡	自由贸易区和经济一体化	2001.1.1	
133	北美自由贸易协定	自由贸易区和经济一体化	1994.1.1	注25
134	太平洋岛国贸易协定	自由贸易区	2003.4.13	注26
135	巴基斯坦—中国	自由贸易区	2007.7.1	
136	巴基斯坦—马来西亚	自由贸易区和经济一体化	2008.1.1	
137	巴基斯坦—斯里兰卡	自由贸易区	2005.6.12	
138	巴拿马—智利	自由贸易区和经济一体化	2008.3.7	
139	巴拿马—萨尔瓦多	自由贸易区和经济一体化	2003.4.11	
140	巴拿马—新加坡	自由贸易区和经济一体化	2006.7.24	
141	泛阿拉伯国家自由贸易区	自由贸易区	1998.1.1	注27
142	新加坡—澳大利亚	自由贸易区和经济一体化	2003.7.28	
143	南亚自由贸易区	自由贸易区	2006.1.1	注28
144	南亚特惠贸易安排(SAPTA)协定	经济一体化	1995.12.7	注29
145	南太平洋区域贸易和经济合作协定	经济一体化	1981.1.1	注30

续表

序号	名称	类别	生效日期	备注
146	南部非洲关税同盟	关税同盟	2004.7.15	注 31
147	南部非洲发展共同体	自由贸易区	2000.9.1	注 32
148	泰国—澳大利亚	自由贸易区和经济一体化	2005.1.1	
149	泰国—新西兰	自由贸易区和经济一体化	2005.7.1	
150	泛太平洋战略经济伙伴关系协定	自由贸易区和经济一体化	2006.5.28	注 33
151	土耳其—阿尔巴利亚	自由贸易区	2008.5.1	
152	土耳其—波黑	自由贸易区	2003.7.1	
153	土耳其—克罗地亚	自由贸易区	2003.7.1	
154	土耳其—马其顿	自由贸易区	2000.9.1	
155	土耳其—以色列	自由贸易区	1997.5.1	
156	土耳其—摩洛哥	自由贸易区	2006.1.1	
157	土耳其—巴勒斯坦	自由贸易区	2005.6.1	
158	土耳其—叙利亚	自由贸易区	2007.1.1	
159	土耳其—突尼斯	自由贸易区	2005.7.1	
160	乌克兰—阿塞拜疆	自由贸易区	1996.9.2	
161	乌克兰—白俄罗斯	自由贸易区	2006.11.11	
162	乌克兰—马其顿	自由贸易区	2001.7.5	
163	乌克兰—哈萨克斯坦	自由贸易区	1998.10.19	
164	乌克兰—墨尔瓦多	自由贸易区	2005.5.19	
165	乌克兰—俄罗斯	自由贸易区	1994.2.21	
166	乌克兰—塔吉克斯坦	自由贸易区	2002.7.11	
167	乌克兰—乌兹别克斯坦	自由贸易区	1996.1.1	
168	乌克兰—土库曼斯坦	自由贸易区	1995.11.4	
169	乌克兰—格鲁吉亚	自由贸易区	2008.1.11	
170	美国—澳大利亚	自由贸易区和经济一体化	2005.1.1	
171	美国—巴林	自由贸易区和经济一体化	2006.8.1	
172	美国—智利	自由贸易区和经济一体化	2004.1.1	
173	美国—以色列	自由贸易区	1985.8.19	
174	美国—约旦	自由贸易区和经济一体化	2001.12.17	
175	美国—摩洛哥	自由贸易区和经济一体化	2006.1.1	

续表

序号	名称	类别	生效日期	备注
176	美国—阿曼	自由贸易区和经济一体化	2009.1.1	
177	美国—秘鲁	自由贸易区和经济一体化	2009.2.1	
178	美国—新加坡	自由贸易区和经济一体化	2004.1.1	
179	西非经济与货币联盟	关税同盟	2000.1.1	注 34

【备注】

注 1：安第斯共同体成立于 1969 年 5 月，是拉美地区一个重要的区域经济一体化组织，总部设在秘鲁首都利马，成员为秘鲁、哥伦比亚、厄瓜多尔和玻利维亚。2006 年 4 月，委内瑞拉因秘鲁和哥伦比亚与美国签订自由贸易协定而退出了该组织。

注 2：东盟自贸区成员国包括文莱（1984 年）、柬埔寨（1999 年）、印度尼西亚、老挝（1997 年）、马来西亚、缅甸（1997 年）、菲律宾、新加坡、泰国、越南（1995 年）。

注 3：亚太贸易协定成员国包括中国、印度、韩国、孟加拉国、斯里兰卡和老挝。

注 4：加勒比共同体成员包括安提瓜和巴布达、巴哈马（共同体成员，但不是共同市场成员）、巴巴多斯、伯利兹、多米尼克、格林纳达、圭亚那、海地、牙买加、蒙特塞拉特（未独立）、圣基茨和尼维斯、圣卢西亚、圣文森特和格林纳丁斯、苏里南、特立尼达和多巴哥。

注 5：中美洲共同市场成立于 1962 年 8 月。1960 年 12 月，危地马拉、洪多拉斯、萨尔瓦多和尼加拉瓜签订了“中美洲经济一体化总条约”，开始筹建中美洲共同市场。1962 年 7 月，哥斯达黎加同意加入该共同市场。1962 年 8 月，正式成立中美洲共同市场。1991 年 12 月，哥斯达黎加、洪都拉斯、尼加拉瓜、萨尔瓦多、危地马拉和巴拿马在洪都拉斯首都特古西加尔巴召开了第十一次中美洲国家首脑会议。会议发表的“特古西加尔巴议定书”决定建立中美洲一体化体系。

注 6：中欧自贸区成员包括波兰、捷克、斯洛伐克、匈牙利、斯洛文尼亚、罗马尼亚、保加利亚、克罗地亚、阿尔巴尼亚、波黑、摩尔多瓦、黑山、塞尔维亚。

注 7：东南非共同体（COMESA）现有 20 个成员国，即安哥拉、布隆迪、科摩罗、刚果（金）、吉布提、埃及、厄立特里亚、埃塞俄比亚、肯尼亚、马达加斯加、马拉维、毛里求斯、卢旺达、塞舌尔、苏丹、斯威士兰、乌干达、赞比亚、津巴布韦和利比亚。

注 8：独立国家联合体成立时，除波罗的海三国外，苏联其他 12 个加盟共和国，即阿塞拜疆、亚美尼亚、白俄罗斯、格鲁吉亚（1993 年 12 月起）、吉尔吉斯斯坦、摩尔多瓦（1994 年 4 月起）、哈萨克斯坦、俄罗斯、乌兹别克斯坦、乌克兰、塔吉克斯坦和土库曼斯坦均为独联体正式成员国。2005 年 8 月，土库曼斯坦宣布退出独联体，2008 年 8 月 14 日，格鲁吉亚宣布退出独联体。该组织迄今未能在建立自由贸易区问题上统一意见。

注 9：美国—中美洲及多米尼加自由贸易协定成员包括美国与中美洲 5 国（哥斯达黎加、萨尔瓦多、危地马拉、洪都拉斯和尼加拉瓜）及多米尼加。

注 10：东非共同体成员最初只有坦桑尼亚、肯尼亚、乌干达三国，2007 年 6 月 18 日，布隆迪与卢旺达两国在东非共同体第五次特别首脑会议上正式加入该共同体，使东非共同体成员国增至五国。

注 11：欧盟—加勒比论坛国家成员包括欧盟 27 国与巴巴多斯、伯利兹、巴哈马群岛、圣卢西亚、多米尼克、牙买加、多米尼加共和国、安提瓜和巴布达、圣文森特和格林纳丁斯、圣基茨和尼维斯、格林纳达、特立尼达和多巴哥、苏里南。

注 12：欧盟—海外国家和地区成员包括欧盟与摩纳哥、安道尔等欧洲小国，以及欧洲国家的海外的属地和岛屿。

注 13：欧盟最初的 6 个创建国为：法国、德意志联邦共和国、意大利、荷兰、比利时和卢森堡。其他 19 个成员国在后来一系列的扩大浪潮中加入：

①1973 年，爱尔兰、英国和丹麦；

②1981 年，希腊；

③1986 年，西班牙和葡萄牙；

④1990 年，欧盟的领土由于东德和西德的统一而扩大；

⑤1995 年，芬兰、瑞典和奥地利；

⑥2004 年，爱沙尼亚、拉脱维亚、立陶宛、波兰、捷克、匈牙利、斯洛伐克、斯洛文尼亚、马耳他和塞浦路斯；

⑦2007 年，罗马尼亚、保加利亚。

注 14：中部非洲经济与货币共同体取代原中部非洲关税和经济联盟，成员包括赤道几内亚、刚果（布）、加蓬、喀麦隆、乍得、中非共和国。

注 15：西非经济共同体现有成员国 15 个（2001 年），即贝宁、布基纳法索、多哥、佛得角、冈比亚、几内亚、几内亚比绍、加纳、科特迪瓦、利比里亚、马里、尼日尔、尼日利亚、塞拉利昂、塞内加尔。毛里塔尼亚于 2000 年 12 月 31 日退出该组织。

注 16：经济合作与发展组织，简称经合组织（OECD），目前共有 30 个成员国，即澳大利亚、奥地利、比利时、加拿大、捷克、丹麦、芬兰、法国、德国、希腊、匈牙利、冰岛、爱尔兰、意大利、日本、韩国、卢森堡、墨西哥、荷兰、新西兰、挪威、波兰、葡萄牙、斯洛伐克、西班牙、瑞典、瑞士、土耳其、英国、美国。

注 17：欧洲自由贸易联盟，又称小自由贸易区、七国集团、七国联盟，由英国、瑞典、挪威、瑞士、奥地利、丹麦和葡萄牙组成的自由贸易区。冰岛于 1970 年 3 月，芬兰于 1986 年 1 月，列支敦士登于正式加入。英国和丹麦于 1973 年 1 月，葡萄牙于 1986 年 1 月，奥地利、瑞典、芬兰于 1994 年 12 月 31 日退出欧贸联，加入欧洲联盟。现有成员 4 个（2001 年底），即挪威、瑞士、冰岛、列支敦士登。

注 18：欧亚经济共同体成员包括俄罗斯、白俄罗斯、哈萨克斯坦、吉尔吉斯斯坦和塔吉克斯坦。

注 19：欧洲经济区成立于 1994 年 1 月 1 日，由欧洲共同体和欧洲自由贸易联盟 7 国中的奥地利、芬兰、冰岛、挪威和瑞典五国组成。

注 20：发展中国家全球贸易优惠制成员包括阿尔及利亚，阿根廷，孟加拉，贝宁，玻利维亚，巴西，喀麦隆，智利，哥伦比亚，古巴，韩国，厄瓜多尔，埃及，加纳，几内亚，圭亚那，印度，印度尼西亚，伊朗，伊拉克，利比亚，马来西亚，墨西哥，摩洛哥，莫桑比克，缅甸，尼加拉瓜，尼日利亚，巴基斯坦，秘鲁，菲律宾，朝鲜，罗马尼亚，新加坡，斯里兰卡，苏丹，泰国，特立尼达和多巴哥，突尼斯，坦桑尼亚，委内瑞拉，越南，南斯拉夫，津巴布韦。

注 21：海湾合作委员会，全称海湾阿拉伯国家合作委员会，1981 年 5 月在阿联酋阿布扎比成立。其成员国为阿拉伯联合酋长国、阿曼、巴林、卡塔尔、科威特、沙特阿拉伯。该联盟规定，对从海合会成员国以外地区进口的商品征收 5%的统一关税，同时 6 国之间将最终取消关税壁垒。

注 22：拉美一体化协会共有 12 个成员国，即阿根廷、玻利维亚、巴西、哥伦比亚、智利、厄瓜多尔、墨西哥、巴拉圭、秘鲁、乌拉圭、委内瑞拉和古巴。

注 23：美拉尼西亚先锋集团，除所罗门群岛外，瓦努阿图、斐济、巴布亚新几内亚和新喀里多尼尼西为该协定成员国。以准许进口商品列名方式，允许 240 项产品，包括金枪鱼在内，免税进口至该协定的成员国。

注 24：南方共同市场成员包括巴西、阿根廷、乌拉圭和巴拉圭、智利、玻利维亚、秘鲁、厄瓜多尔、委内瑞拉及哥伦比亚。成员国间绝大部分商品实行无关税自由贸易，共同对外关税则为 23%。

注 25：北美自由贸易协定（NAFTA）是美国、加拿大及墨西哥三国在 1992 年 8 月 12 日签署的关于三国间全面贸易的协议。

注 26：太平洋岛国贸易协定成员包括瑙鲁、澳大利亚、库克群岛、斐济、新西兰、萨摩亚、汤加。

注 27：泛阿拉伯国家自由贸易区成员包括 14 个阿拉伯国家——黎巴嫩、叙利亚、埃及、约旦、摩洛哥、突尼斯、利比亚、伊拉克等和海湾合作理事会的 6 个国家。1996 年在开罗召开的阿拉伯峰会上决定成立，以代替名存实亡的阿拉伯共同市场。上述 14 个国家从 1998 年开始取消关税，并希望在 2005 年年底之前彻底废除所有关税。

注 28：南亚自由贸易区成员包括印度、巴基斯坦、孟加拉国、尼泊尔、斯里兰卡、不丹和马尔代夫。

注 29：南亚特惠贸易安排（SAPTA）协定成员包括印度、孟加拉、尼泊尔和不丹。

注 30：南太平洋地区幅员，除澳大利亚和新西兰外，共有 22 个国家和地区与澳大利亚、新西兰签订有“南太平洋贸易和经济合作协定”，可优惠进入澳、新市场。

注 31：南部非洲关税同盟（SACU）成员包括南非、博茨瓦纳、纳米比亚、莱索托和斯威士兰。根据 1969 年协议，各成员国间贸易实行免税，自其他进口来源的货物在第一入境点实施一次性征税，各成员国可以按期共同分享海关税收收入。2002 年 10 月，为便利通关，SACU 将各类商品的税则号由 1995 年前的约 10000 种合并为 5000

种，即把原来一些按商品重量征税和征收手续费的方法统一改为按不同商品的报关价值征税。据《乌拉圭回合谈判》决议规定，SACU除一些特殊进口商品在一定年限内仍维持较高的税率外，如纺织品在12年内其最高税率不得高于45%，轿车税率不得超过50%，其他所有80个不同的税收层次减少为6个税率层次，分别为0%、5%、10%、15%、20%和30%。

注32：南部非洲发展共同体现有14个成员国（截至2009年3月），即安哥拉、博茨瓦纳、刚果（金）、莱索托、马拉维、毛里求斯、莫桑比克、纳米比亚、南非、斯威士兰、坦桑尼亚、赞比亚、津巴布韦、马达加斯加（2005年8月加入，2009年3月被中止成员国资格，同年4月马达加斯加宣布退出南共体）、塞舌尔（2008年8月加入）。

注33：泛太平洋战略经济伙伴关系协定成员包括新加坡、智利、新西兰和文莱。

注34：西非经济与货币联盟成员包括贝宁、布基纳法索、科特迪瓦、马里、尼日尔、塞内加尔、多哥和几内亚比绍。

附录2 中国与其他经济体商签的自由贸易协定列表

已签署生效的自由贸易协定

名 称	签署/生效时间	内 容
中国内地—香港CEPA	2003年6月29日签署	目前与香港签署一个安排、一个安排附件和四个补充协议。协议于2004年1月1日开始实施。2004年、2005年、2006年、2007年和2008年又分别签署了《补充协议》、《补充协议二》、《补充协议三》、《补充协议四》和《补充协议五》。 全面推进货物贸易自由化。香港继续向从内地进口的货物实行零关税；内地逐步对原产于香港的进口货物实行零关税，从2006年起，内地已经对原产于香港的货物全面实行了零关税。香港与内地承诺取消针对对方的关税配额和非关税措施，互不针对对方使用反倾销措施和补贴与反补贴措施，并对保障措施的使用进行了规定。 内地逐步向香港开放服务贸易领域，此外，为方便双方服务贸易的顺利开展，推动专业人员资格的相互承认。 贸易投资便利化：加强在贸易投资促进、通关便利化、商品检验检疫、食品安全、质量标准、电子商务、法律法规透明度、中小企业合作、中医药产业和会展业等方面的合作。 截至2008年12月，超过1473个商品享受CEPA零关税税率。 2009年1月1日起以零关税进入内地的香港产品税目数达到1539个。

续表

名　称	签署/生效时间	内　容
中国内地—澳门CEPA	2003年10月17日签署	与中国内地—香港CEPA文本、原产地等规定均相同。
中国—东盟FTA	2004年11月签署《争端解决机制协议》、《货物贸易协定》，分别于2005年1月1日和2005年7月20日实施；2007年1月14日签署《服务贸易协定》，自2007年7月1日实施	中国与东盟6国在2010年建成自贸区，与4个新成员国于2015年建成自贸区。大部分商品的双边关税降到0～5%，并且取消非关税壁垒。 货物贸易：2002年签署《中国与东盟全面经济合作框架协议》，“早期收获”计划率先在农产品贸易领域，提前进行降税，先行开放市场，对水产品、水果、蔬菜等近600种农产品实施先期降税，到2006年全部取消关税；《货物贸易协定》涉及关税削减和取消、增加透明度、原产地规则、取消数据限制和非关税壁垒、保障措施、承认中国市场经济地位等。根据《货物贸易协定》，2005年，中国对东盟国家的平均税率已从9.9%降到8.1%，2007年降到6.6%，2009年进一步降到2.4%。到2010年，中国自东盟进口产品将有93%实行零关税。同样，东盟国家也将做出类似安排。以泰国为例，2005年其对中国产品的平均税率已从12.9%降到10.7%，2007年将降到6.4%，2009年进一步降到2.8%，2010年将对中国90%以上的产品实行零关税。 2009年1月1日起实施第三步正常降税。降税后，实施协定税率的税目数约为6750个，相对于最惠国税率，平均优惠幅度约80%。 服务贸易：《服务贸易协定》是规范中国与东盟服务贸易市场开放和处理与服务贸易相关问题的法律文件。它参照了WTO《服务贸易总协定》的模式，包括定义和范围、义务和纪律、具体承诺和机构条款4个部分，共33个条款和1个附件。附件中列出了中国与东盟10国的具体承诺减让表，具体承诺部分包括市场准入、国民待遇、渐进式自由化、具体承诺减让表、减让表适用方式和减让表的修改等条款。中国在WTO承诺的基础上，在建筑、环保、运输、体育和商务服务等5个服务部门的26个分部门。

续表

名 称	签署/生效时间	内 容
中国—东盟 FTA	2004 年 11 月签署《争端解决机制协议》、《货物贸易协议》，分别于 2005 年 1 月 1 日和 2005 年 7 月 20 日实施；2007 年 1 月 14 日签署《服务贸易协议》，自 2007 年 7 月 1 日实施	向东盟国家作出新的市场开放承诺，具体包括进一步开放上述服务领域，允许对方设立独资或合资企业，放宽设立公司的股份比例限制等内容。东盟各国也在其 WTO 承诺基础上作出新的开放承诺。新加坡的承诺主要包括商务服务、分销、教育、金融、医疗、娱乐和体育休闲服务、运输等部门；马来西亚的承诺主要包括商务服务、电信、建筑、金融、医疗、旅游和运输等部门；泰国的承诺主要包括专业服务、建筑及工程、教育、旅游和运输等部门；菲律宾的承诺主要包括商务服务、电信、建筑及工程、环境、旅游等部门；文莱的承 诺主要包括旅游和运输等部门；印度尼西亚的承诺主要包括建筑及工程、旅游和能源等部门。此外，东盟新成员柬埔寨、老挝、缅甸和越南也在商务服务、电信、建筑、金融、旅游和运输等部门作出开放承诺，在不同程度上减少了市场准入限制。 投资：中国与东盟 10 国均签订了《鼓励和相互保护投资协定》；当前，双方正在积极推动投资谈判，争取尽早签署协议，确保在 2010 年全面建成中国—东盟自贸区。 争端解决机制：《中国—东盟全面经济合作框架协议争端解决机制协议》于 2005 年 1 月 1 日正式生效，是规范中国与东盟双方在自由贸易区框架下处理有关贸易争端的法律文件，其中就适用争端的范围、磋商程序、调解或调停、仲裁庭的设立、职能、组成和程序、仲裁的执行、补偿和终止减让等问题作出相应规定。

续表

名 称	签署/生效时间	内 容
中国—智利FTA	2005年11月18日签署，自2006年10月1日实施；2008年4月13日签署《中智自贸协定关于服务贸易的补充协定》	这是中国与拉美国家签署的第一个自贸协定。 货物贸易：涉及市场准入、原产地规则、技术性贸易壁垒、卫生与植物卫生措施、贸易救济措施、争端解决机制及与此相关的法律和技术性等问题。占两国税目总数97%的产品将于10年内分阶段降为零关税。在其余3%的例外清单中，主要包括中国对智利出口的纺织品原料和从智利进口的一些种类的木材和纸制品。 2009年1月1日起，实施第四步全面降税。降税后，实施协定税率的税目有6978个，平均优惠幅度超过80%。 服务贸易：经过一年半时间的6轮磋商，中智双方最终于2008年3月底就服务贸易协定全部内容达成一致。4月13日，双方正式签署了《中智自贸协定关于服务贸易的补充协定》。协定主要包括正文的22个条款和2个附件。正文按内容可分为定义和范围、义务和纪律、具体承诺和机构条款等4大部分。两个附件分别为商务人员临时入境和双方服务开放具体承诺表。根据协定，我国的计算机、管理咨询、采矿、环境、体育、空运等23个部门和分部门，以及智利的法律、建筑设计、工程、计算机、研发、房地产、广告、管理咨询、采矿、制造业、租赁、分销、教育、环境、旅游、体育、空运等37个部门和分部门将在各自WTO承诺基础上向对方进一步开放。协定专门设立了关于商务人员临时入境的附件，并应中方要求在自贸区框架下成立商务人员临时入境工作组。今后，双方将就商务人员签证便利化和签证程序简化等问题进行定期磋商。这个工作组将为双方商务人员往来的签证问题建立稳定的联系和沟通机制，为双方与贸易、投资活动相关的商务人员往来提供便利。 根据双方在自贸区服务贸易协定中达成的共识，两国将适时启动自贸区投资谈判。 此外，两国还在经济、中小企业、文化、教育、科技、环保、劳动和社会保障、知识产权、矿产、工业等领域进一步开展合作。

续表

名 称	签署/生效时间	内 容
中国—巴基斯坦FTA	2006年11月签署，2007年7月1日实施	2003年11月签署优惠贸易安排；2004年10月启动自贸区联合研究；2005年4月签署自贸协定早期收获协议；2006年11月签署自贸协定，2007年7月实施以来成效良好；2008年10月签署自贸协定补充议定书，以促进投资合作；2008年12月结束服务贸易协定谈判。并于2009年2月21日，签署了《中国—巴基斯坦自由贸易区服务贸易协定》。 货物贸易：涉及国民待遇与市场准入、原产地规则、贸易救济、卫生与植物卫生措施、技术性贸易壁垒、透明度、投资、争端解决等条款。分两个阶段对全部货物产品实施关税减让。第一阶段在协定生效后5年内，双方对占各自税目总数85％的产品按照不同的降税幅度实施降税，其中36％的产品关税在3年内降至零。中方降税产品主要包括畜产品、水产品、蔬菜、矿产品、纺织品等；巴方降税产品主要包括牛羊肉、化工产品、机电产品等。第二阶段从协定生效第6年开始，双方将在对以往情况进行审评的基础上，对各自产品进一步实施降税，目标是在不长的时间内，使零关税产品占各自税目数和贸易量的比例均达到90％。 2008年10月15日，两国再次签署自由贸易协定补充议定书。 2009年1月1日实施第三步全面降税。降税后，协定税率低于相应最惠国税率的税目有6191个，平均优惠幅度约37％。 服务贸易：2008年以前已举行3轮服务贸易谈判。2008年12月2～3日，中国—巴基斯坦自贸区服务贸易第五轮谈判就服务部门开放承诺表和服务贸易协定文本达成一致，结束谈判。 投资：就投资促进与保护、投资待遇、征收、损害补偿以及投资争端解决等作出规定，促进双向投资。
中国—新西兰FTA	2008年4月7日签署	双方自2004年11月启动谈判，在2007年12月第15轮谈判中双方就协议实质性内容达成一致。涉及货物贸易、服务贸易、投资等诸多领域。 协定共214条，分为18章，是在WTO基础上，规范我国与新西兰进一步相互开放市场、深化合作的法律文件。

续表

名 称	签署/生效时间	内 容
中国—新西兰FTA	2008年4月7日签署	货物贸易：新西兰将在2016年1月1日前取消全部自华进口产品关税；中国将在2019年1月1日前取消绝大部分自新进口产品关税。2009年1月1日起，实施第二步降税。降税后，实施协定税率的税目有6989个，平均优惠幅度超过40%。 服务贸易：新西兰在商务、建筑、教育、环境等4大部门的16个分部门作出了高于WTO的承诺；我国在商务、环境、体育娱乐、运输等4大部门的15个分部门作出了高于WTO的承诺。 人员流动：双方承诺将进一步便利两国人员往来，新西兰将为中医、中餐厨师、中文教师、武术教练、中文导游等5类职业提供800个工作许可，并允许车工、焊工、计算机应用工程师、审计师等20类职业至少1000名中方人员赴新工作。 投资方面：协定就投资促进和保护等问题作出了明确的规定，为解决与投资相关的争端建立了有效的机制。此外，协定还针对中新两国在海关、检验检疫、知识产权等领域的合作作出了制度性安排。
亚太贸易协定	1975年7月31日签署《曼谷协定》，2005年11月2日经修订后，更名为《亚太贸易协定》	该协定的内容包括关税优惠和非关税优惠，从2006年7月1日起开始实施《曼谷协定》第三轮关税减让谈判结果。加上现有关税优惠减让清单，新的清单合计涉及4000多个税目产品的关税削减。各国提供优惠关税的产品数目分别为：中国1697个8位税目，印度570个6位税目，韩国1367个10位税目，斯里兰卡427个6位税目，孟加拉国209个8位税目。主要产品包括农产品、纺织品和化工产品等。在原产地规则方面，参加国还一致同意对所有《亚太贸易协定》签字国适用50%的增值标准；但对最不发达国家则适用40%的增值标准。 2009年1月1日起继续对原产于韩国、印度、斯里兰卡、孟加拉和老挝的1751个税目商品实施协定税率，其中个别税目商品的适用税率进一步下调，平均优惠幅度约23%。 2009年2月25～27日，《亚太贸易协定》第31次常委会在曼谷举行，取得积极进展。中国、孟加拉、印度、韩国、老挝、斯里兰卡6个成员国均派代表团参会。本次会议，各成员国就协定第四轮关税减让举行了第三次双边磋商，并就服务贸易、投资、贸易便利化框架协定及原产地规则等有关问题进行了深入探讨，达成了许多共识。

续表

名称	签署/生效时间	内容
中国—新加坡	2008年10月12日签署	2008年10月23日《中国—新加坡自由贸易协定》在北京签署。 新方承诺在2009年1月1日取消全部自华进口产品关税；中方承诺在2012年1月1日前对97.1%的自新进口产品实现零关税。 自2009年1月1日起，我国将首次对原产于新加坡的部分商品实施降税。与中国—东盟自由贸易协定相比（新加坡同时是东盟成员国），我国有708个税目对新加坡进一步降税，其余税目与中国—东盟自由贸易协定降税幅度保持一致。降税后，实施中国—新加坡自由贸易协定税率的税目有2739个，平均优惠幅度约75%。

谈判之中的自由贸易协定

名称	谈判启动日期	涉及贸易伙伴	内容
中国—秘鲁	2007年9月7日	秘鲁	一次工作组会议和七轮正式谈。秘鲁时间2008年11月19日，中国与秘鲁成功结束自贸区谈判。
中国—澳大利亚	2005年4月18日	澳大利亚	已举行13轮谈判，承认中国为市场经济国家，在“早期成果”和协定案文方面取得了一定进展。
中国—冰岛	2007年4月11日	冰岛	已举行4轮谈判，涉及货物贸易、服务贸易、投资、经济合作等方面。
中国—挪威	2008年9月18日	挪威	2008年9月18日，中挪自贸区启动仪式暨第一轮谈判在挪威奥斯陆举行。至今已举行2轮谈判。
中国—南部非洲关税同盟	2004年6月29日	南非、博茨瓦纳、纳米比亚、莱索托、斯威士兰	双方尚未开展实质性谈判。
中国—海合会	2004年7月6日	沙特阿拉伯、科威特、阿拉伯联合酋长国、卡塔尔、阿曼、巴林	已经举行4轮自贸区谈判，已经在货物贸易谈判大多数领域达成共识，并启动了服务贸易谈判。
中国—哥斯达黎加	2007年7月	哥斯达黎加	2007年7月启动可行研究，2008年9月可行性研究结束。2009年7月第3轮谈判完成。

正在进行可行性研究的自由贸易协定

名　称	可行性研究启动日期	涉及贸易伙伴	内　容
中　国—印度	2005 年 4 月	印　度	2005 年 4 月开始可行性研究，可行性研究仍在进行中。
中　国—韩国	2007 年初	韩　国	2007 年初启动中韩自贸区官产学联合可行性研究。已经进行了五次研究会议。
中　国—瑞士	2009 年	瑞　士	2009 年 1 月，温家宝总理与瑞士联邦主席默茨共同宣布，中瑞两国将于 2009 年下半年开始双边自贸区联合可行性研究，为正式启动有关谈判做好准备。

附录 3　中国内地海关特殊监管区列表

保税区

序号	名称	序号	名称
1	大连保税区	8	广州保税区
2	天津港保税区	9	青岛保税区
3	张家港保税区（升级为保税港区）	10	福州保税区
4	上海外高桥保税区	11	汕头保税区
5	宁波保税区	12	珠海保税区
6	厦门象屿保税区	13	海口保税区（升级为海口综合保税区）
7	深圳保税区		

出口加工区

序号	名称	序号	名称
1	江苏昆山出口加工区	31	江苏镇江出口加工区
2	上海松江出口加工区	32	广东广州出口加工区
3	山东烟台出口加工区	33	新疆乌鲁木齐出口加工区
4	浙江杭州出口加工区	34	山东济南出口加工区
5	北京天竺出口加工区	35	山东潍坊出口加工区
6	四川成都出口加工区	36	山东烟台 B 区出口加工区
7	福建厦门出口加工区	37	辽宁大连出口加工区
8	江苏南京（南区）出口加工区	38	辽宁沈阳出口加工区
9	上海漕河泾出口加工区	39	辽宁沈阳（张士）出口加工区
10	陕西西安出口加工区（A 区）	40	浙江慈溪出口加工区
11	陕西西安出口加工区（B 区）	41	江苏常州出口加工区
12	广西北海出口加工区	42	江苏吴江出口加工区

续表

序号	名称	序号	名称
13	浙江宁波出口加工区	43	江苏常熟出口加工区
14	山东威海出口加工区	44	江西九江出口加工区
15	广东深圳出口加工区	45	青岛西海岸出口加工区
16	吉林珲春出口加工区	46	福建福清出口加工区
17	湖北武汉出口加工区	47	河北廊坊出口加工区
18	天津出口加工区	48	四川绵阳出口加工区
19	上海金桥出口加工区	49	广州南沙出口加工区
20	重庆出口加工区	50	昆明出口加工区
21	江苏南通出口加工区	51	扬州出口加工区
22	江苏无锡出口加工区	52	江西赣州出口加工区
23	安徽芜湖出口加工区	53	江西南昌出口加工区
24	江苏连云港出口加工区	54	福州出口加工区
25	河北秦皇岛出口加工区	55	福建泉州出口加工区
26	江苏南京出口加工区	56	呼和浩特出口加工区
27	江苏苏州高新区出口加工区	57	江苏淮安出口加工区
28	上海青浦出口加工区	58	浙江嘉兴出口加工区
29	上海闵行出口加工区	59	湖南郴州出口加工区
30	山东青岛出口加工区		

综合保税区

序号	名称	备注
1	苏州工业园综合保税区	合并原有的保税物流中心（B型）和出口加工区A、B区，规划面积5.28平方公里
2	天津滨海新区综合保税区	规划面积1.95平方公里
3	北京天竺综合保税区	5.94平方公里
4	海口综合保税区	规划面积1.93平方公里
5	广西凭祥综合保税区	8.5平方公里
6	绥芬河综合保税区	规划控制面积1.8平方公里
7	上海浦东机场综合保税区	占地面积约4平方公里

保税港区

序号	名称	序号	名称
1	上海洋山保税港区	7	青岛保税港区
2	天津东疆保税港区	8	厦门海沧保税港区
3	海南洋浦经济开发区（保税港区）	9	广州南沙保税港区
4	大连大窑湾保税港区	10	深圳前海湾保税港区
5	宁波梅山保税港区	11	重庆两路寸滩保税港区
6	钦州保税港区		

保税物流园区

序号	名称	面积
1	天津保税物流园区	1.5平方公里
2	张家港保税物流园区	1.53平方公里
3	宁波保税物流园区	0.95平方公里
4	厦门象屿保税物流园区	0.7平方公里
5	青岛保税物流园区	1平方公里
6	深圳盐田保税物流园区	0.96平方公里
7	大连保税物流园区	1.5平方公里
8	广州保税物流园区	规划面积0.507平方公里
9	上海外高桥保税物流园区	1.03平方公里

保税物流中心（B）

序号	名称	序号	名称
1	南京龙潭港保税物流中心	14	营口港保税物流中心
2	苏州高新区保税物流中心	15	西安保税物流中心
3	上海西北物流园区保税物流中心	16	武汉东西湖保税物流中心
4	天津经济技术开发区保税物流中心	17	成都保税物流中心
5	东莞保税物流中心	18	长沙金霞保税物流中心
6	中山保税物流中心	19	山西方略保税物流中心
7	广州空港保税物流中心	20	南昌保税物流中心
8	江阴保税物流中心	21	沈阳保税物流中心
9	太仓保税物流中心	22	深圳机场保税物流中心
10	杭州保税物流中心	23	连云港保税物流中心
11	青岛保税物流中心	24	南宁保税物流中心
12	日照保税物流中心	25	宁波栎社保税物流中心
13	厦门火炬（翔安）保税物流中心		

附录4 企业加工贸易核销流程表

环节	序号	程序	执行	注意事项
检查报关单完整性	1	复印手册	复印手册进口栏/出口栏	
	2	手册编号码	在手册上给进口/出口报关单编号	使用铅笔
	3	报关单编号码	依照手册，在进口/出口报关单右上角编号	使用铅笔
	4	防止混入错单	检查每一份报关单的合同号是否正确	
	5	防止未对碰	转厂进口报关单信息对碰复查，如果没对碰需紧急处理	

续表

环节	序号	程序	执行	注意事项
录入数据	6	核对单耗表	核对平衡表与“海关备案情况表”的单损耗数据	防止单耗人为录入出错
	7	修改单耗表	如有国内购料，要改单耗（降低）	目标是该项进口料余料为0
	8	进口数	重新统计手头现有报关单的进口数/转厂数	单独一列录入转厂数
	9	出口数	重新统计手头现有报关单的出口数/转厂数	单独一列录入转厂数
	10	需进未进	模拟录入需进未进的数据	执行和核销兼顾
	11	需出未出	模拟录入需出未出的数据	执行和核销兼顾
	12	需转未转	模拟录入需转未转的数据	执行和核销兼顾
统计数据	13	单的数量	统计全部进口报关单份数	报关单无合同备案号的不能算（如包装材料）
	14	单的数量	单独统计进口转厂报关单份数	
	15	单的数量	统计全部出口报关单份数	
	16	单的数量	单独统计出口转厂报关单份数	
	17	进口金额	转换成合同币种计算，进口不需统计边角料、残次品报关单金额，但要减去“料件退换”金额	可在海关窗口直接咨询此数据
	18	出口金额	转换成合同币种计算，出口不需统计余料结转，但要减去退港报关单金额	可在海关窗口直接咨询此数据
	19	汇率	从海关咨询获得	
	20	余料统计	统计余料转入数量	手工表要填写
逻辑稽查	21	平衡稽查	进口数＝各项原材料进口数之和	如不平衡可直接发现错误
	22	平衡稽查	包装材料重量＝进口总毛重－进口总净重	
	23	平衡稽查	边角废料总数＝征税废料＋免税废料	
	24	平衡稽查	免税废料＝固体免税废料＋液体免税废料	
	25	平衡稽查	出口数＝各项成品出口数之和	
	26	平衡稽查	转厂数＝各项转厂数之和	
	27	平衡稽查	自己统计的数据与平时合同平衡表录入对比	

续表

环节	序号	程序	执行	注意事项
填核销申请表（手工表）	28	小数位数	对于总耗用量少于50千克的最少要保持一位小数	杜绝差异超出1%
	29	余料次数	反复核查之前有无人为调走材料	
	30	余料核减	核减本次余料结转数量	
	31	统计税款	总表中的“内销金额”＝该合同所有税单总和	
	32	统计税款	总表中的“内销补税税单号”＝所有征税报关单号	
	33	未出口数	总用量为零的，单耗、损耗都为零	
	34	国内购料	料件中凡是要征税的，进口数量＝内销数量，其他均为0	
	35	国内购料	涉及“国内购买”的，另起一行填写	全部内购料，耗用量分表不要填
	36	国内购料	涉及“国内购买”的，只计进口料的单耗	
	37	国内购料	涉及“进料不足”的，要改单耗，另批报告	
	38	国内购料	该料若为100%“国内购买”的，则分表不要出现	
	39	内销数量	一填合同征税进口的；二填残次品折料补税内销的。	
	40	退运出口	贸易方式是：料件复出，进口数量不变	
	41	料件退换	直接冲减进口数量，不可填入“退运出口数量”	
	42	逻辑稽查	出口总数≥转厂出口	
	43	逻辑稽查	逻辑稽查进口总数≥转厂进口	
	44	逻辑稽查	逻辑稽查进口总数－总耗用量－内销－退运＝余料数量	
	45	逻辑稽查	逻辑稽查总耗用量＝该材料对应的各耗用量分表用量之和	
	46	逻辑稽查	逻辑稽查边角料数量＝该材料对应的各耗用量分表边角料之和	

续表

环节	序号	程序	执行	注意事项
下载预录入表	47	数据核对	从H2000下载核销预录入表，核对自己的数据是否与海关相符	
包装材料征税	48	逻辑核查	分类统计包装材料数量（毛重—净重）	
	49	逻辑核查	逻辑核查包材总重＝总毛—总净	
	50		填写处理申请表	
	51		海关QP系统录入“内销征税联系单”并发送	海关网上审单/审价
	52		列印“内销征税联系单”	获取联系单号
	53		录入报关单，并申报	随附单证填写联系单号
	54		出税单＋交税＋放行	
边角废料征税	55		分类统计废料的损耗量	
	56		填写处理申请表（征税）	
	57		填写工艺流程表和报告	
	58		海关QP系统录入“内销征税联系单”；发送海关网上审单，审价，修改意见	
	59		列印“内销征税联系单”	获取联系单号
	60		录入报关单	申报随附单证填写联系单号
	61		出税单＋交税＋放行	
边角废料免税	62		分类统计废料的损耗量	
	63		填写处理申请表（固体废料免税）	
	64		填写处理申请表（液体废料免税）	
	65		填写工艺流程表和免税报告（重点!）	
	66		免税审批	
	67		不予免税的再按边角料征税程序补税	

续表

环节	序号	程序	执行	注意事项
残次品征税	68		填写处理申请表	
	69		填写工艺流程表和不良品报告	
	70		如超过人民币 10000 元，办“内销批准证”	
	71		海关 QP 系统录入“内销征税联系单”	发送海关网上审单，审价，修改意见
	72		列印“内销征税联系单”	获取联系单号
	73		录入报关单，并申报	随附单证填写：内销批准证号，备注栏填写：首次进口日期、联系单号码；提供原厂发票
	74		出税单＋交税＋放行	
下载预录入表	75	数据核对	重新下载下载核销预录入表，核对自己的数据是否与海关相符	
余料结转准备	76		提前安排合同模拟余料	
	77		余料分合同接收一览表	
	78		查以前调出的余料	
	79		查结转双方编码、名称、规格是否一致	
	80		提前进行报关单预录入	
	81		报关单与报关单的核对	
	82		报关单与海关预录入核对	
	83		报关单与合同的核对	
	84		转出合同与转进合同的核对	
	85		单价以进口合同为准报关	
	86	逻辑稽查	总余料＝各材料余料之和	
	87	逻辑稽查	总余料＝各合同接受余料之和	
	88	逻辑稽查	各项余料＝平衡预录入各项余料	只是 1 次性转出余料
	89	逻辑稽查	单项余料＝本次余料＋以前历次转出余料	多次转出余料

续表

环节	序号	程序	执行	注意事项
余料结转问题处理	90	编码不一致	变更合同/换合同	
	91	规格不一致	变更合同/换合同	
	92	数量不够	变更合同/料件退换退港	
	93	名称不一致	变更合同/换合同	
退税	94		将手册交给会计部到税务部门盖章	
盖章	95		外经办改合同核销章，缴纳合同管理费一式两份	
税单	96		向会计部借取该合同所有税单进行复印、统计	
发票	97		向会计部借取该合同国内购料发票进行复印、统计	
封面	98		填写“进出口报关单使用情况表”，盖公章	
存档	99		复印手册与封面，保存3年	
	100		复印全部进口报关单，保存3年	
	101		复印全部出口报关单，保存3年	
	102		复印全部税单与征税报关单，保存3年	
	103		复印海关核销表，保存3年	
	104		复印废料征税审批表，保存3年	
	105		复印废料免税审批表，保存3年	
存档	106		复印废料残次品审批表,保存3年	
退税	107		将手册正本交给会计前往国税局盖章	
退口岸费	108		手册正本，进出口登记表复印件1份	如果实际总额小于备案金额才可能退口岸费
	109		手册封面复印件2份（加盖公章），备案情况表1份	
	110		手工核销表1份（加盖公章），核销完毕的核销表	
	111		原口岸费收据2份复印件（加盖公章）正本	
	112		如原合同也是接受其他合同转入的，需转入收据复印件（加盖公章）2份，背面需要会计人员及财务负责人签名	
	113		核销表正本，封面复印件2份	

续表

环节	序号	程序	执行	注意事项
递单	114		从H2000下载的下载核销预录入表	
	115		手册总册	
	116		手册分册	
	117		进口报关单正本与封面	
	118		进口报关单正本与封面	
	119		手工“加工贸易合同核销申请表”1份、税单正本、内购发票	
	120		手工“加工贸易合同核销申请表”2份	
	121		废料征税处理申请表＋残次品处理表＋内销联系单（包＋1边＋2边＋残）＋税单复印件（盖公章）＋前述报关单正本	
	122		废料免税处理申请表（液体＋固体）	
	123		各种报告（免税/内购料改变单耗/材料与成品放弃等）	
	124		内购料发票复印件（标明：此复印件与原件相符）	
	125		所有文件封面加盖企业名称和报关员名称章	
递单	126		报关委托书	委托报关公司核销的才要
核销台账	127		海关开给银行的“台账核销通知书”	
	128		前往中国银行核销台账，退回合同保证金	
	129		银行开给海关的“台账核销通知书”	
结案	130		“加工贸易合同核销申请表”1份＋税单正本＋内购发票正本	海关在申请表签字盖章后退回企业
	131		加工贸易结案通知书	合同核销的标志性文件，海关盖章

注：各个地方海关、外汇管理部门、税务部门的具体操作可能有不同。

参考书目

CANKAO SHUMU

[1] 海关总署政策法规司编：《案说海关》，中国海关出版社，2007 年版
[2] 余光亚：《出口加工区域经济发展》，东南大学出版社，2006 年版
[3] 大卫·特洛马克·阿特金森：《国际转移定价》，电子工业出版社，2002 年版
[4] 杨建文、陆军荣：《中国保税港区：创新与发展》，上海社会科学院出版社，2008 年版
[5] 刘建文、魏建国、瞿继光：《中国自由贸易区建设的法律保障制度》，国家自然科学基金课题的研究报告，2002 年
[6] 梅丹：《关务筹划与海关稽查》，中国海关出版社，2007 年版
[7] 苏园关：《加工贸易与保税监管——企业实务操作技巧与案例》，中国海关出版社，2007 年版
[8] 熊斌：《加工贸易企业关务作业统筹》，中国海关出版社，2009 年版
[9] 严波：《世界海关组织与 WTO 在贸易便利化的角色分析》，载《世界贸易组织动态与研究》2007 年第 7 期
[10] 张祥：《原产地规则的认识与运用——一个关系我国经济发展和利益的重大问题》，载《管理世界》2000 年 4 期
[11] 王东霖：《保税区加工贸易货物内销征税政策浅析》（宁波保税区经济发展局）
[12]《最高人民法院公报》（2006 年第 5 期，总第 115 期）
[13] 何清：《张冠李戴的代价》，载《中国海关》2007 年 11 期
[14]《跨国收购谨防漂亮的坏苹果》，载《中国海关》2007 年第 7 期